KB266738

싱귤래리티

싱굴래리티

2026-2030 AI 비즈니스 트렌드

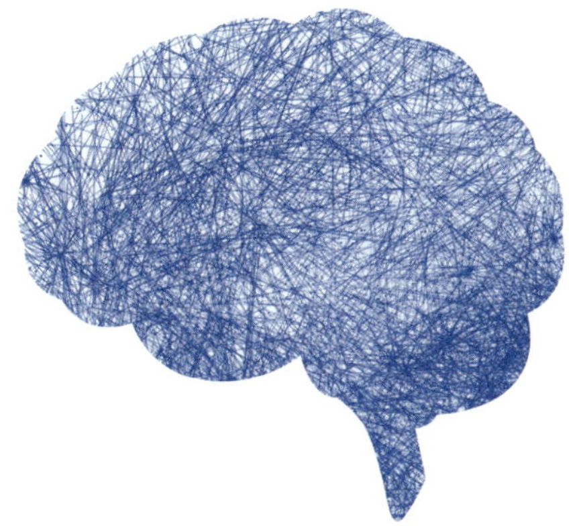

현영근 지음

프롤로그

인류의 역사는 기술의 진화와 함께 흘러왔다.

돌을 다듬던 시절에는 근력이 생산의 중심이었고, 증기기관의 발명은 인간의 힘을 기계의 동력으로 바꾸었다. 전기 시대에는 생산의 규모가, 컴퓨터의 시대에는 정보의 속도가 문명의 수준을 결정지었다. 그리고 지금, 인공지능이 인간의 사고와 판단 영역에 개입하면서, 기술은 이제 단순한 도구가 아닌 하나의 지능적 존재로 진화하는 주체가 되고 있다. 인간이 이에 대한 준비를 할 수 없을 정도의 무서운 속도로 말이다.

이제 기술은 인간의 노동을 보조하는 차원을 넘어, 스스로 학습하고 판단하며 새로운 가치를 창출해 내는 방향으로 진화하고 있다. 과거의 혁신이 인간의 '손과 발'을 대신하는 방향이었다면, 오늘날의 혁신은 인간의 '머리와 인식'을 확장시키는 방향으로 움직이고 있는 것이다. 이러한 시대적 전환점은 인류가 더 이상 지금의 문명 구조를 유지할 수 없게 만드는 변곡점으로, 기술 사학자들은 이를 싱귤래리티, 즉, 특이점이라고 부르며, 인간과 기술의 경계가 사라지는 지점이라 말한다. 우리는 지금 그러한 문턱 위에 서 있는 것이다.

산업혁명은 기계를 통해 생산성을 폭발적으로 끌어올렸고, 대량생산이라는 개념을 정착시켰다.

20세기의 정보화 혁명은 지식과 데이터를 경제의 중심으로 세웠으며, 네트워크를 기반으로 새로운 산업 생태계를 만들어냈다. 그리고 21세기의 디지털 혁명은 이 모든 것을 하나의 연결망으로 통합시켰다.

지금의 인공지능 혁명은 그 연장선상에 있으면서도, 이전과는 질적으로 다르다. 인공지능은 정보를 분석하는 존재에서 한발 더 나아가 스스로 판단하고 행동하는 존재로 발전하고 있다. 즉, 인간이 기계를 이용하던 시대에서, 이제는 기계가 인간과 함께 일하는 시대, 나아가 기계가 경제 주체로 참여하는 시대로 진입하고 있다. 이 변화는 산업 구조와 고용 구조는 물론, 비즈니스의 가치설계 방식 자체를 근본적으로 바꿀 것이다.

인공지능 시대의 비즈니스 핵심 트렌드

기술의 발전은 언제나 비즈니스 구조를 바꾸어 왔다. 지금의 인공지능 또한 단순한 생산도구의 혁신이 아닌, 경제의 원리와 인간의 역할을 함께 재정의하는 변화를 만들어내고 있다. 기업의 경영방식, 산업 간의 경계, 개인의 일하는 방식, 그리고 사회가 가치를 판단하는 기준까지, 모든 영역에 걸쳐 우리가 상상하지 못한 방향으로 바뀌고 있는 것이다. 이제 우리는 "인공지능이 무엇을 할 수 있는가?"보다, "인공지능이 바꾸지 않는 영역이 무엇이 있을까?"를 묻는 단계에 들어섰다.

이러한 미래의 시대, 인공지능의 시대에서는 비즈니스가 어떠한 방향으로 나아갈 것인가에 대해 필자의 생각을 요약해 보았다.

1. 내부 역량중심으로의 업무전환: 위탁에서 내재화로

인공지능은 외부 전문인력이나 기관에 위탁하던 업무를 기업 내부의 인력을 활용하여 스스로 처리할 수 있게 만들 것이다.

법률, 세무, 광고, 디자인, 시장분석, 마케팅 등 지금까지는 외부 전문인력과 기업에 외주를 통해 전문 서비스를 받아왔다. 하지만, 다양한 인공지능 도구가 개발되고, 인공지능 리터러시가 보편화되면서 굳이 외부 인력을 활용하는 것이 아닌, 내부 구성원을 통해 대부분의 업무가 진행될 것으로 예상된다. 즉, 기업은 지능의 효율을 우선시하는 구조로 바뀌게 될 것이다. 이는 단순한 자동화가 아니라, 기업이 스스로 학습하는 유기체로 진화하는 과정이라 할 수 있다.

2. 수평적 및 소형화된 조직으로의 이동

인공지능이 업무의 흐름을 자동화하면서, 그리고 개인의 인공지능 활용 역량이 올라가면서, 현재의 거대한 수직적 조직 구조는 점점 경쟁력을 잃어가게 될 것이다.

대신 한 명 혹은 소수의 인원이 인공지능 도구와 협업하며 빠르게 기획, 개발, 실행을 반복하는 마이크로 팀 구조로 진화할 것이다. 즉, 개인별 생산성이 크게 향상되면서, 여러 구성원과 협업할 일이 적어지고, 개인이 팀장과 팀원의 역할을 함께 수행하면서, 유관 부서와 협업을 통해 업무를 진행하게 되는 것이다.

이러한 과정을 통해, 조직의 경쟁력은 인력의 규모보다 의사결정의 속도와 적응력으로 평가받게 되며, 기업의 경계는 점점 더 유동적이고 네트워크화된 형태로 변화하게 된다.

3. 초개인화 서비스의 일상화

대규모 데이터와 언어모델은 개인의 행동과 맥락을 실시간으로 수집하고 학습할 수 있다.

소비자는 이제 더 이상 군집 속에서 아무도 알아주지 않는 하나의 점이 아닌, 자신의 취향과 관심사에 맞춰진 서비스를 설계 받는 개별적인 고객으로 대접받을 것이다.

이러한 초개인화는 쇼핑과 콘텐츠를 넘어 의료, 교육, 금융, 행정 등 모든 생활 영역에 있어서 표준화된 서비스 모델로 자리 잡을 것이다.

4. 인공지능 거버넌스 산업의 부상

인공지능 시대의 핵심 키워드 중의 하나가 바로 신뢰라고 할 수 있다.

인공지능이 만들어낸 콘텐츠의 진위와 출처를 검증하기 위해, 국제표준C2PA, 워터마크, 데이터 인증과 같은 검증기술이 빠르게 확산될 것이다. 지금도 딥페이크가 정치적으로, 사회적으로 이슈가 되고 있는데, 이러한 문제는 인공지능 기술이 발전하면 발전할수록 사회적 요구 또한 커질 것이다.

더욱 문제가 되는 시점은, 인공지능이 스스로 판단하고 행동하는, 즉 자율의지를 갖기 시작하면서부터일 것이다. 자율주행차, 의료 진단, 알고리즘에 의한 상품 거래와 같은 경우, 인공지능이 내린 결정의 책임은 누구에게 귀속될 것인가? 이 질문은 기술 규제를 넘어, 인간과 기계가 공유해야 할 윤리적, 법적 질서의 문제로 확장되게 된다.

결국 인공지능 거버넌스는, 진위여부를 따지는 "무엇이 진짜인가?"에서, 자율의지를 가질 때 발생되는 "누가 결정하고 책임지는가?"로 진화 발전할 것이다. 신뢰의 관리가 거버넌스의 출발점이었다면, 자율성의 규율은 그 완성 단계가 되는 것이다.

5. 감성 중심 산업의 재부상

누구나 예상하듯이, 머지않은 시간에 인간의 모든 능력은 인공지능에 의해 추월될 것이다. 인간이 아무리 공부하고 노력한다고 하더라도, 기계를 따라가지 못하는 시대가 오고 있다.

현재 수준의 언어모델은 수많은 글로 학습된 문장 작성능력을 바탕으로, 인간의 질문에 감성적 호응 없이 단지 패턴에 의한 대답만을 내보내고 있다. 그럼에도 불구하고, 현재 많은 사람들은 자신의 고민을 챗GPT와 같은 서비스와 대화를 하며 해결하고 있다. 마치 자신의 친구를 대하듯 말이다.

인공지능 기술이 발전할수록 이러한 사회적 현상도 더 깊어질 것이다. 다만, 이러한 사회적 분위기 속에서 반대급부로 인간 본연의 감정에 더 의존적인 서비스와 사회 기조 또한 더욱 발전할 것이다. 즉, 인간만이 제공할 수 있는 감정과 공감의 가치가 더 부각된다는 의미이다.

따라서, 예술, 상담, 케어, 돌봄 등과 같은 산업은 인공지능이 보편화된 시점 이후에 더욱 활성화될 것이다.

6. 범용 인공지능[AGI] 시대, 기존 IT기업의 비즈니스 전환

지금까지 IT기업의 비즈니스는 기술 중심이었다. 머신러닝과 딥러닝 모델을 개발하거나, 버티컬 언어모델을 구축해 고객사에 납품하고, 프로젝트 단위의 계약을 통해 매출을 창출하는 구조였다. 즉, 기술보유 여부와 납품 역량이 곧 기업의 경쟁력이었다.

하지만 범용 인공지능AGI 시대가 본격화되면 이러한 방식은 점점 설득력을 잃게 될 것이다. 왜냐하면, 인공지능 모델들은 이미 범용화되고 있으며, 오픈소스 생태계의 확산으로 특정 기술 자체의 희소가치가 빠르게 떨어지고 있기 때문이다. 누구나 활용할 수 있는 알고리즘이 오픈소스 형태로 존재하는 상황에서의 핵심 경쟁력은 어디에 어떻게 활용하는가일 것이다. 우리의 고객 또한 더 이상 단순히 시스템 납품만을 생각하지 않을 것이다. 그들은 인공지능 기술이 가져올 구체적인 경제적 효과, 즉 '비용절감' 및 '생산성 향상'과 직접적으로 연결하여 돈으로 그 효과를 얻을 수 있는 방향만 생각할 것이다.

따라서 IT기업은 기존 인공지능 도구의 단순한 공급자에서, 고객의 고유 비즈니스에 집중된 파트너이자, 가치를 함께 창출해줄 수 있는 사업자로 변해야만 생존할 수 있다. 고객의 조직운영과 수익구조 안으로 들어가서, 고객의 돈 버는 서비스가 더 많은 돈을 벌 수 있도록 IT시스템을 개발하고 운영해야 한다는 의미이다. 이를 실현하기 위한 핵심 전략이 바로 생태계이다. IT기업은 고객, 협력업체, 개발자, 데이터 제공자 등 다양한 참여자가 연결된 네트워크를 구축하고, 그 안에서 데이터와 서비스를 순환시켜야 한다.

다만, 혼란스러울 독자도 있을 것인데, 왜냐하면 필자는 앞에서 기업들이 내부 역량향상을 통해 외주에서 자체 수행의 방향으로 전환할 것이라고 예측했기 때문이다. 오해하지 말아야 할 것은, 고객이 아무리 내재화한다고 하더라도 자신의 업무(마케팅, 광고 등)와 연관된 부분에서의 내재화를 할 수 있는 것이지, 협력업체가 진행하던 엔지니어 영역까지 내재화를 할 수 있는 것은 아니다.

어쨌든, 결국은 범용 인공지능AGI 시대에서의 IT기업은 더 이상 기술 기업이 아닌, 고객의 비즈니스에, 그리고 고객의 경제활동에 직접 참여하는 기업으로 재정의해야 생존할 수 있다.

7. 정보획득 방식의 변화, 그리고 비즈니스

인터넷의 포털 검색서비스는 정보접근성을 상상할 수 없는 속도로 향상시켰다. 이전에는 내가 원하는 정보를 얻기까지 며칠, 아니 몇 달이 걸릴 수 있었던 것이, 검색서비스를 통해 단지 몇 시간으로 단축되었다. 그럼, 지금은 어떠한가? 이제는 검색이 무슨 의미가 있나 싶을 정도로, 우리는 질문을 통해 실시간으로 원하는 정보를 얻게 되었다. 다시 말해서, 정보획득 방식이 기존 '검색창'에서 이제는 '대화창'으로 바뀌었고, 링크를 통해 수많은 정보를 조합하여 스스로 정답을 찾아가는 방식에서 정답을 강요받는 시대로 변화한 것이다.

이것은 단지 정보획득 방식에서의 변화만을 의미하지 않는다. 광고, 콘텐츠, 커머스 등 산업 전체의 기존 질서를 뒤흔드는 사건이라고 할 수 있다. 광고로 큰 수익을 내던 구글이 기존 검색 방식에 생성형AI 답변을 혼합한 'AI 모드'를 내놓은 이유도 여기에 있다.

이러한 전환은 특히 두 개의 핵심 영역에서 새로운 비즈니스 기회를 만들어낼 것으로 예상된다.

첫째는 '문서 구조 최적화'를 기반으로 한 AI Ready Data 산업이다. 대화창 시대에는 사용자가 직접 문서를 읽지 않고, 인공지능이 문서를 먼저 해석해 답을 만들어준다. 따라서 기업이 보유한 매뉴얼, 정책, 약관, 제품 정보, 기술 문서와 같은 지식 자산에 대해, 인공지능이 읽기 쉽도록 구조화되어 있는지가 경쟁력을 좌우한다. 이는 문서를 새로 작성해야 한다는 것은 아니며, 제목, 문단, 메타데이터 등에 대해 인공지능 접근용 구문을 만들어 인공지능이 해당 문서를 보다 쉽게 이해할 수 있도록 만들어주는 것이다. 따라서 기업 B2B 시장에서는 RAG^{Retrieval-Augmented Generation} 구축, 지식 그래프 및 문서 파이프라인 자동화 등에 사업기회가 많을 것으로 예상된다.

두 번째는 기업의 서비스가 API 형태로 개방되는 에이전트 경제이다. 머지않은 미래에, 대화창은 정보를 단순히 요약해 주는 단계를 넘어, 실제 행동을 수행하는 방향으로 확장되기 때문이다. 여행, 쇼핑, 보험, 예약, 금융 등 다양한 서비스는 사용자가 직접 웹사이트에 접속하지 않더라도, AI 에이전트가 기업의 API를 호출해 주문·예약·조회·결제 등 실질적 행동까지 수행하게 될 것이다. 즉, 기업의 비즈니스 접점이 '사용자의 방문'에서 'AI의 호출'로 이동하면서, 기업은 자연스럽게 에이전트 생태계 안으로 편입된다.

최근, 인공지능이 시대적 흐름임에는 어느 누구도 부정하지 못할 것이다. 특정 산업에 해당되는 이야기는 아니며, 산업의 경계를 넘어 우리의 일상생활에도 엄청난 영향을 미치고 있다. 본 도서를 집필한 이유는 바로 여기에 있다. 우리의 현재와 미래, 그 경계를 넘어서는 인공지능의 시대적 파고 속에서, 비즈니스는 어떠한 방향으로 나아가야 할 것인지에 대해 이야기를 하고 싶었다. 다만, 현재 출시되는 인공지능 관련한 도서들을 보면 모두 단편적 지식전달에 머무르고 있다고 생각한다.

필자는 본 도서를 통해 현재의 인공지능 개념을 넘어, 인류 기술발전 역사에서의 시대적 진화과정을 고려한 인공지능의 개념, 그리고 그러한 인공지능 비즈니스는 어떻게 진행해야 하는지, 또한 우리는 어떠한 준비를 해야 하는지 거시적 관점에서 설명하고자 하였다. 이러한 상황에 맞춰 필자가 오랜 시간 현장에서 발로 뛰며 직접 경험한 인공지능 비즈니스의 인사이트를 여러 독자에게 제공하는 것을 그 목적으로 하고 있다. 더불어 지속 가능한 비즈니스가 되기 위한 조건과 그에 대한 미래도 함께 고민해 보고자 본 도서를 집필하였다.

우리 회사는 '지시'할
준비가 되었는가?

기업의 AI 도입 수준을 평가할 때, 단순히 어떠한 특정 AI기술을 적용했다거나 혹은 글로벌 솔루션을 도입했다는 것으로 그 수준을 판단할 수 없을 것이다. 가장 중요한 것은, 이러한 AI 도입을 통해 조직 내부적으로 어떻게 생산성을 향상시켰고, 나아가 기업의 영업활동에 얼마만큼 기여를 했는가가 그 기준이 될 것이다. 여기서 '조직 내부의 생산성'은 의사결정 구조, 조직 역할, 업무처리 속도 및 비용구조 등을 의미하며, '기업의 영업활동'은 매출과 연관된 기능을 의미한다.

본 도서에서는 AI를 조직에 도입하는 것과 관련하여, 그 성숙도를 5단계로 구분하여 '조직운영 관점'과 '경영성과 관점'으로 정의하고자 한다. 이것은 해당 기업이 현재 어느 단계에 위치해 있는지 스스로 진단하고, 향후 AI 전환의 방향을 설정하기 위한 기준으로 활용할 수 있을 것이다.

Level 1, '도구활용 단계'에 해당하는 기업은 AI를 아직 업무 보조도구 수준에서 활용하고 있는 상태라 할 수 있다. 주요 의사

기업 AI 경영 성숙도 5단계 매트릭스

단계	조직운영 관점		경영성과 관점	
	의사결정 주체	인간 역할	비용구조 절감	매출구조 확대
Level 1 도구활용 단계	인간 단독	실행자	기존 비용구조 체계 유지	기존 매출구조 체계 유지
	AI가 정보제공/참고자료 생성 → 사람이 판단하고 선택 및 실행			
Level 2 효율화 단계	인간+AI추천	실행+검증	반복업무 자동화, 부분적 비용절감	생산성 일부 개선되나 매출 기존 유지
	AI가 작업 단위 수준에서 추천 → 사람이 선택 및 실행			
Level 3 확장 단계	인간+AI 공동 판단	감독+기획	구조적 인력 최적화, 운영비 절감확대	AI 기반 신규매출 창출 시작
	AI가 하나의 업무 단위에서 설계/추천 → 사람이 전략수립/기획 후 실행지시			
Level 4 재설계 단계	AI 중심결정 및 인간 승인	전략+통제	고정비 구조개선, 조직비용 구조혁신	AI 주도 신규 비즈니스 모델 형성
	AI가 전사 차원에서 경영전략/운영 설계/추천 → 사람이 승인/감독/통제			
Level 5 Auto Pilot Enterprise	AI 자율결정	감독+거버넌스	비용구조 자율 최적화	AI가 핵심 성장 엔진 역할 수행
	AI가 전략/운영/조정 자율 수행 → 사람이 원칙설정 및 거버넌스			

결정은 전적으로 인간이 수행하며, AI는 문서작성, 정보검색, 단순 분석 등 개인 차원에서 업무 생산성을 높이는 역할에 머문다. 예를 들어, 법무 부서에서 판례 검색용 AI를 사용하거나, 영업 조직에서 제안서 초안을 생성하는 정도의 활용이 여기에 해당한다. 이 단계에서는 비용구조나 매출구조에 실질적인 변화가 발생하지 않으며, AI는 기존 업무방식을 크게 바꾸지 않은 상태이다.

Level 2, '효율화 단계'에서는 AI를 본격적으로 업무 프로세스에 적용하기 시작하는 시점이다. 의사결정은 여전히 인간이 수행하지만, AI의 추천결과가 중요한 참고 자료로 활용된다. 인간은 실행과 검증 역할을 담당하고, AI는 반복업무와 표준 업무에서 추천과 자동화를 제공한다. 예를 들어, 법무 AI가 계약서 초안을 자동생성하고 리스크 조항을 추천하며, HR AI가 채용 서류를 1차 분류하고 적합 인재를 추천하는 방식이다. 이 단계에서는 반복업무를 자동화함으로써 인건비와 운영비 일부가 절감되며, 생산성 향상을 통해 기존 사업의 수익성이 조금은 개선될 수 있지만, 매출구조 자체는 아직 기존 사업 방식을 유지하고 있다. Level 1과의 핵심적인 차이는, 바로 AI가 조직내 공식적인 업무 프로세스상 하나의 단계로 들어와 있다는 것이며, 이에 따라 반복업무의 자동화로 인해 일부 인력이 감소되고 외주 및 야근이 축소된 상태라고 할 수 있다.

Level 3, '확장 단계'에서는 AI가 단순한 효율화 도구를 넘어, 조직운영과 사업확장의 수단으로 활용되기 시작하는 단계이다. 의사결정은 인간과 AI가 공동으로 수행하며, 인간의 역할은 실행 중심에서 감독과 기획 중심으로 점차 이동하게 된다. 예를 들어, 제조 기업에서 생산계획을 AI가 시뮬레이션하고, 담당자는 이를 검토·조정하는 방식으로 운영되며, 마케팅 조직에서는 AI가 고객 세분화와 캠페인 전략을 제안하고 인간이 최종 기획을 담당한다. Level 3의 가장 큰 특징은 AI가 비용절감 수단이자 성장

수단으로 동시에 작동한다는 것이다. 이 단계에서는 구조적인 인력 최적화와 운영비 절감이 본격화되며, 이를 위한 AI 기반 컨설팅, 데이터 분석 서비스, 자동화 솔루션 등의 비즈니스가 활발해질 것으로 예상된다. Level 2와의 핵심적인 차이는, AI가 비용을 줄이는 수단(Level 2)에서 돈을 벌기 위한 관점(Level 3)으로 변화하기 시작한다는 것이다. 즉, 조직 안에서만 사용하던 AI를 사업 영역인 조직 외부로 확대하며, 사람의 역할은 실행자(Level 2: AI 추천 → 사람이 실행)에서 기획자(Level 3: AI 분석설계 → 사람 판단기획)로 옮겨지는 단계라고 할 수 있다. 다만, 주의해야 할 것은 Level 2에서의 검증은 작업수준에서의 "어떻게 할지"를 판단하는 것이라면, Level 3에서는 보다 상위단계인 업무 단위에서 "무엇을 할지"를 판단하며, 업무추진 전략과 시나리오를 설계하게 된다. 물론, 사람이 그 방향성과 함께 실행을 지시하게 된다.

Level 4, '재설계 단계'에서는 기업의 조직 구조와 비즈니스 모델 자체가 AI 중심으로 재편되는 시기라고 할 수 있다. 주요 의사결정은 AI가 주도하고 인간은 승인과 통제 역할을 수행한다. 조직은 기능 중심 구조에서 마이크로 팀과 에이전틱 AI 중심 구조(목표 기반 자율운영 구조)로 전환되며, 인간은 경영전략과 통제 역할에 집중한다. 예를 들어, 금융기관에서 신용평가와 대출 승인 과정의 대부분을 AI가 단독으로 기획 및 진행하고, 담당자는 예외케이스와 정책 통제만 담당하는 구조가 여기에 해당한다. 비용측

면에서는 고정비 구조가 재편되며, 조직 규모와 운영 방식 자체
가 마이크로 체계로 변화한다. 동시에 AI를 중심으로 한 신규 비
즈니스 모델이 형성될 것이며, 예를 들어 에이전트 간 서비스를
연계하여 매출을 발생시키는 AI 기반 플랫폼 비즈니스 모델 등이
출현할 것이다. Level 3과의 핵심적인 차이는, 이전 단계에서는
AI가 사람이 하는 업무를 지원하는 역할, 즉 조직의 구조와 프로
세스가 이전과 동일하게 사람을 중심으로 했다면, 4단계부터는
특정 작업과 업무단위가 아닌 전체 업무(예: 영업 기능, 고객대응 기능
등)를 AI가 통합적으로 운영하는 역할을 수행한다는 것이다. AI
가 이전 단계에서 도구적인 성격이었다면, Level 4부터 본격적으
로 AI가 스스로 계획하고 처리 및 조정하며 에이전틱 AI로 전환
되는 시점이라고 할 수 있다. 따라서 조직구조 자체도 AI 중심의
마이크로 팀 체계로 개편되고, 사람은 업무처리의 정책을 설정하
는 역할을 담당하게 된다.

마지막으로 Level 5, Auto Pilot Enterprise 단계는 기업 운영
의 상당 부분이 AI에 의해 자율적으로 이루어지는 시점을 의미
한다. AI는 주요 의사결정을 자율적으로 수행하며, 인간은 감독
과 거버넌스 역할에 집중한다. 비용구조는 실시간 데이터와 피
드백 루프를 통해 지속적으로 최적화되고, 매출구조에서는 AI
가 직접 신사업을 발굴하고 성장 전략을 실행하는 핵심 엔진 역
할을 담당한다. 예를 들어, 글로벌 플랫폼 기업에서 가격 정책, 광

고 운영, 재고 관리, 고객 대응이 대부분 에이전틱 AI에 의해 자동 운영되고, 인간 경영진은 전략 방향과 윤리·책임 영역만 관리하는 구조가 이에 해당한다. 5단계의 가장 큰 특징은, 기존에는 AI가 회사를 '운영'하는 단계였다면, 이제는 AI가 스스로 회사를 '경영'하는 단계로 진화하는 것이다. 즉, 4단계의 "Agentic AI 운영체계"가 "Self-Driving Enterprise"로 변화하는 것이다.

모든 단계에서 인간은 최종 책임자이자 거버넌스 주체이다. 다만 단계가 높아질수록, 인간은 '운영과 의사결정의 직접적인 진행자'에서 '구조와 원칙을 설계하는 감독자'로 역할의 범위가 점진적으로 이동하게 된다. 즉, 단계가 발전함에 따라 인간의 역할이 변화하는 것이 아닌, 일상적 운영과 의사결정 루프에서 점차적으로 빠져나오고, 기업 운영 구조 전체를 감독하는 역할로 좁혀지게 되는 것이다.

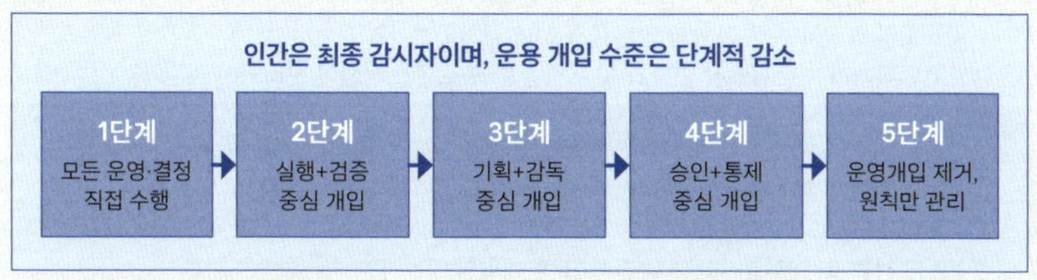

조직에 AI를 '도입'할 준비가 되었는가?

AI 도입 전 체크리스트

① 조직문화 영역

- ☐ AI 파일럿 실패를 개인 책임이 아닌 '학습 과정'으로 인정할 준비가 되어 있는가?
- ☐ 자동화와 역할 조정에 따른 혼란/저항을 관리할 준비가 되어 있는가?

② 전략·리더십 영역

- ☐ 최고경영진이 AI를 핵심 경영 어젠다로 인식하고 있는가?
- ☐ AI 중장기 전략과 로드맵이 수립되어 있는가?
- ☐ AI 도입 목적(비용절감/매출확대/리스크관리 등)과 그에 따른 KPI가 명확한가?

③ 데이터·시스템 영역

- ☐ AI 학습/추론 및 처리결과를 위한 데이터 파이프라인이 있는가?
- ☐ 연동이 필요한 시스템(ERP/CRM/그룹웨어 등)과 데이터 목록이 정리되어 있는가?
- ☐ 구축 방식(SaaS/On-Premise/Hybrid)은 결정하였는가?

④ 업무·프로세스 영역

- ☐ 반복 업무가 자동화 대상으로 식별되어 있는가?
- ☐ 도입 효과가 측정 가능한 업무를 우선 선정하였는가?
- ☐ 업무처리 프로세스상 인간과 AI가 공존한 프로세스 정립이 준비되어 있는가?

⑤ 조직·인력 영역

- ☐ AI 전문인력과 PO(Product Owner)의 지정 및 그 역할이 정의되어 있는가?
- ☐ 마이크로 팀 구조를 고려하고 있는가?
- ☐ 구성원 축소를 고려한 역할 전환/조정 계획이 있는가?

⑥ 거버넌스·윤리 영역

- ☐ AI 적용을 위한 거버넌스 체계가 있는가?
- ☐ 보안·프라이버시·책임 기준이 명확한가?
- ☐ 인공지능 기본법을 준수하고 있는가?

　　AI 도입의 성패는 조직이 변화와 실험을 얼마나 받아들일 준비가 되어 있는가에 의해 결정된다. 많은 기업의 실제 실패 원인은 조직 문화, 전략 부재, 데이터 준비 부족, 그리고 운영체계 미흡에서 발생한다. 본 체크리스트는 이러한 관점에서, 기업이 AI 도입을 시작하기 전에 반드시 점검해야 할 여섯 개 핵심 영역을 제시한다. 이는 기술 점검표가 아니라, AI 도입을 감당할 수 있는지에 대한 준비도를 진단하는 경영 체크리스트이다.

PART I AI 비즈니스 트렌드
무엇이 달라지는가?

PART II   AI 비즈니스 전략
빅테크 전쟁과 한국의 생존법

PART III　AI 비즈니스 미래

기술의 진화와 싱귤래리티

PART I

무엇이 달라지는가?

산업별 AI 비즈니스 트렌드, 그리고 우리의 생존전략

인공지능이 모든 산업구조에 변화를 강요하고 있다. 이러한 인공지능은 단순한 기술이 아니라 생산방식, 소비경험, 그리고 인간의 역할을 재정의하는 경제적 패러다임으로 자리 잡고 있다.

B2B 비즈니스 관점에서 볼 때, 현재 시점의 핵심은 AI 에이전트의 확산이라고 할 수 있다. 기존 RPA가 단순 반복적인 업무를 자동화했다면, AI 에이전트는 복잡한 판단과 비정형 데이터를 자동화하며, 인간에게 새로운 지능형 자동화를 선물하였다. 이를 기반으로 'AI-Ready Data', LLMOps, 나아가 AgentOps로 인공지능 시장이 확대되며, 결국 "인공지능을 얼마나 체계적으로 잘 운영할 것인가"의 개념으로 비즈니스가 확대, 전개될 것으로 예상된다.

한편, B2C 영역에서는 인공지능이 우리의 일상생활에 더욱 깊숙이 들어오고 있다. 대표적으로, 정보 획득 방식은 '검색창'에서 '대화창'으로 바뀌면서, 수많은 데이터를 스스로 '조합'하여 정보를 찾아가던 기존 방식에서, '정답'을 강요받는 시대로 변화하고 있다. 또한 스마트폰 인터페이스도 변화할 것으로 예상되는데, 각 앱을 직접 활용하는 방식에서 모바일 에이전트를 통한 방식으로 변화할 것으로 예상된다. 이러한 변화는 모두 초개인화를 기반으로 한다.

마지막으로, 인공지능은 물리 세계와 결합하여 우리의 일상과 산업현장 모두에 큰 영향을 미칠 것이다. 로봇산업은 기존 기계식 로봇에서, 인공지능을 접목한 지능형 로봇으로, 그리고 인간의 형태와 특성을 갖는 인간형 로봇으로 진화함과 동시에, 비즈니스 측면에서는 구독형 로봇 서비스인 RaaS[Robot as a Service] 모델이 확대되며 중소기업으로도 적용될 것으로 예상된다.

결국 인공지능 비즈니스의 본질은 기술의 진보가 아니라 비즈니스 구조의 재편이라고 볼 수 있다. B2B 영역에서는 비용절감과 생산성 향상을 중심으로, B2C 영역에서는 인터페이스 혁신을 통한 일상의 변화 중심으로 말이다.

지금부터는 이러한 비즈니스 구조 재편에 대해, 하나하나 세부적으로 살펴보도록 하자.

1.1 [B2B 관점] 생산성 향상과 비용절감을 위한 인공지능 비즈니스 트렌드

현시점 최고의 비즈니스 트렌드, AI 에이전트

최근, 인공지능 비즈니스와 관련하여 최근 가장 많이 언급되는 개념 중 하나가 바로 AI 에이전트라고 할 수 있다. 인공지능과 관련하여 업무미팅을 하다 보면, 누구나 에이전트를 어떻게 업무에 적용해야 하는지에 대한 이야기를 한다. AI 에이전트가 현재 비즈니스 상황에서만큼은 가장 수요가 많은 분야임에는 분명해 보인다.

그럼, AI 에이전트란 무엇일까? 사실, 아직까지 산업계와 학계에서 합의한 정의는 존재하지 않는다. 대신 여러 저명 인사들이 각자의 시각에서 에이전트를 규정하고 있는데, 우선, 빌 게이츠는 자신의 글에서 AI 에이전트를 "자연어로 대화하면서 사용자의 삶 전반을 이해하고, 그 이해를 바탕으로 다양한 작업을 대신 수행할 수 있는 소프트웨어"라고 정의하고 있다. 이는 단순히 질문에 답하는 챗봇을 넘어, 사용자의 맥락을 파악하고 특정 목표를 달성하는 데 도움을 줄 수 있는 '디지털 비서 역할'을 강조한 것이라 생각된다. 샘 올트먼 역시 가까운 시일 내에 AI 에이전트가 실제 노동환경에 합류하여 기업의 생산방식을 본질적으로 변화시킬 것이라고 전망하였다. 그의 발언은 단순한 '디지털 비서 역할'을 넘어, 경제활동의 실질적 주체로 자리 잡는 가능성을 시사하는 것이라고 볼 수 있다. 젠슨 황은 인공지능의 진화를 지각, 추론, 계획 그리고 행동이라는 네 가지 능력으로 설명하며, 이를 통합적으로 수행하는 시스템을 에이전틱 AI로 규정하였다. 이 의미는 에이전트의 본질을 실행과 상호작용의 능력에 두고 있음을 강조한 것이다.

이러한 다양한 의견과 함께, 필자의 개인적인 생각을 정의하자면 다음과 같다.

AI 에이전트란
- 자연어와 이미지 등으로 인간과 상호작용하며, - 목표와 그에 대한 실행 계획을 세우고, - 도구(API 등)를 사용하여 계획을 실행하는 지능형 시스템

이러한 정의에서의 핵심 키워드는, 바로 '상호작용'과 '목적 지향성'이라고 할 수 있다. 의미는 간단하다. '상호작용'은, 기존에는 정해진 명령어에 의해서만 로봇이 동작했다면, 미래에는 사람과 대화하듯 자연어로 지시를 하는 것을 말한다. '목적 지향성'은 업무에 적용되는 만큼 특정한 목표, 즉 생산성을 향상시키거나 비용을 절감한다는 구체적 목표를 갖는 것을 의미한다.

참고로, AI 에이전트에 대해 기술적인 측면에서 처음 개념화한 것은 아마도 리언 웽으로, 자신의 블로그에서 "LLM-powered Autonomous Agents"라는 제목으로 정의를 내린 바 있으며, 다음과 같다.

에이전트 구성요소

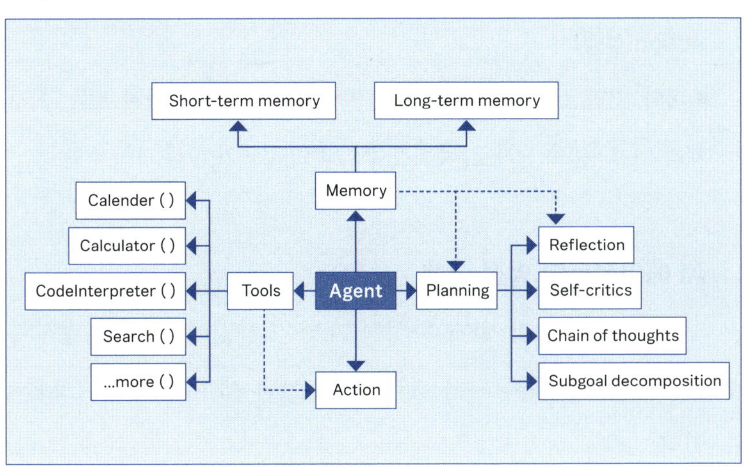

LLM(두뇌)

- 에이전트의 코어 컨트롤러는 언어모델이며, 나머지 모듈(계획, 기억, 도구)이 이를 보완

- 두뇌(언어모델[LLM]) + 손발(주변 모듈)

Planning(계획)

- 복잡한 과업을 하위 목표로 분해하고, 사고의 연쇄[CoT: Chain of thoughts], 자기비판[Self-critics], 반성 절차로 계획수립

Memory(기억)

- 단기 기억은 대화 맥락을 활용해 즉시 추론을 돕고, 장기 기억은 "벡터 스토어+검색"으로 과거정보를 지속적 활용

Tool use(도구 사용)

- 외부 API 및 도구를 호출해 모델 가중치에 없는 최신 정보, 코드 실행, 사내 데이터 접근 등을 수행

Action(실행)

- 계획, 기억, 도구를 엮어 실제 환경에 행동을 취하는 단계. 모듈 그 자체라기보다 출력 단계로, 계획·도구 호출의 결과가 현실 과업 수행

AI 에이전트의 발전 단계

AI 에이전트는 한 번에 완성된 개념은 아니며, 기술의 발전과 함께 점진적으로 확장되어 왔다. 크게 보면 세 가지 단계로 나눌 수 있다.

첫 번째 단계는 AI어시스턴트로, 이 시기의 인공지능은 사용자의 요청에 반응하는 수동적 보조자이다. 검색, 번역, 문서 요약처럼 한정된 기능을 수행했으며, '자율성'보다는 '응답성'에 무게가 실려 있었다.

두 번째 단계는 AI 에이전트로, 이 단계에서는 단순 응답을 넘어 목표가 주어지면 스스로 해결 프로세스를 여러 단계로 설계하고 실행하며, 필요할 경우 외부 도구 및 데이터와 연동하여 결과를 만들어낸다. 예를 들어, 일정을 확인한 후 이메일 발송까지 이어지거나, 기업 내부 데이터베이스를 탐색해 보고서를 작성하는 것과 같은 응용이 가능해진 것이다. 현시대가 바로 이러한 AI 에이전트 단계이며, 현재 AI 에이전트에 대한 고객의 궁금증이 크게 올라가고 있는 만큼, 2026년에는 이에 대한 IT수요가 급증할 것으로 예상된다.

세 번째 단계는 에이전틱 AI로, 이 시기에는 자율성이 극대화되면서 에이전트가 단기적 과제를 넘어서 장기적 목표를 설정하고, 환경 변화에 맞추어 계획을 스스로 재조정하게 된다. 때로는 다른 에이전트와 협력하면서 말이다. 젠슨 황이 강조한 "지각-추론-계획-행동"은 바로 이 단계에서 구현될 수 있는 핵심 능력이라고 할 수 있다. 결국 에이전틱 AI는 인간의 지속적인 개입 없이도 목표를 스스로 해석하고, 달성 경로를 설계하며, 상황에 따라 방향을 수정하는 지능적인 행위자라고 볼 수 있다.

이것을 비즈니스 차원에서 고민해 보면, AI 에이전트든, 에이전틱 AI든 기본적인 목표는 "고객의 워크플로 전체를 자율적으로 스스로 수행한다"라고 할 수 있다. 다시 말해서, 고객의 업무를 자동화하여 생산성을 향상시킨다는 의미이다. 하지만, 그 과정에서 AI 에이전트와 에이전틱 AI는 차이가 있는데, 그것은 "자율성의 수준"과 "행동 범위"라고 할 수 있다. 즉, AI 에이전트는 "사용자에게 목표를 받아서, 여러 단계를 계획하고 필요에 따라 외부 도구를 호출하여 결과를 도출하는 자율 시스템"인 반면, 에이전틱 AI는 "단순히 목표를 수행하는 데 그치지 않고, 스스로 목표

AI 에이전트[Agent]와 에이전틱[Agentic] AI 차이

구분	AI 에이전트[Agent]	에이전틱[Agentic] AI
정의	사용자가 준 목표를 여러 단계를 거쳐 수행하는 자율적 시스템	목표를 스스로 해석 및 재설정하고 환경 변화에 적응하며 협업까지 수행하는 고차원적 자율 시스템
자율성 수준	제한적 자율성: 사람의 목표 지시에 충실	높은 자율성: 목표 자체를 재구성하거나 확장 가능
목표 범위	단기적, 구체적 과업 중심	장기적, 복합적 과업까지 확장
행동 구조	계획 → 실행 오류 시 사람 개입	순환 구조 : 계획 → 실행 → 반성 → 재계획
환경 적응성	예기치 못한 상황에서는 취약 사람의 감독 필요	환경 변화 및 예외 상황에 스스로 대응 및 조정
협력 능력	단일 에이전트 중심	다중 에이전트 간 협업 가능
비즈니스 예시	고객 불만 메일 분석 후 표준 답변 작성 및 발송	고객 불만 메일 분석 → 답변 작성 → 반복적 이슈 식별 → FAQ 개정 제안 → 개선안 보고까지 수행

를 재해석하고 상황 변화에 따라 계획을 수정하며, 필요시 다른 에이전트와 협력하는 자율 시스템"이다. 쉽게 설명하자면, AI 에이전트는 "사람이 준 목표를 효율적으로 수행하는 행위자"이고, 에이전틱 AI는 "목표를 스스로 해석, 확장하며 개선하는 행위자"라고 할 수 있다.

에이전트를 정의하는 필수 조건

그럼, AI 에이전트와 생성형AI를 구분 짓는 기준은 무엇일까? 어떻게 보면 생성형AI는 상대적으로 단순한 서비스, 즉 질문에 훌륭한 대답을 해주는 채팅 서비스이지만, AI 에이전트는 다음과 같은 다섯 가지 핵심요소를 갖는다. 즉, AI 에이전트는 이 다섯 조건을 얼마나 충족시켰느냐에 따라 그 품질이 결정된다고 보면 될 것이다.

1. 상호작용성

AI 에이전트는 사용자의 질문에만 반응하는 수동적 존재를 넘어, 외부 환경과 끊임없이 상호작용할 수 있어야 한다. 예를 들어, 고객상담 에이전트는 단순히 답변을 제공하는 것이 아니라, 외부 결제 시스템과 연동해 환불을 처리하거나, 배송 API를 호출해 상품 상태를 확인하는 방식으로 상호작용을 한다. 이를 통해 에이전트는 단순한 '대화형 챗봇'과 달리 실제 비즈니스 환경과 소통하며 문제를 해결한다.

2. 자율성

AI 에이전트를 판단할 때 가장 중요한 개념 중에 하나가 바로 스스로 판단하고 행동하는 '자율성'이다. 기존의 AI 어시스턴트가 사용자의 명령 없이는 움직이지 못하는 "수동형 시스템"이었다면, 에이전트는 목표가 주어지면 스스로 실행할 수 있는 시스템을 의미한다. 예컨대 일정관리 에이전트가 단순히 일정을 기록하는 것에 그치지 않고, 관련자들의 일정을 자동 조율하는 것은 자율성의 단순한 사례라고 할 수 있다. 이 단계에서 중요한 것은 인간의 개입이 "옵션"이 되고, 행동의 주도권이 인공지능에게 일부 넘어간다는 점이다.

3. 목표 지향성

AI 에이전트는 단일 요청에 국한되지 않고, 명확한 목표를 바탕으로 이를 달성하기 위해 행동을 수행한다. 예를 들어, "시장 보고서를 작성해 줘"라는 목표가 주어지면, 『자료수집 → 데이터 분석 → 문서 정리』라는 연속적 과정을 스스로 계획하고 수행한다. 나아가 에이전틱 AI 단계에서는 목표 간 우선순위를 스스로 조정하거나, 목표달성 경로를 설계하는 능력까지 확보할 수 있다.

4. 도구활용 능력

현대의 AI 에이전트는 외부의 다양한 시스템 및 도구를 불러와 활용할 수 있는 능력이 필수적이다. 예를 들어 금융 에이전트는 주가 데이터베이스를 호출해 시세를 확인하고, 엑셀 API를 통해 차트를 작성한 뒤, 이를 보고서에 포함시키는 방식으로 작동한다. 개발자를 위한 소스코드 개발 에이전트는 깃허브와 연동하고, 테스트 코드를 실행하며, 배포 프로세스를 자동화할 수 있다. 이러한 도구활용 능력은 AI 에이전트가 외부와 연결되는 관문이자, 산업현장에서 에이전트로서의 가치를 만들어내는 중요한 역할을 한다.

5. 지속성

마지막으로, 에이전트는 과거의 경험과 맥락을 기억하고 이를 기반으로 일관된 행동을 이어가야 한다. 단발성 대화만 가능하다면, 여전히 어시스턴트 단계에 머물러 있는 것이다. 예를 들어, 고객상담 에이전트가 이전 대화에서 고객이 선호한 상품이나 불편사항을 기억한다면, 이후 문의에서 대화의 맥락을 갖고 상담을 이어갈 수 있을 것이다.

참고로, 상호작용성과 도구활용 능력이 얼핏 생각해 보면 다소 동일한 개념으로 보일 수 있으나, 실제로는 범위와 초점에서

에이전트 필수조건과 발전단계

조건	의미	구체 사례	Assistant 단계	Agent 단계	Agentic AI 단계
상호 작용성	사용자 및 외부 환경과 지속적으로 소통하고 반응하는 능력	고객상담 시 단순 답변을 넘어, 결제·배송 시스템 연동	단순 대화 응답만 가능	외부 API 호출·데이터 연동	다중 에이전트 간 협업, 물리·가상 환경까지 확장
자율성	스스로 판단·행동을 개시할 수 있는 능력	일정 충돌을 감지하고 자동으로 회의 재조율	사용자 지시가 있어야만 작동	목표가 주어지면 다단계 작업 수행	목표 재설정·재계획·오류 수정까지 자율적으로 수행
목표 지향성	단일 요청이 아닌 목표 달성을 위해 행동을 조직하는 능력	시장 보고서 작성: 자료수집→분석→보고서 생성	단순 작업만 처리	단기 목표 중심의 연속적 작업 가능	장기·복합 목표 수행 및 우선순위 조정 가능
도구 활용 능력	외부 시스템·데이터·API를 활용해 실제 결과를 도출하는 능력	금융 에이전트가 주가 DB 연동→차트 작성→보고서 완성	내장 기능만 활용	외부 API·소프트웨어 연동 가능	복합 도구 체인, 실시간 멀티모달 자료 활용
지속성	과거 경험과 맥락을 기억하여 일관성 있는 행동을 유지하는 능력	고객의 과거 불만을 기억하고 후속 상담에 반영	세션 내 기억만 존재	일정 기간 맥락 유지 가능	장기 기억·학습·반성·사용자 모델링 가능

다소 차이가 있다. 상호작용성은 말 그대로 AI 에이전트가 주변과 끊임없이 소통하는 능력을 말하는데, 예를 들어 에이전트를 사용하는 사람, 또 다른 외부 에이전트 등이 이에 해당될 수 있다. 반면에 도구활용 능력은 상호작용성의 하위 범주로, 외부 시스템 혹은 API 등과 같이 구체적으로 데이터를 주고받는 기능수행 자체에 초점이 맞춰진 것이다.

RPA와 AI 에이전트의 차이

RPA는 2010년대 중반 이후, 전 세계 기업들에 빠르게 확산되며 '업무 자동화의 상징'처럼 자리 잡았었다. 그 핵심은, 규칙 기반의 단순 반복적인 업무를 자동화함으로써, 사람은 보다 가치 있는 업무에 그리고 의사결정이 필요한 업무에 집중함으로써, 생산적인 근무환경을 만든다는 것이었다. 예를 들어 금융권에서는 데이터 입력, 회계 처리, 세금 계산과 같은 정형화된 프로세스에 대해, RPA를 활용하여 근무시간에 상관없이 빠르게 처리할 수 있었다. 이 과정에서 인건비 절감, 오류 감소, 처리 속도 향상이라는 뚜렷한 효과가 있었다. 그러나 RPA는 예외 상황이나 환경 변화에 대한 대응력이 매우 약했고, 시스템이나 화면이 조금만 변경되어도 봇이 작동을 멈추는 취약성이 드러났다. 실제로, 데이터를 갖고 오는 양식이 조금이라도 변경되거나, 법규나 사규가 변경되어 자동화 규칙이 바뀌면, 기존 RPA는 아예 무용지물이 되었다. 결국 RPA는 "반복적이고 단순한 업무에는 강하지만, 유지관리가 매우 어려웠고, 특히 비정형적이고 복잡한 문제에는 취약하다"라는 평가를 받았다.

지능형으로의 전환: AI 에이전트의 자율성과 적응성

AI 에이전트는 RPA가 지닌 한계를 보완하며 등장한 차세대 자동화 툴이라고 할 수 있다. 언어모델과 추론 능력을 기반으로, AI 에이전트는 단순 반복적인 규칙수행을 넘어, 복잡한 목표를 설정하고 계획을 세우며, 다양한 도구를 활용하여 업무를 수행할 수 있다. 특히 자연어와 이미지 등 비정형 데이터도 처리할 수 있다는 점에서, AI 에이전트는 자동화의 범위를 한층 넓혔다고 할 수 있다.

다음은 RPA와 AI 에이전트의 주요 차이를 간단히 정리한 것이다.

RPA와 AI 에이전트의 주요 차이

구분	RPA	AI 에이전트
기본 원리	규칙 기반 자동화(스크립트, 워크플로)	목표 지향적 자율성(추론, 학습, 도구 활용)
데이터 처리	구조화된 데이터 중심	구조화, 비구조화 데이터 모두 가능
유연성	예외 및 환경변화에 취약	적응 및 조정 가능
활용 영역	단순 반복, 백오피스 업무	복잡한 의사결정, 고객 대응, 지능형 워크플로
유지보수	룰 변화 시 지속적 보완 필요	모델 성능 및 학습을 통한 진화 가능

하지만, RPA와 AI 에이전트는 서로 경쟁하는 기술 유형 또는 기술발전에 따른 자동화 성숙도의 차이를 의미하지는 않으며, 오히려 두 기술을 상호 보완적인 관계로 이해하는 것이 더 적절해 보인다. 실제로 많은 기업에서는 RPA를 기반 인프라로 활용하고,

그 위에 AI 에이전트를 결합하여 더 유연한 자동화 체계를 구축하고 있다. 이를 지능형 자동화 혹은 하이퍼오토메이션이라고 부르는데, 예를 들어, AI 에이전트가 자연어로 된 고객의 이메일을 읽고 요구하는 사항에 대한 의도를 파악한 후, RPA가 해당 요청 사항을 백엔드 시스템에 자동으로 입력하거나 처리하는 식이다. 이렇게 AI 에이전트는 복잡한 인식과 판단을 맡고, RPA는 단순 반복적인 실행을 담당하는 구조가 가장 현실적인 융합 모델이라고 할 수 있다. 따라서 향후 기업의 자동화는 규칙 기반의 안정성과 자율적 지능의 융합을 특징으로 발전해 나갈 것이다. 다만, RPA를 적용하는 데 있어서 기존 유명한 도구들(예: Automation Anywhere, UiPath 등)을 반드시 사용할 필요는 없다.

기업의 AI 에이전트 비즈니스 전략

시장에서 AI 에이전트의 성숙도를 확인하기 위해 우선, 가트너의 2025년 하이프 사이클을 살펴보자.

그림과 같이, AI 에이전트는 2025년 기준, '기대의 정점Peak of Inflated Expectations'에 위치해 있다. 이는 지금은 시장의 관심과 기대가 극대화되어 있지만, 언젠가는 '환멸의 계곡Trough of Disillusionment'을 지나며, '가치검증 국면'으로 진입할 것임을 시사한다.

논리적인 발전단계는 그렇다 치고, 그럼 실제 시장의 반응은 어떠할까? 앞에서도 언급했지만, 최근에는 고객사 어느 누구를

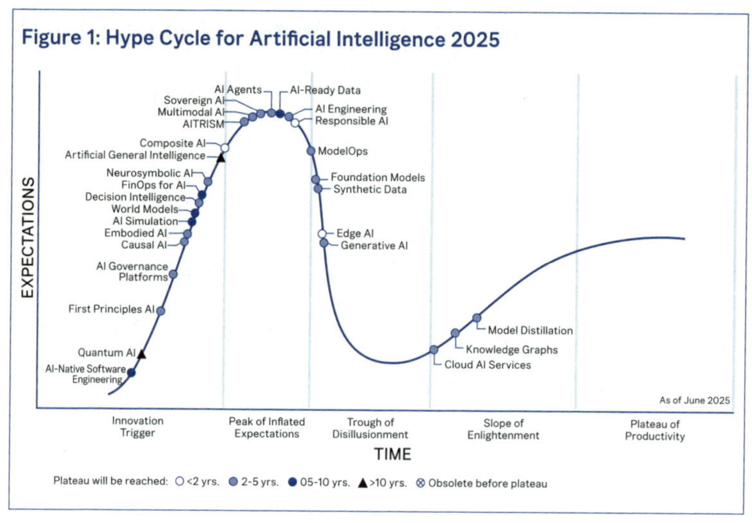

만나든 AI 에이전트를 언급한다. AI 에이전트 1개를 만드는 데 얼마나 예산이 필요한지, 어떤 기술이 필요한지, 본인들의 업무에 적용이 가능한지 그리고 AI 에이전트 프로젝트가 성공하기 위해서는 어떠한 부분을 고민해야 하는지 등에서 말이다. 그런데, 이러한 질문들을 하는 것 보면, 아직까지 시장에 적용한 사례가 많지 않으며, 시장에서의 경험 그리고 성공사례가 없다는 것을 반증한다고 볼 수 있다. 즉, AI 에이전트의 도입은 이제 막 시작한 단계로, 앞으로 한동안은 이러한 시장분위기가 지속될 것이다. 따라서 최소한 2026년에는 지금과 같은 적극적 도입 시도가 이어질 것으로 예상된다. 이후 빠르면 2026년 말, 혹은 2027년쯤에 '환멸의 계곡Trough of Disillusionment' 시점으로 진입할 것이며, 기술에 대한 실망감도 이 시기에 올라올 것으로 예상된다.

그렇다고 하면, AI 에이전트를 적용할 때 가장 중요한 점은 무엇일까? 필자 의견으로는, 우선 '순차적 접근'이 필요하다고 생각한다. 가장 빠르게 적용할 수 있고 가시적으로 바로 확인할 수 있는 영역을 먼저 적용하는 것이다. 예를 들어, 사규, 내부 규정집, 매뉴얼, HR 정책문서 등을 활용하여 구성원들에게 정적인 지식을 전달하는 질의응답(Q&A) 에이전트를 우선 대상으로 진행해야 한다. 이것은 파인튜닝보다는 RAG 기술을 적용하는 것이 적절하다. 간혹 외부 데이터의 검색이 필요하기도 하는데, 이러한 경우에는 실시간으로 올라오는 데이터에 대해 사전에 벡터DB에 임베딩하여 저장할 수 없기 때문에, 외부 검색 에이전트 (예: Google Custom Search, Perplexity API 등)를 호출하여 정보를 제공해야 한다. 참고로, 사전에 임베딩되지 않은 외부 데이터를 검색하기 위해서는, 우선 에이전트를 활용하여 외부의 최신 정보를 가져온 후, 확보된 결과 중 상위 몇 개(보통 3~10개)의 문서를 선택하여 임베딩하여 임시 벡터로 만들고, 마지막으로 언어모델을 활용

> 최신 정보 요구 → 외부 검색 에이전트(또는 기타 크롤러) 활용 → 상위 문서 선별(예: 3~10개) → 임시 임베딩 → 언어모델을 활용한 요약 및 추론

하여 요약과 추론과정을 통해 답변하게 된다.

어쨌든, 질의응답 에이전트를 통해 조직 내부적으로 에이전트에 대한 공감대와 변화관리를 거친 후, 본격적으로 업무생산성을 향상시킬 수 있는 에이전트를 만들어야 한다. 이는 업무 워크플로 전체를 자동화하는 것인데, 이것은 단순 답변을 넘어서, 여러 도구와 기존 기간계 시스템을 연계하여 일련의 업무 절차를 자동화하는 것이라고 볼 수 있다.

업무 워크플로 전체를 자동화한다는 것에 대해, 이해를 돕기 위해 구성원, 업무지원 그리고 고객지원 측면에서의 예시를 살펴

업무별 워크플로 예시

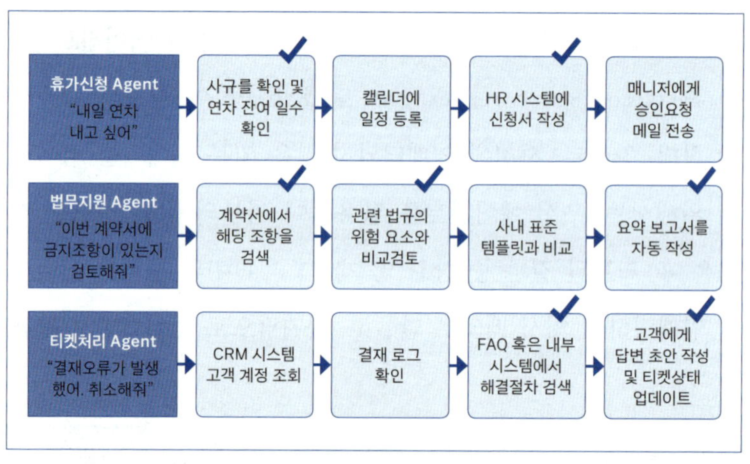

보자.

먼저, 휴가신청 에이전트는 "내일 연차 내고 싶어"라고 입력을 하면, 연차에 대한 사규와 올해 남아있는 잔여 연차일수를 확인한 후, 개인 일정표에 등록하고 신청서를 자동 상신하게 된다. 법무지원 에이전트인 경우, "이번 계약서에 금지조항이 있는지 검토해 줘"라고 입력하면, 계약서를 검토하고 관련 법규와 비교한 후, 위반여부에 대해 요약보고서를 작성하여 제공한다. 사람이 일일이 검토하고 체크하며 많은 시간을 들여 진행해 오던 이러한 업무 시나리오 전체가 자동화가 된다면, 업무에 엄청난 도움이 될 것은 분명해 보인다.

참고로, ✔표시는 언어모델을 활용하는 단계를 의미하고, 기간계 시스템을 연계할 때에는 MCP Model Context Protocol를 활용하며, 나머지 단계는 소프트웨어 개발로 구성하게 된다. 즉, 앞에서 언급한 것처럼, RPA의 영역이 될 수 있는 부분이라고 할 수 있다.

조금은 다른 이야기겠지만, AI 에이전트를 개발하는 IT기업의 입장에서 가장 중요한 것은 무엇일까? 당연한 이야기겠지만, 다른 시스템 개발 프로젝트와 마찬가지로, 요건정의가 가장 중요하다. 간혹, 인공지능 관련 프로젝트는 기존의 IT개발 프로젝트(예: SI System Integration 프로젝트)와 상이한 방법론으로, 전혀 다른 접근법으로 진행해야 한다고 말하는 사람들이 있는데, 이것은 대단히 잘못된 판단이며, 스스로 IT 개발 프로젝트에 대해 이해가 부족하다고 자기고백하는 것과 동일하다고 본다.

또한 에이전트를 기획할 때, 가장 중요한 것은 업무 워크플로를 기준으로, 조직내 어떤 부서에 무슨 권한이 있고, 어떤 레거시 시스템과 연계를 통해 무슨 데이터를 갖고 와서, 어떠한 기능을 개발할 것인지 사전에 명확히 정의하지 않는다면, 그 프로젝트는 반드시 실패하게 된다. IT 개발 프로젝트의 요건분석에 있어서, 그 기본에 해당하는 권한체계, 연계 대상, 관련 데이터 그리고 기능요건을 사전에 명확히 정의하는 것처럼, AI 에이전트 개발 시에도 동일하게 진행되어야 한다.

생성형AI 관련 비즈니스 모델 방향성

인공지능과 관련한 비즈니스는 다양하다. 가장 대표적인 것이 언어모델 자체를 만드는 것인데, 이것은 매우 많은 예산이 필요하므로 대중적인 비즈니스 모델은 아니다. 이 외에도 기존 언어모델을 활용하여 특정 산업에 맞게 최적화하는 파인튜닝, 에이전트를 만들어 판매하는 마켓플레이스 참여 그리고 클라우드 의존도를 낮추고 각각의 기기 내에서 모델을 경량화하여 인공지능 서비스를 제공하는 온디바이스 인공지능 등의 비즈니스가 있을 수 있을 것이다.

이번 장에서는, 생성형AI와 관련하여 여러 비즈니스 모델 중 중요한 방향성이라고 할 수 있는 세 가지 측면, 즉 학습 데이터 관련 비즈니스 모델, 언어모델 관련 비즈니스 모델, 마지막으로 에이전트 관련 비즈니스 모델에 대해 각각 알아보고자 한다.

① 학습 데이터^{AI-Ready Data} 관련 비즈니스

인공지능 학습 데이터와 관련된 사업은 영어로 'AI-Ready Data'라고 하는데, 번역과정에서 흔히 '인공지능 학습준비 데이터' 또는 '인공지능 활용준비 데이터'라고 부르기도 하며, 산업현장에서는 제목과 같이 '인공지능 학습용 데이터'라고도 한다. 다만, 이전에 머신러닝 및 딥러닝에서도 학습용 데이터를 만들기 위한 정제 및 레이블링 작업을 했었는데, 이러한 작업과 언어모델에서의 데이터 작업을 구별하기 위해 영문 그대로 'AI-Ready Data'를 그대로 사용하는 경우가 많다.

특이한 점은, 가트너의 2025년 인공지능 분야 하이프 사이클에서, 'AI-Ready Data'가 '기대의 정점^{Peak of Inflated Expectations}'에 위치해 있으며, 안정기까지는 약 5~10년 정도 걸릴 것으로 예상하고 있다는 것이다. 이것을 달리 표현하자면, 'AI 학습용 데이터' 사업은 이제 막 비즈니스가 시작된 것이고, 시장의 많은 기대를 받고 있으며 향후 10년 정도는 지속적으로 성장한다는 것을 의미하는 것이다.

데이터를 정제하는 작업이 하나의 비즈니스 모델로 정착되기 시작한 것은 2010년대 후반이다. 자율주행이나 의료 진단처럼 방대한 데이터를 요구하는 분야가 확산되면서, 산업 전반에서 '데이터 가공 산업'이라는 표현이 본격적으로 자리 잡기 시작한 것이다. 이 시기에 진행한 데이터 정제 및 라벨링 작업은, 이미지 분류나 음성 인식처럼 특정 목적에 맞게 데이터를 정리하고, 사람이 직접 태그를 붙이는 수준에 머물렀다. 정부 역시 2017년부터 한국지능정보사회진흥원NIA을 중심으로 'AI 학습용 데이터 구축 사업'을 추진하며, 'AI 허브'사이트를 통해 수백 종의 공개 데이터셋을 제공하고 있다. 또한 2020년 데이터 댐 프로젝트를 통해 공공·민간 데이터를 대규모로 수집·가공하면서, 국내 인공지능 기업들이 보다 손쉽게 학습 데이터를 활용할 수 있는 토대를 마련하였다.

이후 2020년대에는 챗GPT와 같은 초거대 언어모델이 등장하면서, 데이터에 대한 요구 수준은 한층 더 높아졌다. 이 시기에는, 단순히 오류를 정제하고 라벨을 붙이는 것만으로는 충분하지 않았으며, 언어모델이 보다 이해를 잘할 수 있도록 일관된 형식으로 정규화를 하고, 다양한 맥락 정보를 담은 메타데이터를 추가하였다. 경우에 따라서는 벡터화하여 모델 학습에 바로 활용할 수 있도록 하였다. 이렇게 새롭게 등장한 개념이 바로 'AI 학습용 데이터 사업', 즉 'AI-Ready Data'인 것이다.

② 생성형AI 시대의 운영체계, LLMOps 플랫폼

머신러닝이 기업과 산업 전반에 걸쳐 확산되었던 시기에, 모델의 개발과 배포 그리고 운영 전 과정을 일관성 있게 관리하기 위한 MLOps^Machine Learning Operations, 즉 '머신러닝 운영 플랫폼'이 필수로 자리 잡았다. 이러한 플랫폼은 머신러닝 모델의 개발부터 재학습에 이르기까지, 전 과정을 자동화하여 개발 생산성 향상과 안정적 운영을 높이는 데에 초점을 두었다. 이를 통해 기업들은 모델의 성능을 안정적으로 유지하고, 지속적으로 변하는 데이터에 적절하게 대응할 수 있게 되었다. 그러나 이 시기의 MLOps는 주로 구조화된 데이터와 예측 모델을 중심으로 설계되었기 때문에, 자연어를 기반으로 한 창의적 상호작용에는 분명한 한계가 있었다.

생성형AI의 등장은 기존 머신러닝 운영 플랫폼의 한계를 뚜렷하게 드러냈다. 언어모델은 기본적인 특징이 있는데, 동일한 입력에도 매번 다른 결과를 생성하는 비결정성을 지니고 있고, 특히 사용자가 제시하는 프롬프트의 문맥과 표현 방식에 따라 출력 품질이 크게 달라진다는 것이다. 또한 모델의 규모 자체가 어마어마하게 방대하여, 추론 과정에서 필요한 비용과 자원 역시 과거와는 비교가 안 될 수준이다. 결국, 기존의 MLOps 만으로는 생성형AI에 대한 대응이 불가능하게 된 것이다. 따라서, 생성형AI 시대의 플랫폼은, 단순히 모델을 개발하고 운영하는 수준을 넘어, 프롬프트 최적화와 출력품질 보증, 윤리적 안전성 확보, 그리고 비용 효율화까지 포괄하는 방향으로 진화할 필요가 있었다.

이러한 배경 속에서 등장한 것이 바로 LLMOps^{Large Language Model Operations} 플랫폼이다. LLMOps는 기존 MLOps의 기본 원리를 계승하면서도, 대규모 언어모델이 가진 특성을 고려해 운영 전반을 새롭게 구성한 체계라 할 수 있다. 단순히 언어모델을 호출하는 통로가 아니라, 사용자가 프롬프트를 입력하고 언어모델이 답변을 내는 전 과정을 실시간으로 감시 및 관리한다. 쉽게 말하자면, 사용자가 입력한 프롬프트가 적절한지, 사용자의 질문에 답변을 잘하고 있는지 그리고 최신 데이터를 활용하고 있는지 등을 관리하는 운영체계라 생각하면 된다.

현재 LLMOps 플랫폼은 빠르게 발전하고 있지만, 여전히 초기 단계에 머물러 있다. 글로벌 시장조사 기관에 따르면 2024년 약 14억 달러 규모에 불과했던 LLMOps 플랫폼 시장은 2033년까지 176억 달러 규모로 성장할 것으로 전망되며, 이는 연평균 30%를 넘는 고성장이라고 할 수 있다.

LLMOps 플랫폼의 기능적인 측면에서 살펴보면, 현재는 주로 프롬프트 관리, 환각 감지, 지식 기반 연계, 응답 모니터링 같

LLMOps 핵심기능

기능	개념 설명	예시
언어모델 튜닝 (버티컬 언어모델 개발 지원)	운영 과정에서 쌓인 프롬프트, 사용자 피드백을 수집하여 도메인 특화 데이터셋 구축 이를 활용해 버티컬 언어모델을 생성 혹은 미세조정 기능	의사-환자 대화 데이터를 기반으로, 의료 분야에 특화된 버티컬 언어모델을 개발하거나 파인튜닝 하여 전문성 강화
프롬프트 최적화	여러 프롬프트를 관리하고, 어떤 표현이 더 좋은 응답을 유도하는지 실험하며, 프롬프트를 자동으로 조정	"환불 규정 알려줘"의 질문을 "환불 정책의 핵심조항을 비교하여 설명해 줘"라고 프롬프트를 변경하여 질의
지식 기반 컨텍스트 관리 (RAG 포함)	외부 문서 및 데이터베이스를 벡터DB로 연결해 최신 정보를 반영하고, 대화 맥락을 기억해 일관성 있는 답변을 제공하는 기능	보험사 AI가 고객의 과거 문의이력과 최신 약관 문서를 동시에 참고하여 특정 보험 상품의 보장 항목을 정확하게 안내
모니터링 및 거버넌스	모델 응답의 품질, 환각, 편향 여부를 실시간 모니터링하고, 규제·보안 준수 여부를 관리하는 기능	금융AI가 투자 조언 시, 규제 위반 가능성이 탐지되면, 자동으로 답변을 차단하거나 담당자 검토 요청

은 기능을 중심으로 구현되고 있다. 예를 들어, 기업들은 고객이 실제로 입력한 질문과 이에 대한 응답 로그를 축적하고, 어떤 프롬프트가 더 높은 만족도를 이끄는지 모니터링하고 있다. 또한 RAG 방식을 활용하여 최신 문서와 데이터를 실시간으로 연결하고, 모델이 제공하는 답변이 참조 문서와 일치하는지를 점검하는 기술도 빠르게 발전하고 있다. 최근에는 특정 토큰 단위에서 환각 발생 가능성을 감지하거나, 별도의 모델이 다른 모델의 답변을 평가하는 'LLM-as-a-judge' 방식이 연구와 상용 도구 모두에서 활용되기 시작했다.

이러한 기술적 트렌드를 바탕으로, 2026년에는 한 단계 더 성숙해질 것으로 전망된다. 발전의 기본적인 방향성은 말 그대로 '자동화'라고 할 수 있는데, 운영 중에 발생하는 프롬프트와 응답 로그, 사용자 피드백은 자동으로 수집 및 정제되어 도메인 특화 모델을 위한 학습 데이터로 재활용될 것이다. 이를 통해 법률, 의료, 금융처럼 전문성과 규제가 동시에 요구되는 영역에서 버티컬 언어모델이 보다 안정적으로 서비스될 것으로 예상된다. 즉, 앞으로의 LLMOps 개발 방향성은 운영과 학습을 잇는 선순환 구조로 발전되는 것이다.

③ No-Code 기반 에이전트 빌더를 넘어, 에이전트 운영 플랫폼으로의 진화

앞에서 언급했듯이, 기존 머신러닝과 딥러닝이 주류였던 시기에는 하나의 모델이 외부로부터 데이터를 입력받아 결과를 내는 단순한 구조가 일반적이었다. 그러나 생성형AI 시대에서는 각각의 역할을 담당하는 여러 에이전트들이 협업하는 방식으로 확장되었다. 에이전트란 특정 목적을 수행하기 위해 언어모델을 기반으로 동작하는 지능형 애플리케이션이라고 할 수 있다. 즉, 외부 도구를 호출하거나 다른 시스템과 연동하여 사람의 업무를 보조하거나 대체하는 것을 기본적인 목표로 한다. 이러한 에이전트들이 실제 업무 흐름 속에서 유기적으로 작동하기 위해서는 단순히 모델 관리 이상의 새로운 운영체계가 필요하게 되었고, 이 맥락에서 등장한 개념이 바로 '에이전트 운영 플랫폼'이다.

다만, 현재의 기술 수준에서는 에이전트를 개발하여 업무에 적용하는 것에 초점이 맞춰져 있으며, 단순히 질의응답을 하는 에이전트를 넘어서, 업무 워크플로를 자동화하는 방향으로 비즈니스가 발전하고 있다. 여기서 중요한 것이 어떠한 방식으로 에이전트를 개발하는가이다. 이와 관련한 비즈니스 측면에서 한 가지 트렌드가 있는데, IT시스템 개발 방식처럼 사람이 일일이 하드코딩 하는 것이 아닌, 코딩 자동화 도구를 활용하여 에이전트를 개발한다는 것이다. 이러한 트렌드는 이전에 머신러닝 모델을 개발하는 것에도 동일했는데, 코딩없이 자동으로 모델을 개발한다는 AutoML^{Automated Machine Learning}이 시장의 주목을 받았었다. 이와 동일하게 에이전트를 개발하는 방법 또한 노코드 기반의 빌더를 활용하여 에이전트를 개발하는 방향으로 비즈니스가 흘러가고 있다.

이러한 자동화 개념을 적용하는 이유는 간단하다. 일반적으로 소프트웨어 개발자는 고객의 업무 프로세스와 데이터에 대한 이해도가 낮다. 그러다 보니 개발과정에서 고객의 업무 프로세스와 데이터를 이해하는데, 최소한 2~3개월은 소요된다. 고객의 입장에서는 내 돈을 쥐가면서 업체 직원을 가르치고 있는 격이다.

그렇다고 하면, 만약에 업무를 이미 잘 알고 있는 업무 담당자가 에이전트를 직접 개발하면 어떨까? 물론 개발하는 데 IT도구를 활용하기 때문에 어느 정도는 IT에 대한 지식은 필요하겠지만, 아무것도 모르는 외부 개발자를 활용하는 것보다, 빠르게 그리고 보다 성능 좋은 에이전트를 개발할 확률이 높다고 볼 수 있다. 그 이유는 어느 누구보다도 해당 업무에 대한 이해가 높아서, 그리고 데이터와 프로세스를 어떻게 개선해야 하는지를 이미 잘 알고 있기 때문이라 생각한다. 굳이 IT를 잘 모르는 업무담당자가 아니어도 상관없다. 내부 직원 중 도구를 잘 다루는 주니어 개발자를 활용하는 것도 좋은 선택일 것이다. 당연하겠지만, 개발 측면뿐만 아니라 이미 개발된 여러 에이전트를 운영하고 그 성능을 모니터링하는 측면에서도 IT도구는 용이할 것이다. 따라서 시장에서의 자동화 개발 도구 수요 증가가 예상된다.

이러한 시장의 요구를 반영하듯, 현재 시장에서의 에이전트 개발과 관련된 주요 관심사는, 에이전트 자체를 개발하는 빌더와 외부 연계를 담당하는 MCP 빌더에 집중되어 있다. 에이전트 빌더는 사용자가 직접 복잡한 코딩 없이도 여러 개의 에이전트를 생성하고 이를 연결해 가면서 워크플로를 구성할 수 있게 한다. 예를 들어, 업무 담당자가 보고서를 작성하는 경우, 일반적으로 "관련 문서 검색 → 데이터 분석 → 보고서 작성"과 같은 프로세스로 업무를 진행할 텐데, 이러한 흐름을 시각적으로 설계하고 개발할 수 있게 해주는 것이다. 또한 연계 기능을 하는 MCP

빌더는 기존 레거시 시스템(ERP, 데이터베이스 등)과의 연계를 지원한다. 이러한 빌더들은 현재 일부 기업형 솔루션에서 이미 도입되고 있으며, 초기 단계이긴 하지만 실제 활용이 시작된 상황이다.

앞에서 살펴본 LLMOps와 마찬가지로, 에이전트를 운영하고 관리하는 플랫폼인 AgentOps^{Agent Operations}는 빌더 기능들을 넘어 미래 지향적 운영체계를 의미한다. 에이전트 운영 플랫폼은 단순히 에이전트를 연결해 워크플로를 만드는 것을 넘어, 다수의 에이전트가 협업하는 과정에서 발생할 수 있는 다양한 문제를 해결하는 체계적 접근을 포함한다. 예를 들어, 에이전트 간 통신의 안정성을 보장하고, 외부 API 호출 시 발생할 수 있는 오류를 자동으로 복구하며, 전체 워크플로 실행을 실시간으로 모니터링하고 최적화하는 기능이 요구된다. 더 나아가, 보안과 개인정보 보호, 산업별 규제 준수까지 자동으로 관리할 수 있도록 한다. 이는 단순한 개발 도구 차원이 아니라, 에이전트 생태계를 안정적이고 신뢰할 수 있는 기업 자산으로 끌어올리는 운영 프레임워크라 할 수 있다.

2026년 초를 기준으로, 에이전트 빌더와 MCP 빌더는 초기 단계에서 기본적인 워크플로 설계와 레거시 연계 그리고 노 코드 기반으로, 에이전트를 개발할 수 있는 기능을 제공하고 있다. 2026년 후반에는 실험단계에서 벗어나 본격적으로 산업에 적용될 것이며, 증가한 수요만큼 성공사례 또한 공유되면서 에이전트에 대한 시장의 요구는 더욱 올라갈 것으로 예상된다. 이와 더불어 에이전트 운영 플랫폼인 AgentOps도 초기 버전의 제품들이 조금씩 출시될 것이며, 그 기능은 초기단계임을 고려하여, 여러 에이전트를 생성하고 모니터링하는 수준일 것으로 예상된다. 궁극의 목표라고 할 수 있는, 자동으로 오류를 보완하고 거버넌스를 점검하는 등의 수준은 2027년 이후가 될 것으로 본다.

비즈니스 측면에서 에이전트 운영 플랫폼은 단순한 기술 패러다임이 아니라 새로운 시장 기회를 창출하는 기반인 만큼, IT기업은 단순히 에이전트를 개발하는 것 외에도, 빌더와 함께 에이전트 운영 플랫폼에 대한 준비를 해야 시장에서 살아남을 수 있을 것이다.

결국 에이전트 운영 플랫폼은 기술적 혁신일 뿐 아니라, 기업들이 인공지능 비즈니스를 구조적으로 확장할 수 있는 핵심 동력이 되는 것이다.

1.2 [B2C 관점]
AI 서비스 트렌드, 현재와 미래

지금까지는 인공지능의 기업 간 비즈니스[B2B] 중심으로 설명을 하였다. 이제부터는 소비자를 중심으로 한 비즈니스[B2C]에 대해 살펴보고자 한다.

누구나 예상하듯, 인공지능의 발전은 일상에서도 큰 변화를 가져다줄 것이다. 깊게 생각할 필요도 없이, 우리가 늘 갖고 다니는 핸드폰에서도 쉽게 접할 수 있다. 예를 들어, 필자는 얼마 전 가족들과 홍콩과 일본을 다녀왔다. 여행에서 기본적인 대화는 영어를 사용했지만, 다소 알아듣지 못하는 대화는 통역 앱을 활용하였고, 길을 찾을 때도 구글 라이브 뷰를 통해 쉽게 찾을 수 있었다. 처음에는 신기한 서비스로 생각되었지만, 이제는 신기함보다는 그냥 단지 하나의 서비스로 느껴지고 있다.

구글 라이브 뷰

　인공지능 서비스가 이뿐일까? 이제는 모든 지식의 창고 역할을 하는 생성형AI도 빼놓을 수 없다. 이전에는 검색엔진을 통해 정보를 검색했다면, 이제는 대화창에서 정보를 검색한다. 검색창을 통해서 얻는 지식보다 훨씬 체계적이고 빠른 시간 안에 원하는 정보를 얻을 수 있다. 생성형AI 없이 어떻게 생활하나 싶을 정도로, 이제는 우리 일상이 되었다고 해도 과언이 아니다.

　이러한 인공지능 서비스는 우리의 일상생활 속 다양한 접점에서 변화를 이끌어내고 있다. 주목할 만한 흐름은 크게 네 가지 축으로 정리할 수 있으며, 각각에 대해 상세히 살펴보고자 한다.

(1) 정보획득 방식에서의 혁신적 변화

(2) 내 손안의 서비스 인터페이스 변화

(3) 초개인화 맞춤형 서비스 확산

(4) 웰니스 및 케어 서비스의 확산

정보획득 방식에서의 혁신적 변화

2000년대 초반, 우리는 포털의 메뉴와 키워드 입력창을 통해 세상을 탐색했다. 이메일, 카페, 블로그, 싸이월드 같은 새로운 서비스가 빠르게 확산되면서, 정보는 링크의 지도를 따라 흘렀고 사용자는 검색 결과 페이지를 스크롤 하며 적절한 출처를 선택하는 방식에 익숙해졌다. 즉, 이 시기의 핵심은 "어디에 무엇이 있는지를 찾아가도록 해주는 서비스"였다. 사용자는 여러 창을 열어서, 비교, 검증 그리고 정리하는 과정을 거쳐 자신만의 답을 조립했다. 다시 말해, 검색은 광범위한 정보의 지도를 제공하고, 사용자가 그 지도를 따라 스스로 결론에 도달하는 방식이었다.

생성형AI의 등장은 이 흐름에 중요한 변곡점, 즉 싱귤래리티를 만들었다. '검색창'이 '대화창'으로 바뀌면서 사용자는 키워드를 조합하기보다는, 자연어로 의도를 설명하고, 시스템은 그 의도를 해석해 요약 및 정리하여 완성된 답변을 제시하였다. 필요하다면 관련 링크를 덧붙이고, 후속 질문까지 같은 맥락에서 이어서 할 수 있게 하였다. 즉, 대화창에서는 정보를 "어디서 찾을지"가 아니라, "무엇이 핵심인지"를 먼저 제공받게 되는 것이다. 사용자는 창을 여러 개 열어 놓고 하나하나 비교해 가며 결론을 조립하는 것 대신에, 한 화면에서 '요약 정보', '관련 근거' 그리고 '후속 제안'을 연속적으로 받는 것이다.

'검색창'과 '대화창'의 차이

기존의 '검색창'과 생성형AI의 '대화창'의 차이는 크게 세 가지로 압축된다. 이전에 설명했던 내용을 정리하면서 각각 살펴보도록 하자.

먼저 첫 번째는 질문하는 방법이 기존 '키워드 조합'에서 '의도 기술' 방식으로 변화하였다. 과거의 검색은 사용자가 키워드와 연산자를 조합해 질문을 설계하였고, 원하는 결과를 얻을 때까지 단어를 바꾸어 입력하며, 불필요한 결과를 제외하는 요령을 스스로 익혀야 했다. 질문들은 서로 맥락이 끊긴 단발성 질의였고, 사용자 스스로 이를 조합하여 정보를 획득하는 방식이었다. 하지만, 대화형 환경에서는 사용자가 자연어로 목적과 상황을 서술한다. 예를 들어, "아이와 함께 홍콩 3박 4일 여행을 가려고 해. 근데 비가 올 수 있어"처럼 글을 작성하면, 생성형AI가 글의 의도를 해석해 여행 일정 초안을 제시하고, 이전 대화 맥락을 기억하며 세부적인 후속 대화를 이어간다. 즉, 요령을 아는 사람이 잘 찾는 서비스에서, 누구나 자신의 말로 쉽게 찾는 서비스로 바뀐 셈이다.

두 번째, 앞에서 설명했듯이, 검색결과의 모습이 '링크 목록'에서 '내용요약 + 관련 근거 + 후속 제안'으로 변화하였다. 기존 검색 결과는 관련 링크의 목록을 제시하였고, 사용자는 여러 창을 열어서 읽고 일일이 비교해 가며 직접 결론을 '조립'해야 했다. 하지만, 대화창에서는 요약과 해설을 먼저 제시하고, 그 옆에 근거 링크를, 아래에는 후속 질문 여부를 제시하는 방식이다. 사용자는 한 화면 안에서 핵심사항 모두를 파악할 수 있는 것이다.

세 번째, 입출력 방식이 '텍스트 중심'에서 '멀티모달 중심'으로 변화하였다. 기존 검색의 입력은 오로지 텍스트였고, 결과 역시 문서 또는 웹페이지의 텍스트(링크)였다. 하지만, 이제는 음성, 이미지, 영상 모두가 질문이자 답이 될 수 있게 되었다. 예를 들어, 세탁기 오류를 핸드폰 카메라로 보여주면 문제를 파악하여 음성으로 해결 방법을 안내받을 수 있고, 항공기 티켓 사진을 올리면 날짜와 시간을 읽은 후 여행 일정을 요약 받을 수 있다. 또한, 자연어로 상황을 이야기해 주면 그림을 그려주기도 하고 영상을 만들어 주기도 한다. 수학 공식이 적힌 종이를 핸드폰으로 찍으면 풀이과정을 단계별로 설명해 준다. 즉, 이미지 혹은 영상으로 질문하면, 텍스트로 답을 제시해 주고, 텍스트로 질문하면 이미지로 답변을 해주는 것이다. 이제 사용자는 더 이상 손으로 길게 텍스트를 입력하지 않아도, 마치 사람처럼 보고, 듣고, 말하는 방식의 상호작용으로 정보를 주고받는 것이다.

'검색창'과 '대화창' 차이 분석

구분	검색창: 인터넷	대화창: 생성형AI
핵심	어디에 무엇이 있는지를 찾아가도록 해주는 서비스	무엇이 핵심인지를 요약해 주는 서비스
검색 결과물	정보 리스트	내용요약 + 관련 근거 + 후속 제안
질의 방식	키워드 및 연산자 조합 (질의 설계 필요)	자연어로 목적 및 상황 서술 (시스템이 의도 해석)
맥락 유지	매 질의가 독립적	이전 대화의 맥락 지속 및 참조
입력 방식	텍스트	멀티모달 (텍스트, 음성, 이미지, 영상 등)
사용자 역할	여러 창을 열어 정보들을 비교 종합하며, 스스로 결과를 조립	제시 받은 초안을 검토 및 수정 후 결론 도출
인지 부하	결과 선별, 정리에 시간 및 노력 필요	한 화면에서 핵심 파악, 필요시 근거로 하향
속도 체감	넓게 둘러보면 유리, 결론은 느릴 수 있음	초기 결론 빠름, 후속 조정으로 정밀화
위험 / 과제	광고 클릭 유도 편향, 과다한 정보	환각 및 오류정보 노출, 근거 투명성 확보 필요
예시 상황	"홍콩 맛집 리스트"	"아이와 3박4일 일정 짜줘"

구글의 검색서비스 변화

검색서비스와 관련해서, 전 세계에서 가장 큰 고민을 갖고 있는 기업은 아마도 구글일 것이다. 모든 분들이 잘 알고 있겠지만, 구글은 검색서비스를 통해서 성장하였고, 현재 전 세계 검색시장의 90% 이상 차지하고 있다. 자연히 광고수입 또한 엄청난데, 2024년 기준으로 연간 총매출은 3,481억 6천만 달러(약 500조 원)이며, 그중 광고 매출은 2,645억 달러(약 380조 원)에 이른다. 단지 광고수익으로 이러한 금액이 나온다는 것이 그저 신기할 뿐이다. 이러한 상황에서 구글이 광고수익을 잃어버릴 수도 있는 생성형 AI 서비스를 반길 리가 없다. 왜냐하면, 생성형AI에서의 검색결과는 간단하게 요약된 정보만 제공할 뿐, 검색어와 연관된 광고를 표시하기가 어렵기 때문이다. 그러다 보니 구글의 행보에 시장의 모든 이목이 집중되고 있는 것도 사실이다.

그럼, 구글의 이러한 고민에서 나온 AI검색 서비스에 대해 살펴보자. 구글은 기존 검색창에 'AI모드'라는 것을 새로 추가하였고, 사용자가 입력하는 검색어(또는 검색문장)를 이해한 후, 기존과 같은 검색결과 리스트로 보여줄지, 아니면 AI오버뷰로 보여줄지를 스스로 판단하여 표시한다.

중요한 것은 새롭게 출시한 AI모드일 것이다. 2024년 5월, 미국 시장에 AI모드를 공식 출시한 후, 2025년 5월에는 유럽지역

업무별 워크플로 예시

[검색어: '검색창'과 '대화창'의 차이점을 설명해 줘]

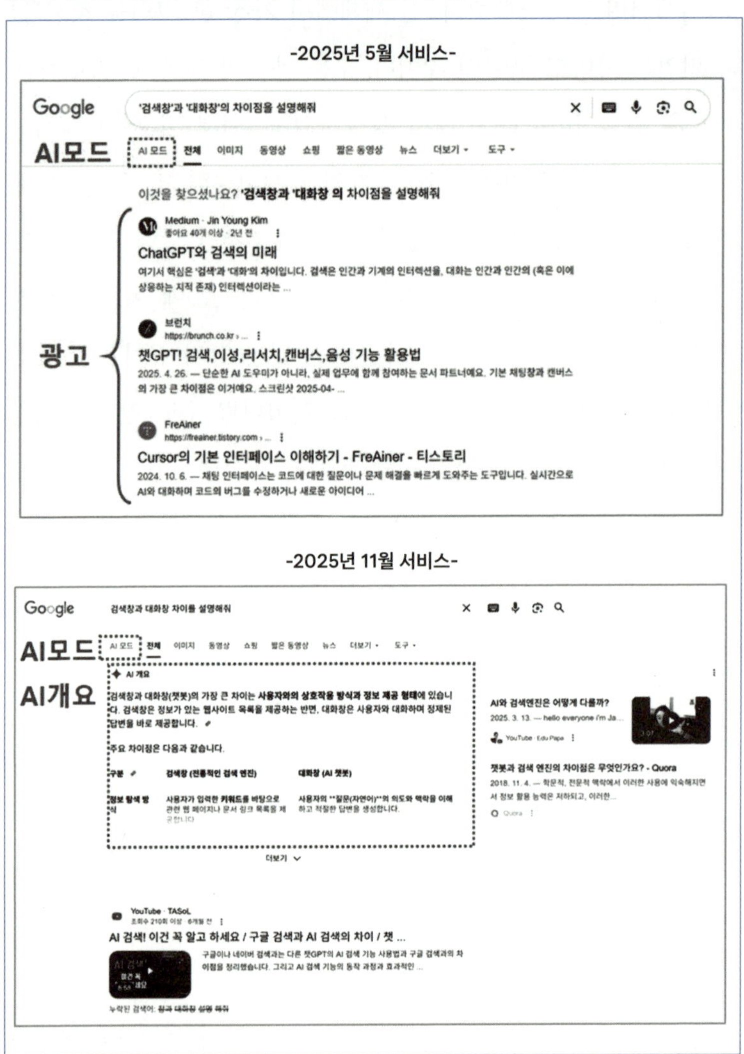

을, 같은 해 9월에는 'AI모드'라는 이름으로 한국에 공식적으로 서비스를 시작하였다. 이를 통해 구글은 기존의 검색서비스에 대한 미래 방향성을 제시하고자 '노력'하였다.

이 서비스는 사용자가 여러 링크를 일일이 방문하지 않고도 질문에 대한 핵심 정보를 빠르게 얻을 수 있도록 여러 웹페이지의 내용을 요약하여 제공한다. 화면 오른쪽에는 출처 링크를 제공하는데, 이것은 기존 검색서비스에서 제공하던 링크를 제공함으로써, 사용자가 직접 다양한 출처를 탐색할 수 있도록 편의성을 향상시켰다. 특이한 것은, 기존 생성형AI와 다르게 답변 중간에 관련 이미지를 제공하는데, 이것은 멀티모달 서비스를 제공하고 있다는 것을 보여주고자 한 것이고, 아랫부분은 후속 질문을 할 수 있도록 '대화창'을 두었다. 전반적인 화면구성은 생성형AI와 동일하게 요약정보를 제공하되, 출처 링크를 두어 보다 쉽게 다양한 정보를 검색할 수 있도록 구성하였다.

구글 입장에서 가장 중요한 광고는 요약내용 중간 혹은 아래쪽에 위치시켰으며, 스폰서드라는 표기를 하였다. 다만, 구글 공식 도움말에는 글로벌 모든 시장에서 광고가 노출되도록 구성되어 있다고 설명하였으나, 지역, 언어 제한에 따른 광고노출 체감 빈도는 다를 수 있다고 한다.

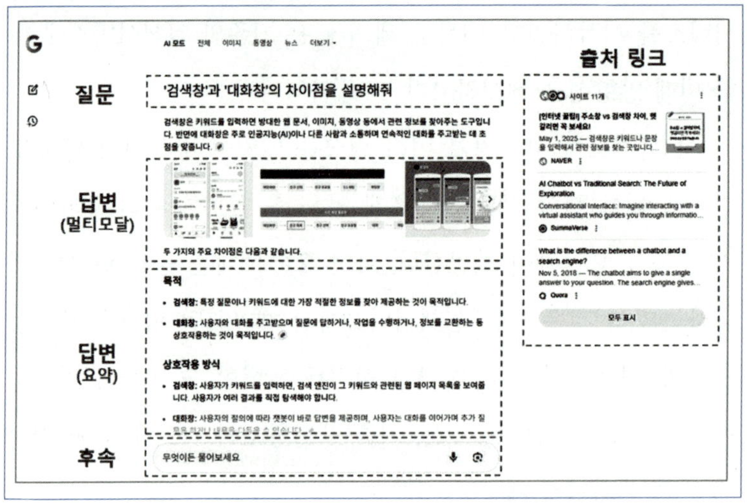

필자가 직접 대화를 해보니 한 가지 부족한 점이 있었는데, '대화창'에서 가장 중요하다고 할 수 있는 '대화의 연속성'에 조금은 아쉬움이 있었다. 필자가 대화창에 이전 대화했던 내용을 기반으로 연속적인 질문을 하였는데, 이전 대화 내용과 다른 엉뚱한 답변을 내놓기도 하고, 어떤 질문에는 "다음 질문 시 새롭게 검색이 시작됩니다."라는 표시와 함께 임의로 대화를 종료시키기도 하였다. 조금은 개선의 여지가 있어 보인다.

어쨌든, 구글 검색서비스의 기본 방향성은, 사용자의 질문 의도를 정확하게 분석하여, 빠르고 간결한 답이 필요할 때는 AI개요를, 더 깊이 있는 탐색이 필요할 때는 링크 목록을 제공하는 방식이라고 할 수 있다. 이 두 가지 방식은 상호 보완적인 관계를 형성하며, 또한 인공지능 시대에도 핵심 수익원인 광고사업을 유지하면서, 사용자 만족도와 광고주의 효율을 동시에 추구하는 전략이라고 볼 수 있다.

답변 엔진의 진화 방향

지금까지 이야기했던 정보검색의 방식을 단계별 진화하는 방식 측면에서 살펴보자.

결론부터 말하자면, 검색서비스의 진화는 한 단어로 요약하자면, 『①링크 → ②요약 → ③실행』이라고 할 수 있다. 이 변화는 단계적으로 교체되는 선형적 전환이라기보다는, 서로 서비스가 겹쳐지며 상호 보완하는 흐름으로 발전하고 있다.

① 첫째, 'Search' – 키워드 중심 탐색의 시대

초기의 검색은 인터넷 어딘가에 저장되어 있는 광범위한 데이터에서 '사용자의 검색어와 유사할 것으로 예상되는 정보'들을 취합한 후, 관련성 정도를 점수로 부여하여 링크 목록을 제시하는 방식이었다. 사용자는 이러한 링크들을 하나하나 살펴보며 데이터를 비교, 검증하며 스스로 결론을 "조립"했다. 이 정보획득 방식의 강점은 출처가 선명하고 폭넓은 탐색이 가능하다는 점, 그리고 스스로 학습을 하면서 오류를 판단할 수 있는 능력까지

갖게 된다는 것이다. 물론, 단점은 명확한데, 많은 시간이 소요된
다는 것이다.

② 둘째, 'AI Search' – 대화형 요약 중심의 탐색(멀티모달)

생성형AI는 '검색창'에서 '대화창'으로의 확실한 싱귤래리티를
만들어냈다. 사용자는 자연어로 목적을 설명하고, 때로는 음성,
이미지까지 활용한다. 인공지능은 사용자의 의도를 해석해 요약
과 해설을 먼저 제시하고, 이후 추가로 요청을 하면 관련 링크를
제시해 주었다.

가장 큰 장점은 무엇보다 원하는 정보를 획득하는 데 있어서,
그 속도가 상상할 수 없을 정도로 빨라졌다는 것이다. 추가적으
로 정보를 얻고자 할 때도 간단하게 질문을 하면 실시간으로 답
변을 준다. 하지만, 단점 또한 명확하다. 바로 환각, 즉 거짓말을
한다는 것이다. 최근 생성형AI의 버전이 올라가면서 많이 나아졌
다고 하지만, 여전히 거짓말을 하고 있다. 따라서 사용자는 답변
을 무조건 그대로 받아들이면 안되며, 필요에 따라 추가적인 검
증이 필요하다. 그럼에도 불구하고, 정보획득 방법에 있어서 큰
변곡점이라는 것은 분명하다.

③ 셋째, Action Engine – '실행'으로 이어지는 엔진

지금도 훌륭한 이 생성형AI 이후의 정보획득 방식은 어떠한

방향으로 진화할까? 다음 단계의 핵심은 '정보 제공'을 넘어, 원하는 결과를 '실행'해 주는 것이라고 할 수 있다. 다시 말해서,『검색 의도 분석 → 실행계획 수립 → 도구 호출(외부 Agent 및 API) → 결과물 또는 행동』으로 연결하는 능력이다.

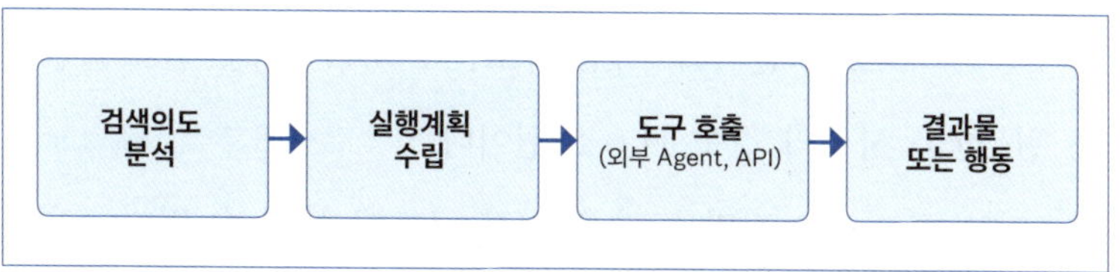

예를 들어, 대화창에서 여행을 찾아본 후, "7월 21일에 비행기 표하고, ○○숙소를 예약해 줘"라고 하면, 대화창에 연결된 에이전트가 비행기표를 예약하는 외부 에이전트와 숙소를 예약하는 또 다른 외부 에이전트를 각각 연결하여 예약을 해주고, 대화창에 "비행기는 ○○편을, 숙소는 ○○를 예약했습니다."라고 답변을 받는 것이다.

내 손안의 서비스 인터페이스 변화

우리의 일상이 된 스마트폰. 소비자 중심의 비즈니스, 즉, B2C 비즈니스에서 빼놓을 수 없는 것이 바로 이 스마트폰일 것이다. 식사를 할 때도, 운전을 할 때도, 대화를 할 때도, 영화를 볼 때도 그리고 공부를 할 때도 우리는 스마트폰을 사용한다. 사용자는 모바일 앱을 통해 일상생활에서 보다 편안함을 찾고, 기업은 앱을 통해 돈을 번다. 이러한 이유로, 현재 스토어에 등록된 모바일 앱의 개수는 무려 580만 개(구글 플레이 스토어 약 400만 개, 애플 앱스토어 약 180만 개)로 추산되며, 시장 규모는 2024년 기준 글로벌 341조 원, 한국 시장의 경우 11.6조 원이다.(인앱 결제, 유로 앱 다운로드 및 앱 구독료를 합한 금액) 정말 놀라운 시장 규모가 아닐 수 없다.

모바일 앱을 활용하는 측면에서 살펴보면, 뚜렷한 단계적 흐름을 볼 수 있다. 이제까지 우리는 모바일 앱에서 어떠한 서비스를 받기 원할 때, 내가 스스로 해당 기능을 하나하나 찾아가면서 혹은 텍스트로 검색어를 넣어서 서비스를 신청하였다. 쿠팡이라면 원하는 상품을 찾고 상품평을 비교하며 주문을 해야 했고, 배달의민족에서 음식을 주문할 때에는 원하는 맛집을 찾고, 댓글을 읽어가며 주문을 했다. 에어비앤비에서 숙소를 예약할 때에는 위치, 금액, 댓글을 읽고 비교해 가며 예약을 하였다. 조금은 불편하더라도 내 마음에 드는 상품을 찾으려면 어쩔 수 없는 불편함이었다.

하지만, 이제는 인공지능이 모바일 서비스에 접목되면서, 사용자로 하여금 보다 빠르고 정확하게 원하는 상품과 서비스를 찾도록 도움을 주고 있다. 즉, 모바일 앱 기능의 고도화에 인공지능 기술이 적용되고 있는 것이다. 예를 들어보자. 쿠팡, 배달의 민족, 에어비앤비와 같은 대표적인 모바일 플랫폼들은 현재 각자의 앱 내부에서 인공지능을 활용해 사용자 경험을 개선하고 있다. 쿠팡은 방대한 데이터를 분석해 개인화된 상품 추천과 리뷰 요약을 제공하며, 물류 예측에도 인공지능을 접목해 로켓배송의 효율성을 높이고 있다. 배달의민족은 주문 이력과 날씨, 시간대 등을 고려해 음식 메뉴를 맞춤 추천하고, 이미지 검색과 배달 경로 최적화로 편리함을 강화하였다. 에어비앤비는 사용자의 선호와 검색 패턴을 기반으로 숙소를 추천하고, 리뷰 요약과 자동번역 기능을 통해 정보 접근성을 높였다. 필자는 개인적으로 이 자동번역 기능이 참 유용하였다. 이제는 일반적인 기능이긴 하지만 말이다. 이외에도, 숙소 주변 정보를 활용한 여행 일정 제안까지도 지원하고 있다.

그럼, 다음 단계는 어떤 서비스로 발전할 수 있을까? 앞에서 설명했듯이, 현재는 어디까지나 "앱 내부에서 인공지능 기술을 활용한 기능 고도화" 수준이었다면, 향후에는 서비스를 이용하는 인터페이스 자체가 변화할 것으로 예상된다. 다시 말해서, 현재는 텍스트와 이미지 중심으로 사용자와 앱 간 인터페이스를 가져갔다면, 앞으로는 음성 중심의 상호작용이 대세로 자리 잡을 것이다. 사용자는 더 이상 화면을 터치하거나 키보드를 입력하지 않고, 단순히 자연어 대화를 통해 원하는 상품과 서비스를 요청할 수 있게 될 것이다. 이것이 의미하는 것은, 스마트폰이 이 제는 "개인화된 인공지능 비서"로 진화한다는 것이다.

이러한 인터페이스의 궁극적인 모습은 각각의 모바일 앱에서 서비스를 제공하기보다는 모바일의 운영체제에서 제공할 것이다. 이 단계에서 사용자는 더 이상 개별 앱을 직접 실행시키지 않고, 모바일 에이전트와 대화하면 된다. 에이전트가 여러 앱을 연계해 사용자가 원하는 서비스를 해결하는 방식이다. 예컨대 "오사카 여행 일정을 잡아 줘"라는 지시를 하면, 모바일 에이전트는 항공권 예약 앱을 열어 일정을 확인하고, 결제 시스템을 통해 결제를 완료하며, 이어서 호텔 예약을 진행하고, 마지막으로 모바일의 캘린더에 일정을 자동으로 등록한다. 즉, 개별 모바일 앱은 독립된 서비스가 아니라, 에이전트의 요청에 따라 작동하는 하위 기능 모듈로 편입되게 된다.

이것은 곧 모바일 앱 비즈니스의 구조적 전환을 의미한다. 지금까지는 각 모바일 앱이 직접 광고, 결제, 구독과 같은 수익모델을 통해 돈을 벌었지만, 모바일 에이전트 내 하나의 기능 모듈 역할을 하게 되면서, 모바일 앱 입장에서는 연계 수수료만 받게 되는 구조로 재편되는 것이다.

결론적으로, 경쟁의 중심이 모바일 앱 간 기능의 우열이 아니라 사용자의 진입점과 상호작용을 누가 장악하는가로 옮겨가게 될 것이다. 모바일 서비스 시장에서 매우 중요한 전환점이라고 할 수 있다.

모바일 서비스의 B2C 발전단계

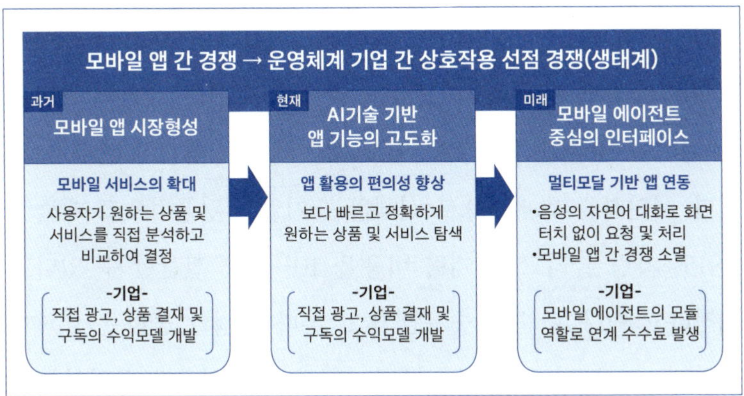

결국 모바일 앱 서비스의 발전단계는 그림과 같이 "모바일 앱 시장형성" → "인공지능 기술 기반 앱 기능의 고도화" → "모바일 에이전트 중심의 인터페이스"로 요약될 수 있다. 그리고 마지막 단계에서의 핵심 과제는, 누가 모바일 에이전트를 선점하고 생태계를 주도할 것인가에 달려 있다. 이 점에서 구글, 애플, 삼성과 같은 운영체제OS를 만드는 플랫폼 기업이 막강한 영향력을 발휘할 것으로 예상되며, 앱 서비스를 제공하는 기업들은 새로운 질서 속에서 자신들의 역할과 수익 구조를 재정립해야 하는 도전에 직면하게 될 것이다.

초개인화 맞춤형 서비스의 확산

맥킨지 분석에 따르면, 인공지능이 소비자 서비스 분야에서 가장 큰 가치 중 하나로 초개인화를 꼽고 있다. 단순히 고객에게 적절한 상품을 추천하는 수준을 넘어서, 고객 개개인의 소비활동 전반을 맞춤화하는 것이 앞으로의 핵심 경쟁력이 된다는 것이다. 개인화를 효과적으로 실행하는 기업은 평균적으로 매출을 5~15%가량 늘리고, 마케팅 비용을 10~30% 절감할 수 있다고 지적하고 있다. 단순히 숫자만 놓고 본다면 정말 놀라운 효과가 아닐 수 없다. 기업의 입장에서 보면, 동일한 비용을 투입하는데 훨씬 높은 수익을 낼 수 있는 것이고, 반대로 더 적은 비용을 투입하고도 지금의 수익을 보장할 수 있다는 의미이다.

이러한 초개인화는, 이커머스의 경우 단순히 비슷한 상품을 추천하는 것이 아니라, 고객의 실시간 상황까지 반영할 수 있는데, 예를 들어, 쿠팡은 고객이 자주 구매하는 생필품이 떨어질 시점에 맞춰 재구매 알림을 주고, 그 시점에 할인 쿠폰까지 자동으로 제안을 할 수 있다. 스트리밍 서비스의 경우, 넷플릭스는 사용자가 어떤 장르를 좋아하는지만 보는 게 아니라, 영화 속 장면 분위기, 배경음악, 배우 스타일까지 분석하여 추천을 할 수 있다. 예를 들어, 어느 한 사용자가 '밝은 톤의 가족 드라마'를 선호한다는 점을 파악하면, 같은 장르 안에서도 긴장감이 강한 스릴러

보다 따뜻한 감성의 작품을 우선 추천하게 된다.

이러한 변화는 기존의 개인화 서비스와 비교했을 때 뚜렷한 차별점을 가진다. 과거의 개인화는 주로 머신러닝이나 딥러닝 모델을 활용하여 사용자의 과거 행동 데이터를 기반으로 패턴을 추출하는 방식이었다. 대표적인 것이 콘텐츠 기반 추천 기법이다. 사용자의 클릭 기록, 구매 내역, 시청 이력 등을 토대로 "비슷한 취향을 가진 사람은 이런 상품이나 콘텐츠를 선택할 것이다"라는 확률적 예측을 통해 추천하였다. 이러한 방식은 일정 수준의 만족도를 주었지만, 구조적 한계가 있었는데, 데이터가 충분히 축적되지 않은 신규 사용자에게는 제대로 된 추천을 하지 못했고, 텍스트나 숫자 중심으로만 예측할 뿐, 영상이나 음성과 같은 비정형 데이터를 분석하는 것에는 분명 한계가 있었다.

결국, 인공지능 기반의 초개인화는 기존의 개인화가 지닌 데이터 중심의 한계를 넘어, 다차원적이고 맥락적인 맞춤형 경험을 제공하는 방향으로 발전하고 있다. 다소 어렵게 이야기한 것 같은데, 결국은 고객 개개인별 감성과 관심사 그리고 환경적 요소(예: 계절, 날씨 등)와 사회적 사건(예: 월드컵, 대통령 선거 등) 등의 외부적 요소를 종합하여, 고객 개개인별 맥락에 맞는 추천을 하는 것이다.

혹시, 본 도서를 읽는 분들 중 "고객 하나하나 맞춤형 서비스를 제공하려면, 혹시 고객 수만큼의 모델이 필요한 것 아닌가?"라고 생각하실 분이 있을 것 같다. 결론부터 말하자면, 그렇지는 않다. 만약 그렇게 개개인별 모델이 필요하다면, 그런 수많은 모델을 운영할 엄청나게 큰 인프라가 필요할 텐데, 그것은 배보다 배꼽이 큰 경우라고 할 수 있다. 이러한 개개인별 맞춤형 서비스는, 일반적으로 하나의 범용 추천모델을 개발한 후, 고객 특성(과거 클릭, 검색, 구매 이력과 같은 행동 데이터)과 상품 특성(설명, 이미지, 가격, 카테고리 등의 상품 속성)을 각각 임베딩하여 입력값으로 활용하여 서비스를 한다. 즉, 범용 추천모델은 이 두 벡터값을 결합해 사용자와 상품 사이의 적합도를 점수화한 후, 이 점수가 높을수록 고객이 그 상품을 선호할 가능성이 높다고 판단해 상위에 노출하는 방식이다. 이 구조의 장점은 명확하다. 고객 수가 수천만 명에 달하더라도 모델은 하나만 운영되며, 고객별로 달라지는 것은 입력값인 임베딩뿐이다. 다시 말해, "고객 수 = 모델 수"가 아니라 "고객 수 = 임베딩 수"인 셈이다. 따라서 인프라 비용이 무한히 증가하지 않고도, 대규모 고객 집단에 개별화된 맞춤형 서비스를 제공할 수 있는 것이다. 이것이 바로 대규모 플랫폼이 현실적으로 초개인화를 구현할 수 있는 핵심 원리이다.

웰니스 및 케어 서비스의 확산

생성형AI와 웨어러블 기기의 발전은 일상의 건강 데이터를 분석할 수 있게 함으로써, 건강관리의 주체가 기존 의료기관 중심에서 개인 중심으로 이동시키는 역할을 하고 있다. 따라서 치료의 개념 또한, 질환이 발생한 이후에 대응하는 것이 아닌, 사전에 예방하는 중심으로 변화하고 있다. 물론, 감성적인 케어 부분에서도 말이다.

개인 건강 모니터링과 AI 헬스 코칭

인공지능 기반 웰니스, 헬스케어 관련하여 대표적인 변화 중의 하나가 바로 개인 건강 모니터링일 것이다. 애플워치, 삼성 갤럭시 워치와 같은 웨어러블 기기는 이미 5억 대 이상 보급된 것으로 보고되고 있다. 이 기기들은 심박수, 혈중 산소, 수면 패턴과 같은 데이터를 인공지능이 실시간으로 수집하며, 단순 기록을 넘어 맞춤형 건강 리포트와 생활 개선코칭을 지원한다. 예를 들어, 애플워치는 사용자의 심박수, 심전도, 혈중 산소, 수면 패턴을 수집한 후, 클라우드상에서 인공지능 알고리즘을 활용하여 과거 데이터와 비교하여 이상 징후를 감지하거나 생활패턴의 변화를 분석한다. 단순히 "오늘은 수면 시간이 5시간이었습니다."라고 알려주는 것에 그치지 않고, "지난 2주 평균보다 수면 시간이

20% 줄었으며, 스트레스 지수가 높아졌습니다. 따라서 저녁 늦은 운동하는 습관을 줄이고, 취침 시간을 일정하게 유지하는 것이 좋을 것 같습니다."와 같은 구체적 건강 코칭을 제안한다.

맥킨지 보고에 따르면, 인공지능 기반 헬스코칭이 글로벌 헬스케어 산업에서 연간 3,000억~4,000억 달러 규모의 새로운 가치를 창출할 수 있다고 전망하고 있다. 실제로 미국의 눔[Noom]이나 라크헬스[Lark Health]와 같은 디지털 헬스 기업은 인공지능 코치를 활용해 체중관리 및 당뇨관리 프로그램을 제공하고 있으며, 사용자의 지속 이용률과 건강 개선 효과가 전통적 방식보다 높다는 평가를 받고 있다.

살펴본 바와 같이, 현재의 건강 모니터링과 헬스코칭은, 개인 건강상태에 대한 피드백을 주는 수준이라고 할 수 있다. 그럼, 앞으로의 방향은 어떠할까? 아마도, 개인의 건강정보가 개인 디바이스가 아닌 전자의무기록[EMR]등과 같은 병원 시스템과 연계되어, '병원진료 데이터'와 '일상생활 데이터'가 통합되는 방향으로 발전할 것으로 예상된다. 이렇게 되면, 보다 정확한 진료가 가능해지고, 원격진료 또한 효과적으로 할 수 있을 것이다. 물론, 개인에게 제공되는 헬스코칭 또한 병원 진료데이터 덕분에 더욱 정교화된 건강 서비스를 제공해 줄 수 있을 것이다.

예방 중심의 헬스케어로 전환

두 번째 변화는 예방 중심의 헬스케어다. 우리는 오랫동안 치료 중심의 헬스케어 서비스를 받아왔다. 증상이 나타난 후 병원을 찾았고, 나타난 증상에 맞는 치료를 받아왔다. 하지만, 인공지능의 등장은 기존 치료 중심에서 예방 중심으로 전환시키고 있다. 핵심은 방대한 데이터를 종합적으로 분석하여 질환이 발생하기 전 사전에 위험 요인을 발견하고, 개인별로 맞춤 헬스케어 전략을 제시하는 것이다.

딜로이트의 보고서에 따르면, 유전자 정보와 생활습관 데이터를 인공지능이 결합하여 개인화된 예방지침을 제공할 경우, 국가 의료비를 장기적으로 10~15% 절감할 수 있을 것으로 전망하였다. 이는 단순히 경제적 효과에 그치는 것이 아니라, 질병 부담을 사전에 줄여 사회 전반의 건강 수준을 높이는 데 기여한다고 볼 수 있다. 이러한 시도는 이미 여러 국가와 기업에서 진행되고 있는데, 영국의 국민보건서비스NHS는 인공지능을 활용한 '당뇨병 조기 예측 프로그램'을 도입하여, 고위험군 환자에게 맞춤형 관리 지침을 제공하고 있다. 이 프로그램은 환자가 당뇨병 진단을 받기 전에 생활습관을 조정할 수 있도록 도와주어, 실제 발병률을 낮추는 성과를 보였다고 한다. 또한, 미국의 스타트업 컬러 제노믹스는 개인 유전자 검사 결과와 인공지능 알고리즘을 결합해 암이나 심혈관 질환과 같은 중증 질환의 발병 가능성을 예측하는 서비스를 제공하고 있다. 단순히 '위험이 있다'라는 정보를 제공하는 것이 아닌, 검진 주기와 생활습관 관리, 맞춤형 건강 프로그램까지 제안함으로써 적극적인 예방적 개입을 한다고 한다.

감정케어 서비스 (AI 동반자)

최근 헬스케어 영역에서 가장 주목받는 흐름 중 하나는 바로 감정케어 서비스의 확산이다. 이는 신체적 건강관리가 아닌, 정서적 안정과 정신적 웰빙을 지원하는 영역이라고 할 수 있다. 생성형AI 서비스는 기존 인간 상담사와는 다른 새로운 가능성을 보여주고 있다.

최근에 필자가 사무실에서 겪었던 일이다. 한 직원이 챗GPT를 유료로 사용하고 있는 다른 직원에게, 검색할 것이 있으니 계정을 잠시 빌려달라고 했는데, 그 직원은 챗GPT에 자신의 개인적인 이야기를 많이 했다고 계정을 빌려줄 수 없다고 한 것이다. 생성형AI를 업무를 위한 정보검색의 도구가 아닌, 자신의 정신적 동반자로 활용하고 있는 것이다. 이러한 가장 큰 이유는, 무엇보다 사람 얼굴을 직접 보며 자신의 속마음을 털어놓기가 쉽지 않은데, 이런 고민을 할 필요가 없기 때문일 것이다. 또한 내가 어떤 이야기를 하든, 화를 내든 말든, 생성형AI는 비난이나 부정적인 반응을 내지 않고 몇 시간이라도 나의 말을 잘 들어주기 때문일 것이다. 즉, 인공지능은 언제나, 늘 친절하고 일관된 어조로 대화를 이어가며, 상황에 맞는 공감적 반응을 제공하는 것이다. 이것은 "내 이야기를 들어주는 존재가 있다"라는 심리적 안정감을 형성해 주며, 스트레스나 불안을 줄이는 데 큰 도움을 준다.

이러한 특성은 특히 노인에게서 더 큰 효과를 볼 수 있다. 우리나라와 같이 고령화 사회로 접어든 국가들에서는 노인의 사회적 고립과 고독이 중요한 문제로 부상되고 있다. 미국에서 상용화된 인공지능 로봇ElliQ은 이러한 문제를 해결하기 위한 대표적 사례다. 이 로봇은 노인에게 말벗이 되어 일상적인 대화를 나누는 동시에, 약 복용 시간과 운동할 시간을 알리고, 가족이나 의료 서비스와 연결해 주는 기능을 제공한다. 초기 연구에 따르면 로봇ElliQ을 사용한 노인 중 상당수가 외로움이 줄었다고 응답했으며, 건강관리에 대한 자율성 또한 높아졌다고 보고되었다.

결국 이러한 사회적 흐름은, 인공지능 기반의 감정케어 서비스가 정서적 동반자라는 새로운 시장을 열어가고 있다는 것을 의미한다. 로봇이 사람의 감성적인 부분까지 빼앗아 간다는 것이 조금은 무섭기도 하다는 생각이 들지만, 이것을 '인간의 대체자'라기보다는, 인간이 미처 채워주지 못하는 '정서적 빈틈을 보완하는 역할자'로 이해하는 것이 필요할 것으로 생각한다. 즉, 현대 사회의 스트레스와 고독 문제를 해결하는 중요한 도구로 기능할 것이다.

1.3　물리 세계로 확장되는 인공지능, 로봇

로봇산업은 '정해진 동작을 반복하는 기계'에서 출발했지만, 지금은 상황을 인식하고 작업할 내용을 판단한 후 행동을 스스로 수행하는 지능형 시스템으로 전환되고 있다. 산업용과 서비스용으로 나뉘던 경계도 흐려지며, 공장, 물류 및 의료 등 산업환경 전반에 걸쳐 로봇이 직접적으로 들어오기 시작했다.

　이러한 전환의 동력은 역시 인공지능이다. 시각, 음성, 언어를 통합해 상황을 이해하는 멀티모달 인지, 과업을 쪼개고 순서를 설계하는 계획 그리고 경험을 통해 성능을 올리는 강화학습이 결합되면서, 예측 불확실성이 큰 작업환경에서도 사람과 동일한 일반화된 행동을 할 수 있도록 발전하고 있다. 더 나아가, 인공지능 모델 측면에서 봤을 때, 로봇 전용(또는 호환) 파운데이션 모델과 시뮬레이션 기반 학습이 확산되며, 특정 현장에서만, 혹은 특정 장비에만 묶이지 않는 범용적 작업능력으로 향상되고 있다.

로봇산업 관점에서의 비즈니스 핵심은 플랫폼화 가능성이다. 스마트폰이 하드웨어(Body: 단말기)와 운영체제(OS: iOS, 안드로이드) 그리고 앱 생태계(스토어 및 모바일 앱)를 묶어 폭발적 수요를 만든 것처럼, 로봇 또한 하드웨어(Body: 로봇 기계)와 지능(ROS^{Robot Operating System} 등) 그리고 작업 모듈(로봇 서비스 모듈)이 묶여서 RaaS^{Robot as a Service}와 같은 구독형 서비스로 제공된다면, 산업현장에 빠르게 자리매김할 것으로 예상된다.

스마트폰 및 로봇의 플랫폼화 비교

구분	스마트폰	로봇	설명
하드웨어 (Body)	스마트폰 단말기 (터치스크린, 카메라, 배터리, 센서 등)	로봇 본체 (모터, 센서, 카메라, 관절, 배터리 등)	사용자의 입력 및 외부 환경을 감지하고 반응하는 물리적 기반
운영체제/ 지능 (OS)	iOS / Android	Robot OS (예: ROS)	하드웨어와 상위 애플리케이션을 연결하는 제어·통신·인식의 핵심 플랫폼
활용 (앱 생태계 & 작업모듈)	스토어 및 모바일 앱	로봇 서비스 모듈	특정 기능(배달, 청소, 안내 등)을 수행하는 로봇 전용 소프트웨어

로봇산업의 발전단계

로봇의 진화는 일반적으로 크게 3단계로 진행된다고 말한다. 우선 우리가 이미 잘 알고 있는 기존 '기계식 로봇'에서, 다양한 센서로 환경을 인식하고 인공지능 기술을 통해 상황판단과 그에 맞게 작동을 한다는 '지능형 로봇'으로, 그리고 인간의 형태와 특성을 갖고 있는 '인간형 로봇', 즉 휴머노이드 로봇으로 발전하고 있다. 각 단계는 하드웨어의 정교함뿐만 아니라, 상황을 인지하고 의사결정을 내린 후 직접 행동으로 옮기는 영역까지, 즉 인공지능 기술발전과 그 흐름을 같이 하고 있다.

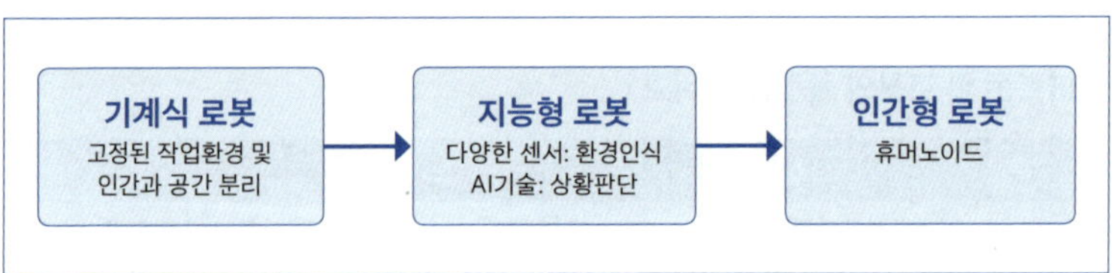

① 기계식 로봇: 산업용 로봇과 자동화 설비

초기의 산업용 로봇은 다관절 매니퓰레이터Articulated Manipulator, 즉 여러 개의 관절과 이를 연결하는 링크로 구성된 로봇팔 형태로, 안전펜스 안에서 반복적인 작업을 하는 형태의 장치였다. 참고로, 국제로봇연맹IFR: International Federation of Robotics에서는 산업용 로봇을 '자동제어 및 재프로그래밍 가능한 다목적 매니퓰레이터'

라고 정의하고 있다.

이 시기의 자동화는 사전에 고정된 작업환경, 사람과 로봇이 공간적으로 분리된 작업환경에서 정해진 프로그램에 의해 동작하는 것을 기본 전제로 하였고, 만약 기계가 사람과 함께 작업을 해야 한다면, 사람이 작업을 하는 동안에는 기계는 작동하지 않는 상태에서만 허용이 되었다. 당연하겠지만, 이후 사람과 분리된 공간이 아닌, 같은 공간 안에서 함께 동시에 일하는 방향으로 발전하였지만, 여전히 정형적인 작업을 중심으로만 로봇을 활용할 수 있었다. 왜냐하면, 기존 로봇은 작업환경을 구조화하고 로봇을 그 환경에 맞추는 방식이다 보니, 비정형성은 소규모 편차를 보정하는 수준에서 부분적으로만 적용이 가능하였다. 당연히 기술적 한계가 그 이유라고 할 수 있다.

② 지능형 로봇: 인공지능 기반 자율성과 협동로봇

지능형 로봇의 기본 개념은, 다양한 센서로 환경을 인식하고 인공지능 기술을 통해 상황판단 및 실행을 한다고 앞에서 설명하였다. 로봇이 스스로 주어진 작업환경을 이해하고, 그에 맞게 계획을 세워서 실제 동작으로 옮기는 능력을 갖추는 것이다. 이러한 지능형 로봇은 여러 공정에서 활용되고 있는데, 최근 가장 많이 활용되고 있는 영역은 크게 3가지 영역으로, 공장과 창고 바닥에서 스스로 움직이는 자율이동로봇AMR: Autonomous Mobile Robot,

사람과 함께 일하는 협동로봇, 그리고 물류센터에서의 핵심적인 자동화인 피킹Picking/팔레타이징Palletizing이 점차 확산되고 있는 추세이다. 참고로, 피킹과 팔레타이징이라는 단어가 생소할 텐데, 피킹이란 창고나 물류센터에서 주문된 상품을 보관 장소에서 찾아 꺼내는 작업을 말하고, 팔레타이징은 피킹된 제품이나 박스를 운송 및 보관이 편리하도록 운반대(팔레트) 위에 쌓는 작업을 의미한다.

지능형 로봇 주요 영역 예시

이러한 다소 비정형적인 작업에서 활용되는 기술 또한 3가지로 나눠서 생각할 수 있는데, 무엇을(딥러닝 비전 기술), 어디서(위치추정 및 지도작성SLAM), 어떻게(모델예측제어MPC: Model Predictive Control) 작업을 수행할 것인지에 관해 상황을 판단할 수 있는 기술이 필요하다.

첫째, 비전 기술은 카메라 또는 라이다LiDAR로 주변의 물체를

인식하고 거리를 측정하는 것으로, 우리가 잘 알고 있는 테슬라
의 자율주행에 사용되는 기술이다. 위치추정 및 지도작성SLAM은
로봇이 주변 환경을 인식하고 스스로 위치를 파악하며, 동시에
주변환경의 지도를 만들어가는 기술이라고 할 수 있는데, 우리가
가정에서 사용하고 있는 로봇 청소기를 생각하면 쉽다. 마지막으
로 모델예측제어MPC는 다소 복잡한 개념인데, 여러 '제약'들을 고
려한 상태에서 미래를 예측하고 매 순간 여러 조작을 계산한 후,
여러가지 방안 중 가장 점수가 높은 최적의 조작을 선택하여 적
용하는 것을 말한다. 여기서 '제약'이라는 것은 가속, 토크 한계,
충돌을 피하기 위한 최소 거리, 미끄럼·전복 방지 각도 등을 말한
다. 예를 들어, 자율이동로봇AMR이 코너를 돌아야 하는 경우, 짐
의 무게와 코너를 도는 각도 그리고 현재의 속도라는 제약사항을
고려하여 최적의 속도를 계산한 후 감속하는 것을 말한다.

　기존 로봇과 비교하여, 현재의 지능형 로봇은 큰 발전을 이룬
것은 분명하다. 다만, 이 또한 한계가 있는데, 크게 두 가지로 볼
수 있다. 먼저, 현재의 생산라인을 크게 뜯어고치지 않고도 새로
운 제품을 생산하거나 또는 갑자기 늘어난 수요에 대응할 수 있
는 생산공정의 유연성에 한계가 있다. 두 번째 한계는, 생산라인
의 속도를 떨어뜨리지 않으면서도 작업자가 설비에 접근할 수 있
게 하는 안정적인 운용이다. 현재의 공정은 사람이 접근하면 안
전을 위해 전체 설비가 물리적으로 완전히 멈추도록 제한하고 있

다. 사람의 안전을 위해서는 당연한 조치이긴 하나, 공정의 생산성 측면에서 보면 아쉬움이 있는 방안이라고 할 수 있다. 왜냐하면 일부 공정이 완전히 셧다운되어 전체 생산공정에 차질이 생기기 때문이다. 이러한 한계는 로봇산업의 다음 발전단계에 대한 방향성을 제시한다고 볼 수 있다.

③ 인간형 로봇: 휴머노이드와 서비스 로봇의 진화

세 번째 단계는 인간형 로봇, 휴머노이드이다. 이것은 단지 외관상의 형태적인 측면에서 인간과 비슷하게 만드는 것에 목표를 두지 않는다. 작업현장에서 기존에 인간 중심으로 만들어진 작업공간과 작업 절차에 대해, 효과적으로 대응하기 위한 불가피한 로봇기술의 방향성이라고 할 수 있다. 이러한 이유로, 최근 글로벌 제조·물류 기업에서는 기존 워크플로에서 이관, 적재, 자재 이동 등의 일부 작업을 휴머노이드로 대체하는 시도가 활발히 이뤄지고 있다.

BMW는 2024년 스파르탄버그 공장에서 Figure AI라는 미국 스타트업이 제작한 전기 구동 휴머노이드 로봇(키 약 170cm, 적재 20kg, 5시간 구동)을 시범 운용하였다. 또한 메르세데스-벤츠는 앱트로닉의 아폴로(키 약 173cm, 적재 25kg, 4시간 구동)를 2024년 공장 물류·라인에 시범 적용을 했으며, 이듬해인 2025년에는 앱트로닉에 지분투자까지 하였다. 이것이 의미하는 것은, 휴머노이드가 향후 제조 생산라인 및 물류 분야에 핵심요소라는 것을 입증한 사례라 할 수 있다.

휴머노이드 단계에서의 인공지능은 통합적으로 접근하는 것이 특징이다. 휴머노이드가 현장에서 쓸모가 있으려면, 작업 목표를 사람의 말로 지시받고(언어), 주변상황을 스스로 분석하기 위해 카메라를 활용(시각)해야 한다. 이후 주어진 작업목표를 달성하기 위해 로봇은 실제 동작(행동)을 취하게 된다. 휴머노이드의 핵심은 이 세 과정(지시언어: Language → 상황 이해시각: Vision → 행동)을 하나의 파이프라인으로 묶는 것에 초점이 있다. 즉, 핵심은 VLA모델(V:시각 + L:언어 + A:행동)과 임바디드 언어모델이 한 시스템 안에서 유기적으로 협업하는 구조이다. 최근, 이 구조를 오픈소스로 구현하려는 시도로 OpenVLA가 주목받고 있다. OpenVLA는 97만 회에 이르는 다양한 로봇 데모로부터 획득한 데이터를 바탕으로 사전 학습된 공개 VLA 모델로, 새로운 현장에 적용하고자 할 때 파인튜닝만으로도 적용할 수 있도록 만들었다. 현장 적용 관점에서 중요한 포인트는, "한 번 만든 모델을 다른 로봇과 작업에 재사용할 수 있느냐"인데, OpenVLA는 바로 그 재사용성과 이식성에 무게를 둔 모델이다.

잠깐, 다소 복잡한 이야기를 하자면, 휴머노이드는 임바디드 언어모델과 VLA모델로 구성된다. 임바디드 언어모델은 사람이 자연어로 지시한 작업을 이해하여 작업을 단계별로 세분화하여 계획을 수립하는 역할을 하며, VLA 모델은 그러한 작업지시를 실제 수행하는 단계에서 카메라로 장면을 보고, 사전에 수립된 작업 단계에 따라 수행하는 역할을 담당하게 된다. 따라서, 두 모델은 서로 호흡하듯 협력하여 작업을 진행하는 것이다.

임바디드 언어모델 및 VLA 모델

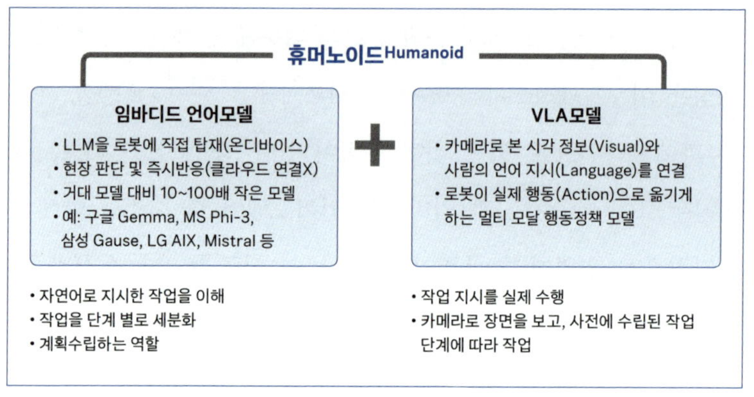

로봇 시장의 비즈니스 트렌드

로봇은 크게 두 가지로 나뉘지며, 산업용 로봇과 서비스 로봇이 그것이다. 산업용 로봇은 용접, 도장, 조립, 가공과 같은 제조라인에서 활용되는 로봇을 말한다. 반면에, 서비스 로봇은 전문 서비스 로봇과 개인 서비스 로봇으로 구분되는데, 전문 서비스 로봇은 물류창고에서 사용되는 자동이동로봇[AMR], 병원 이송/살균 로봇, 청소로봇 등이 이에 해당한다. 개인 서비스 로봇은 로봇청소기, 잔디깎기, 돌봄 보조 로봇과 같이 가정에서 사용되는 로봇을 말한다.

먼저, 산업용 로봇은 국제로봇연맹[IFR]에 따르면, 2023년 기준 전 세계 가동 대수가 428만 대이며, 3년 연속 신규 설치가 50만 대를 웃돌았다고 한다. 대륙별로 살펴보면, 아시아가 70%, 유럽이 17%, 아메리카가 10%를 차지하였다. 2024년에도 유사하게 약 54만 대 이상 신규 가동되었으며, 아시아 비중은 좀 더 올라가 74%를 차지하였다. 당연한 이야기지만, 제조업이 높은 비중을 차지한 나라에서 로봇을 설치한 비중이 높게 나타났는데, 누구나 예상했듯이, 중국이 전 세계 54%를 차지하며 독보적인 1등을 차지하고 있고, 한국은 5.6%를 나타내고 있다. 이러한 이유는 아마도 새로 공장을 설립해야 하는 중국의 경우 산업용 로봇을 바로 도입할 수 있기 때문에 높은 비율을 차지하는 것이고, 우리나라의 경우에는 신규 설비투자보다는 기존 설비를 재활용하기 때문에 상대적으로 낮은 설비투자 비율을 보이고 있는 것으로 예상된다.

다음은 서비스 로봇 중 전문 서비스 로봇을 살펴보자. 이 로봇의 핵심은 물류·운송 분야, 즉 이동용 로봇으로 2023년 기준

50% 이상을 차지하고 있다. 설치 대수로 보면 약 20만 대이며, 역시 아시아 지역에서 약 80%를 차지하였다. 반면에, 서비스 로봇 중 개인 서비스 로봇은 사실상 가정용 로봇청소기가 시장을 주도하고 있으며, 2023년 기준 200만 대 이상 판매되어 개인 서비스 로봇의 약 57%를 차지하였다. 다만, 현재 성장률은 다소 완만해진 상황으로 그 규모를 고려할 때 이제는 안정국면에 들어선 것으로 예상된다. 업계에서는 이러한 개인 서비스 로봇시장이 향후 잔디깎기, 창문 청소기 등으로 점진적으로 확대될 것으로 예상하고 있다.

서비스형 로봇RaaS 비즈니스 모델의 확대

일반적으로, 우리가 공장에 설비를 도입할 때 일정 금액을 지불하고 해당 장비를 설치하게 된다. 하지만, 이러한 경우 큰 비용이 소요된다는 문제점이 있고, 특히 제품 성능이 만족스럽지 않다면, 환불이 사실상 어려워 제조업체와 트러블이 발생하곤 한다. 이러한 문제를 해결하기 위해 일정 기간 사용하고 그 사용료를 지불하는 구독형 방식의 IT서비스가 최근 유행하고 있다. 이것의 유래는 클라우드의 아키텍처(소프트웨어형 서비스SaaS, 플랫폼형 서비스PaaS, 인프라형 서비스IaaS)에서 유래되어, 현재 여러 산업분야에서 적극적으로 활용되고 있다. 로봇에서도 동일한 개념을 적용하고 있는데, 로봇형 서비스RaaS: Robot as a Service가 바로 그것이다. 값비싼

로봇을 큰돈 들여 구매하지 않고, 단지 임대하여 구독 형태로 사용료를 지불하는 서비스 모델을 말하며, 로봇을 도입하고 운영 그리고 유지보수까지 통합적인 서비스를 제공하는 방식이다.

이러한 개념의 서비스는 여러 IT분야에서는 많이 적용되고 있으나, 로봇형 서비스RaaS: Robot as a Service 분야에서는 아직은 초기 단계라고 할 수 있다. 로봇과 관련하여 이러한 서비스형 비즈니스 모델이 현재 주로 적용되는 영역은, 자동이동로봇AMR과 같은 물류·운송 로봇을 중심으로 확대되고 있는데, 커스터마이징과 타 시스템 연계가 적은 영역을 중심으로 우선 적용되고 있다. 그도 그럴 것이, 커스터마이징이 많다면, 한 번 설치한 후 다시 해당 설비를 빼기도 어렵고, 무엇보다 커스터마이징을 하는데 비용도 만만치 않기 때문이다.

그럼, 로봇을 제작하는 기업의 입장에서는 어떠한 부분에 집중하여 비즈니스를 진행해야 할까? 필자 개인적인 의견으로는 투 트랙 전략이 필요하다고 생각한다. 즉, 설치용 산업용 로봇에 집중함과 동시에, 전문 서비스 로봇 영역에 대해 RaaS 방식으로 적극적 영업활동이 필요하다.

대기업의 경우는 자신들의 자금력을 바탕으로 스스로 알아서 로봇을 도입하겠지만, 중소기업의 경우에는 자금력과 자원이 넉넉하지 않기 때문에, 여전히 로봇 도입에 한계가 있다. 다만, 다행인 것은 정부에서 중소기업을 대상으로 하는 지원이 많기 때

문에, 로봇 제작 업체는 이러한 정부지원을 활용하여 로봇형 서
비스RaaS 상품을 발굴하여 적극적으로 영업활동을 해야 한다. 로
봇 영역은 앞에서 언급한 바와 같이, 커스터마이징과 기존 시스
템 간 연계가 상대적으로 적은 자동이동로봇AMR, 피킹 및 팔레
타이징, 그리고 청소 로봇 등이 그 주요 대상이 될 것이다.

비즈니스 측면의 로봇시장 향후 전망

산업현장에서의 인공지능 기반 로봇의 기본적인 방향성은 공간
측면, 작업 다양성 측면 그리고 속도와 단가 측면을 바탕으로, 휴
머노이드 로봇, 전문영역 로봇 그리고 내장형 로봇이 병행하며 발
전 진화할 것으로 예상된다.

 '휴머노이드 로봇'은 사람 중심의 작업공간과 도구를 개조 없
이 그대로 사용하는 범용적 로봇이라는 특징이 있다. 즉, 사람과
동일한 작업공간에서 사람과 동일한 방식으로 작업을 진행하는
로봇이라는 의미이다. 단순한 예를 들어, 문을 열고, 카트를 밀
고, 버튼을 누르고, 공구를 집어 사용하는 등 사람 중심으로 설
계된 작업환경에 최적화된 로봇을 말한다. 따라서 사람과 협업하
여 작업이 가능하고, 때로는 사람을 대체할 수 있다. 다만, 현재
는 그 기술이 완전하지 않으며 투입되더라도 비용 대비 효과를

보는 데 한계가 있다는 단점이 있다.

'전문영역 로봇'은 특정 작업, 즉 용접, 도장, 바닥청소 등의 특정 작업에 최적화되어 해당 작업만 수행하는 로봇을 의미한다. 당연히 높은 작업 신뢰도와 낮은 비용이 장점이나, 범용성이 낮고 작업환경이 변경되면 기존 로봇은 폐기해야 하는 단점이 있다.

마지막으로 '내장형 로봇'은 다소 생소할 개념일 텐데, 공간 및 설비 자체가 하나의 로봇처럼 작동하는 로봇을 말한다. 보다 쉽게 표현하면, 소프트웨어가 로봇 한 대 한 대를 모두 제어하여 제품생산의 전체 공정을 오케스트레이션 하는 것이다. 즉, 공간과 설비 모두가 하나의 로봇처럼 동작하도록 소프트웨어로 통합된 자동화를 가리킨다. 구체적인 예로, 자동차를 생산하는 데 있어서 강판을 자르고 구부려서 차체를 만들고 도색한 후, 관련 부품들을 조립하는 것까지 모든 과정을 오케스트레이션 소프트웨어가 진행한다. 현대자동차의 미국 조지아주 메타플랜트 아메리카 공장이 그 예라고 할 수 있는데, 울산공장과 비교하여 부지의 크기는 2배인데 반해, 노동자의 수는 3분의 1 수준인 880명만 근무한다고 한다. 대부분의 모든 공정은 로봇이 처리하고, 사람은 차량용 시트를 설치하는 등의 손이 많이 가는 영역만 담당한다고 한다. 내장형 로봇이라는 단어는 생소할 수 있으나, 개념적 측면에서는 충분히 이해되리라 생각된다.

로봇 유형과 특징

구분	장점	단점
휴머노이드 로봇 Humanoid Robots	사람 중심의 작업공간과 도구를 개조 없이 그대로 사용하는 범용적 로봇(불규칙적 작업에 유리)	현재는 그 기술이 완전하지 않으며 투입되더라도 비용 대비 효과를 보는 데 한계
전문영역 로봇 Purpose-built Robots	특정 작업에 최적화되어 해당 작업만 수행하는 로봇(높은 신뢰도 및 낮은 비용)	범용성이 낮고 작업환경이 변경되면 기존 로봇은 폐기
내장형 로봇 Infrastructure-embedded Robotic Systems	공간 및 설비 자체가 하나의 로봇처럼 작동하는 로봇 (제품생산의 전체 공정을 오케스트레이션)	기존 공정보다는, 생산라인을 신규로 구축하는 경우 가능

이러한 로봇은 생산공정의 특징을 고려하여 적용하는 것이 중요한데, 만약, 반복적인 공정이 많은 경우에는 전문영역 로봇을 기본으로 하여 내장형 로봇(공간 자동화)을 확대 적용하는 것이 적절하다. 반면에 현장에 변화가 많고 불규칙한 작업인 경우에는 휴머노이드 로봇을 활용하는 것이 낫다. 가장 좋은 것은 내장형 로봇을 기반으로, 일괄 적용이 어려운 작업에 휴머노이드 로봇을 활용하는 것이 이상적일 것이다.

향후 3년간(2028년~2030년)은 기존 환경과 수익 확보 중심의 비즈니스 예상

향후 3년간의 로봇시장의 트렌드는, 현재의 작업환경을 고려한 자동화를 중심으로 진행하되, 투자대비 성과를 고려한 비즈니스를 중심으로 진행될 것이다.

공간측면에서 봤을 때, 당분간 로봇은 인간 중심의 기존 작업 공간을 그대로 활용하면서 인간의 노동을 보조하는 역할 또는 함께 작업하는 역할을 중심으로 발전할 것이다. 이렇게 진행되는 가장 큰 이유는 기존의 작업공간 전체를 교체할 수 없기 때문에 어쩔 수 없는 선택이라 할 수 있다. 물론, 휴머노이드의 활용은 극히 제한적이며, 전문영역 로봇을 중심으로 더욱 정교화된 작업에 활용할 것이다.

작업의 다양성 측면에서는, 아직까지는 반복되고 정형적인 패턴을 보이는 작업을 중심으로 로봇이 적용될 것이다. 예를 들어, 이송, 피킹, 팔레타이징, 청소와 같은 작업이 표준절차 안에서 진행되고, 변동이 많은 공정은 사람과 로봇이 교대로, 혹은 로봇이 사람을 보조하는 정도로만 진행될 것이다.

속도와 단가 측면에서는, 총비용을 어떻게 낮출 것인가에 집중하는 단계이다. 기능이 검증된 저가형 기존 장비, 그리고 필요시 바로 사용할 수 있는 서비스형 로봇^{RaaS}을 활용하여 처리량과 가동률을 끌어올릴 것이다. 다만, 휴머노이드는 지속적으로 발전하겠지만, 현장에 적용할 단계는 아니며, 설사 특정 작업에 적용할 수 있다고 하더라도, 비용 대비 효과가 크지 않아, 관망적 시선으로 대할 것으로 예상된다.

3~7년 이후에는, 인간과 기계 간 그리고 기계 상호 간 협업이 기본값이 되는 시기

2030년을 이후로, 연결된 공정 그리고 이를 오케스트레이션하는 방향으로 비즈니스가 전개될 것이다.

공간 측면에서는 신규 공장(그린필드)과 기존 공장(브라운필드)이 서로 다른 방식으로 성숙하되, 그 방향성은 내장형 로봇을 근간으로 하는 전 공정의 오케스트레이션이 될 것이다. 신규로 설계되는 생산라인은 엘리베이터, 도어, 선반, 컨베이어 등 설비가 소프트웨어로 통합되어 하나의 시스템처럼 움직일 수 있도록 구축될 것이다. 반면 기존 공장은 대규모 개조 대신, 사람과 로봇이 같은 공간에서 안전하게 일하는 협업 공정을 늘리고, 여러 대의 로봇과 장비를 중앙에서 컨트롤하는 중앙관제(플릿 오케스트레이션)를 운용할 것이다. 휴머노이드는 기존 인간의 작업공간을 그대로 활용할 수 있다는 장점을 바탕으로, 이관, 라인 주변 보조, 잔업 처리와 같은 영역에서 상용 배치가 본격적으로 이루어질 것으로 예상된다.

작업의 다양성은 이전의 '단편적 자동화'에서, 연속 생산공정을 고려한 '연결된 자동화'로 전환될 것이다. 예를 들어, 부품을 들고 이동한 후 지정된 장소에 쌓아놓는 작업의 경우, 과거에는 작업자가 서로 다른 각각의 장치를 활용하여 개별적으로 진행했다면, 이 시기부터는 이동과 적재가 결합되어, 작업 단위가 처음부터 끝까지 하나의 흐름으로 이어지게 된다. 현장의 규칙과 우선순위가 변경되면, 대화형 인터페이스를 통해 지시가 입력되고 즉시 계획과 실행에 반영된다. 표준화된 반복 공정은 전문영역 로봇이 맡고, 예외와 변동이 잦은 접점에서는 휴머노이드가 사람과 함께 빈틈을 메우는 방식으로 역할 분담이 정착될 것이다.

속도와 단가 측면에서는, 효율적 운영이 보다 향상될 것으로 예상된다. 전문영역 로봇은 이전에는 특정 영역에서만 활용할 수 있었으나, 점차 여러 영역에서 활용될 수 있도록 기능이 개선되고, 공통 모델과 시뮬레이터의 확산은 현장 이식과 변경에 드는 시간을 줄이게 될 것이다. 그 결과 처리량은 꾸준히 증가하고, 단가는 장기간에 걸쳐 하향되면서 전반적으로 높은 효율적 안정성을 보장하게 될 것이다. 휴머노이드 역시 부품 단가와 수명이 안정되고 유지보수 체계가 성숙해지면서, 경제성이 맞는 공정부터 단계적으로 대체·보조하는 사례가 늘어날 것이다.

PART II

빅테크 전쟁과
한국의 생존법

AI 전쟁에서의 유일한 생존전략, 소버린 AI

최근 글로벌 IT업계에 회자되는 여러 화두 중 하나가 바로 소버
린Sovereign AI이다. 소버린의 사전적 의미는 자주, 주권을 뜻하는
단어로, 소버린 AI란 자체 인공지능 인프라를 기반으로 지역의
언어와 문화 그리고 가치관 등의 데이터로 학습한 거대 언어모델
을 기반으로 한 생성형AI 서비스를 말한다.

생성형AI 시장을 리딩하고 있는 기업은 우리 모두가 잘 알고
있다시피 사실상 미국의 기업들이기 때문에, 생성형AI를 학습할
때 사용되는 데이터 또한 영어 중심의 문서일 수밖에 없으며, 그
비율은 95% 이상인 것으로 알려져 있다. 이것이 의미하는 것은,
생성형AI를 통해 만들어진 답변 또한 영어권 문화 중심의 다소
편중된 가치관과 윤리 문화를 담을 수밖에 없다는 것이다.

우리가 기존에 구글 혹은 네이버와 같은 검색엔진을 활용하여 정보를 획득하고자 할 때를 생각해 보자. 우리는 원하는 정보를 얻기 위해 관련된 키워드를 입력한 후 복수의 검색결과, 그리고 여러 다양한 문서를 찾게 된다. 이러한 데이터와 문서를 전체적으로 읽으면서 우리는 스스로 데이터를 판별하고 최종적으로 정확한 지식을 얻게 된다.

만약, 챗GPT와 같은 생성형 AI를 활용하여 정보를 찾게 되면, 우리는 '정답'이라고 우기는 정보 하나를 일방적으로 받게 된다. 생성형AI가 우리의 시간과 노력을 줄여주는 데 혁신적으로 도움이 된 것은 맞지만, 만약 그 정보가 정답이 아닌 잘못된 정보라면, 혹은 편향되고 우리가 원하지 않는 가치관을 담고 있는 정보를 받게 된다면, 우리는 왜곡된 정보로 인해 예상치 못하는 문제를 발생시키게 될 것이다. 보다 넓게 생각해 보면 우리 사회의 정체성에 혼란이 오고, 왜곡된 정보로 인해 사회적 이슈가 발생할 것이다. 소버린 AI는 바로 이러한 문제의식에서 출발한 개념이라고 할 수 있다.

1.1 글로벌, 소버린 AI에 집중

소버린 AI 추진배경

소버린의 필요성을 설명할 때 항상 나오는 것이 바로 독도 이야기인데, 챗GPT에서 '다케시마^{竹島}'를 검색하면, 현재 대한민국이 실효적 지배를 하고 있는 영토임에도 불구하고 일본 중심의 편향된 정보가 나온다는 것이다. 물론, 최근 챗GPT에 한글로 검색하면 대한민국의 영토라고 설명은 하고 있으나, 언어를 바꾸어 영문으로 질문을 하면 동해를 일본해라고 표기함과 동시에 독도는 국제적으로 논쟁이 많은 지역이라고 설명을 하고 있다. 재미있는 것은, 챗GPT에서 영어로 질문을 하다가, 언어를 바꾸어서 한글로 바로 질문을 하면, 이전 답변과 뉘앙스가 바뀌어 조금 더 대한민국 중심의 답변을 내놓는다.

이러한 검색 답변이 왜 큰 문제가 되는가 하면, 우리의 아이들이 명확한 역사적 이해가 생기기 전에 검색을 통해 독도를 알게 된다면, 독도는 우리나라의 고유한 영토가 아닌 국제적으로 이슈가 있는 지역, 즉 대한민국이 임의로 독도를 점유하고 있는 지역이라고 오해할 수 있기 때문이다. 독도 외에도 다양한 사례들이 있는데, 중국 데이터로 학습된 생성형AI는 발해와 고구려가 중국의 지방정권이라는 동북공정의 내용이 나오는가 하면, 김치는 중국의 파오차이泡菜 문화의 일부, 즉 중국의 전통 절임채소의 한 종류라고 소개하기도 한다. 따라서 미래 세대를 위한 교육 차원 그리고 우리 사회를 지탱하는 문화와 가치관 관점에서 매우 중요한 문제이기 때문에, 반드시 하나쯤은 우리나라의 생성형AI 언어 모델이 필요한 것이다.

사실, 이러한 문제는 우리나라만의 문제는 아니며, 전 세계적으로 이슈가 되고 있는 중요한 아젠다라고 할 수 있다. 2024년 11월 국제형사재판소ICC International Criminal Court는 베냐민 네타냐후 이스라엘 총리와 팔레스타인 하마스 군사 지도자에게 각각 체포 영장을 발부하였다. 이들은 가자지구에서 반인륜적 범죄인 전쟁을 일으켰다는 혐의를 받고 있는 것인데, ICC로부터 서방 동맹국의 현직 지도자가 기소된 최초의 사건이었다. 이에 대해 이스라엘과 미국은 당연히 강력히 반발하였다. 2025년 2월, 네타냐후 총리가 미국을 방문했는데, 트럼프 대통령은 이 시간에 맞춰서 국제형사재판소 ICC를 제재하는 행정명령에 서명하였다. 이 행정명령에는 제재 리스트에 오른 국제형사재판소 검사팀의 마이크로소프트 계정을 정지시키는 내용도 포함되어 있었는데, 검사들이 지금까지 업무적으로 사용해 오던 이메일과 클라우드 서비스를 아예 사용 못하게 함으로써 업무를 제대로 볼 수 없게 한 것이다.

이 사건은 유럽 사람들에게는 큰 충격으로 다가왔다. 트럼프야 원래 본인 맘대로 행동하는 것은 익히 알고 있었지만, 민간기업인 마이크로소프트가 이렇게 빠르게 행동에 옮길 것이라고는 미처 생각을 못 했던 것이다. 트럼프가 기술 패권을 무기 삼아 동맹국에도 공격용으로 이용할 수 있다는 우려가 현실로 다가오자, 유럽은 구체적인 대응에 나섰고, 우선 국제형사재판소의 업무시스템 일부를 미국이 아닌 유럽제품으로 교체하였다.

2024년 기준으로 미국기업들이 유럽 클라우드 시장의 약 65% 이상을 장악하고 있었는데, 마이크로소프트 애저가 21%로 가장 높았고, 아마존 AWS가 17%로 두 기업을 합치면 38%가 넘었다. 동맹국인 미국기업에 기대고 있었던 유럽은 이 사건이 발생한 이후 유럽이 주체적으로 개발한 클라우드 서비스, 즉 소버린 클라우드의 중요성을 크게 깨닫게 되었다. 뿐만 아니라 향후 미래사회의 핵심이라고 할 수 있는 인공지능에 대해서도 다른 나라에 휘둘리지 않을 소버린 AI의 필요성 또한 느끼게 된 것이다. 당연히 국제형사재판소가 있는 네덜란드에서 가장 적극적인 목소리를 내고 있는데, 네덜란드 중앙은행 총재는 네덜란드 결제 시스템인 아이딜이 마이크로소프트와 아마존에 너무 깊게 의존하고 있다고 경고하였다. 네덜란드 유럽 의회에서는 유럽이 사용할 클라우드를 자체적으로 만들자고 촉구하였고, 정부를 향해 2029년까지 네덜란드 혹은 유럽산 클라우드를 최소 30% 이상 사용해야 한다고 청원도 하였다. 기술 주권을 빼앗긴 것에 대한 문제점을 뼈저리게 느낀 유럽은 누구라고 할 것 없이 소버린에 집중하겠다고 발표하고 있는 상황인 것이다.

국가별 소버린 AI 전략과 사례

우선, 영국은 소버린 AI 전담부서를 설립하여 영국의 AI모델 역량 개선에 10억 파운드를 지원할 것이라 발표하였다. 프랑스는 자국의 간판 스타트업인 미스트랄에 공력을 더 투입할 계획이다. 참고로 미스트랄이라는 기업은 미스트랄 AI를 개발한 스타트업으로 구글 딥마인드 출신의 아르튀르 멍슈Arthur Mensch와 메타 출신의 기욤 랑플Guillaume Lample 및 티모테 라크루아Timothée Lacroix가 설립한 기업이다. 프랑스는 미스트랄 데이터센터 인프라에 85억 유로를 투자할 예정이다. 이것은 디지털 주권이라는 국가전략의 핵심에 해당하며, 프랑스어 중심의 데이터를 활용하여 유럽연합의 인공지능 윤리 기준에 부합하는 거대 언어모델을 오픈소스로 개발하는 것을 목표로 하였다. 또한 덴마크는 인공지능 슈퍼컴퓨터인 개피온Gefion에 7억 덴마크 크로네krone를 투자하여 신약 개발에 적극적으로 활용할 예정이며, 독일의 도이치 텔레콤은 유럽 최초로 산업용 인공지능 클라우드 플랫폼을 구축하겠다고 선언하였다. 유럽연합 차원에서는 200억 달러를 투자해서 유럽 내에 네 개의 인공지능 기가 팩토리를 구축할 예정이다.

유럽 소버린Sovereign AI 투자현황

국가		활동	투자금
	영국	소버린AI 전담부서 설립 컴퓨팅 역량 개선	10억 파운드 (약 1조 9천억 원)
	프랑스	미스트랄 데이터센터 인프라 확대	85억 유로 (약 13조 6천억 원)
	덴마크	소버린AI 게피온 개발	7억 덴마크 크로네 (약 1,506억 원)
	독일	유럽 최초 산업용AI 클라우드 플랫폼 개발	고성능 GPU 1만 개 확보
	유럽	유럽 내 AI 데이터센터 기가팩토리 4개 구축	200억 달러 (약 27조 3천억 원)

그런데 유럽 국가들의 발표를 유심히 살펴보면 국가 정상들과 함께 빠지지 않고 등장하는 사람이 있는데, 바로 젠슨 황이다. 그는 유럽 국가들이 소버린 AI의 필요성을 느끼자, 발 빠르게 움직였으며 특히 국제형사재판소와 마이크로소프트 사이의 사건이 터진 직후부터 보다 적극적으로 유럽 출장에 나섰다. 사실, 소버린 AI라는 개념 자체가 젠슨 황이 지난 2023년부터 영업하던 개념이니, 글로벌 소버린 AI 트렌드는 젠슨 황의 작품이라고 해도 과언이 아닐 것이다.

유럽 이외에도 중동지역에서도 활발하게 소버린 AI를 준비하고 있으며, 가장 앞서 있는 사례는 단연 아랍에미리트UAE의 팔콘 프로젝트다. 아랍에미리트는 2023년 자체 개발한 언어모델 팔콘을 오픈소스로 공개하였으며 구글에 버금가는 성능으로 세계적인 주목을 받았다. 이 모델은 중동 지역의 언어, 문화, 정책을 반영한 데이터셋으로 학습되었으며, 안보, 금융, 교육 특히 종교 분야에서 외부 인공지능에 의존하지 않고 자체적으로 서비스할 수 있도록 설계되었다. 사우디아라비아는 '탈석유 경제'를 목표로 한 '비전 2030' 전략의 일환으로, 인공지능 주권 강화에 막대한 투자를 단행하고 있다. 이렇게 중동 국가들 또한 이슬람 가치와 사회적 구조를 반영한 자국 중심의 기술 주권을 만들어 가고 있다.

소버린 AI의 시장적용 단계

많은 사람들이 가트너의 하이프 사이클에 대해 이미 알고 있으리라 생각된다. 하이프 사이클은 기술이 시장에서 인식되고 도입되는 전형적인 과정 및 흐름을 5단계로 나누어 표현하고 있다. 물론 예측하는 기술들이 시장에서의 트렌드를 항상 정확히 맞추는 것은 아니지만, 기술 트렌드를 분석하는 데 있어서 매우 유용하고 공신력이 있는 것은 사실이다.

가트너 하이프 사이클 5단계

(1) 기술 촉발(Technology Trigger)

해당 기술이 관심을 받는 단계로, 아직 상용 제품은 없으나, 미디어가 시장의 관심을 견인하는 단계

(2) 기대 거품의 정점(The Peak of Inflated Expectations)

선도 업체에 의해 성공 스토리와 실패 스토리가 나오기 시작하는 시점이며, 대부분의 기업은 관망하는 단계

(3) 환멸의 계곡(Trough of Disillusionment)

대부분의 도전들이 실패함으로써 많은 기업들이 사업화를 포기하는 단계

(4) 깨우침의 단계(Slope of Enlightenment)

해당 기술의 성숙해지면서 본격적으로 수익모델 사례가 발생하지만, 여

전히 보수적인 기업은 관망을 하는 단계

(5) 생산성의 안정기(Plateau of Productivity)

기술이 시장에서 완전히 자리를 잡아서 사업적 생존가능성에 대한 평

가기준도 명확해진 단계

색상/기호	의미	해석
흰색 원	< 2년	2년 이내에 상용화되어 시장 안정기에 도달할 것으로 예상
밝은 파랑	2-5년	중기적(2~5년) 성숙 예상 – 현재 실험적 단계지만 상용화 가능성이 높음
진한 파랑	5-10년	장기적(5~10년) 성숙 예상 – 기술적 과제나 인프라 부족 등으로 시간이 필요
검정 삼각형	>10년	매우 장기적(10년 이상) – 개념적 수준에 머물러 있으며 실현 가능성은 불확실
엑스 원	Obsolete before plateau	상용화 이전에 사라질 가능성이 높은 기술 (즉, "거품만 있고 실제 시장 적용은 어려움")

소버린 AI가 하이프 사이클에 처음 나타나기 시작한 것은 2024년 인공지능 분야(Hype Cycle for Artificial Intelligence)에서이다. 이 시점에 따르면, 소버린 AI는 기술에 대한 기대가 거품의 정점 영역 초입 단계에 진입했다고 예측하고 있다.

이러한 '기대 거품의 정점Peak of Inflated Expectations'단계에 진입했다는 의미는, 이미 일부 기업들이 소버린 AI 개발에 착수를 했고, 반면에 일부 기업들은 거품이라 생각하여 관망적인 자세를 유지하고 있다는 것이다. 이를 다르게 표현하자면, 소버린 AI에 뛰어

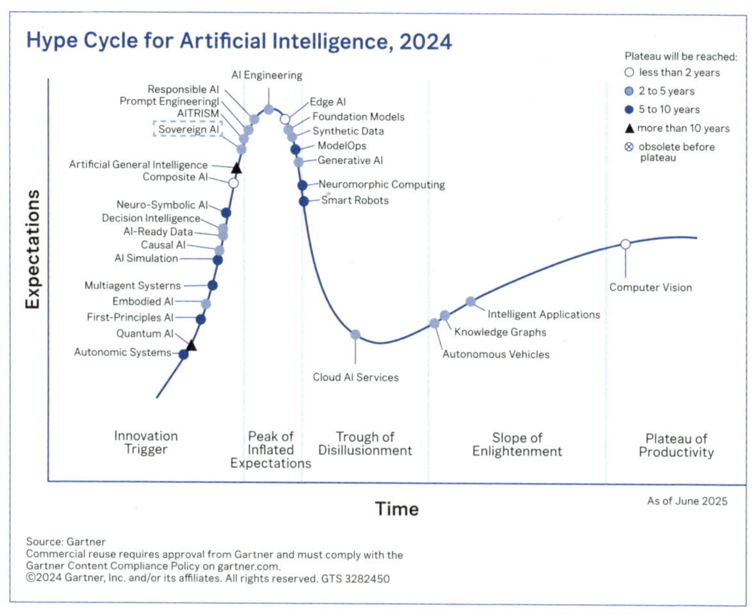

드는 기업과 그렇지 않은 기업의 격차가 이제부터 본격적으로 벌어지기 시작하는 분기점이라고 할 수 있는 것이다.

그럼, 소버린 AI에 대한 필요성을 느끼고 있으나, 관망적 자세를 취하고 있는 가장 큰 이유는 무엇일까? 필자의 생각으로는 크게 두 가지라고 생각하는데, "과연 국내 기술로 경쟁력 있는 인공지능 모델을 만들 수 있는가?" 그리고 "그렇게 만든 모델이 시장에서 경제성이 있을까?"라는 현실적인 고민일 것이라 생각한다. 자금과 인력이 한참 부족한 우리나라가, 천문학적 예산을 투입하여 만드는 미국의 인공지능 모델과 비교하여 시장에서 살아남을 수 있을까에 대한 근본적인 고민일 것이다. 차라리, 성능 떨어지는 모델을 개발할 바에는 해외에 잘 나가는 생성형AI를 활용하거나, 아니면 협업을 통해 서비스를 개발하는 것이 보다 효율적이라고 생각할 수도 있다. 또한 최근 오픈소스로 대중에게 공개하는 생성형AI 모델도 충분히 높은 성능을 내고 있기 때문에, 소버린 AI가 굳이 필요 없다는 의견도 호응을 받고 있는 것 또한 사실이다.

그럼, 2025년 인공지능 분야의 하이프 사이클에서는 어땠을까? 2024년과 비교하여 조금 더 위로 이동했고, 역시 '기대 거품의 정점Peak of Inflated Expectations'에 위치하며 2~5년 내에 실험적 단계

2025 가트너 하이프 사이클 – Artificial Intelligence

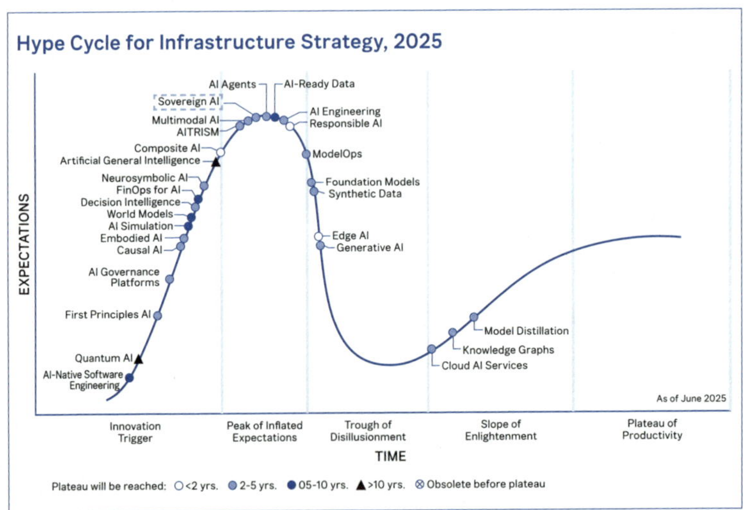

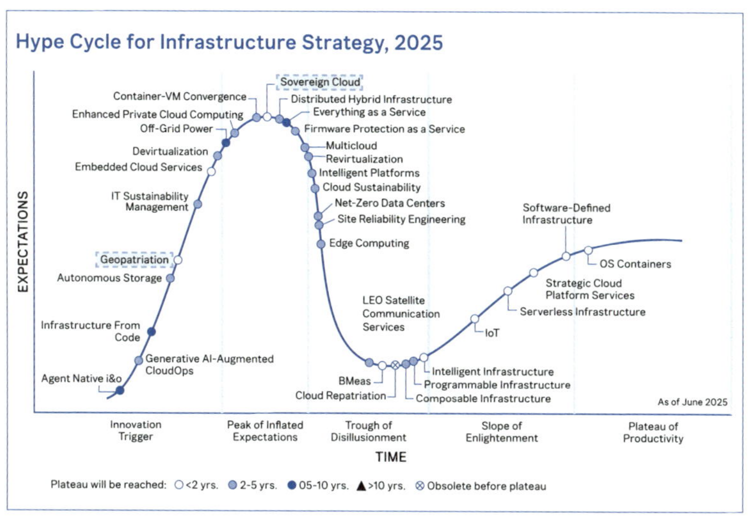

를 벗어나 상용화될 가능성이 높다고 예측하고 있다.

특이한 점은, 소버린에 대한 기술 트렌드를 '인공지능 분야' 외에도 '인프라 전략 분야'에서도 설명을 하고 있다는 것이다.

소버린이라는 것은 단지 인공지능 모델과 같이 소프트웨어만 지칭하는 것은 아니며, 인프라까지 자국 영역 내 재배치하는 것도 포함하는 개념이다. 말 그대로 주권확보를 위한 모든 전략이 이에 해당하며, 지오페트리에이션Geopatriation이라는 용어가 바로 이에 해당하는 개념이라 생각하면 된다. 참고로, 지오페트리에이션Geopatriation이라는 것은, Geo(지리·국가)와 Patriation(해외에 있던 것을 본국으로 귀환시킴) 단어가 합쳐진 단어로, 국가안보, 무역분쟁 그리고 데이터 주권 이슈로 인해 다른 나라에 위치한 것을 다시 자국으로 물리적 위치를 옮기는 것을 말한다.

소버린 AI, 선택이 아닌 생존

앞서 하이프 사이클에서 확인했듯이, 소버린 AI는 현재 과도한 '기대의 정점Peak of Inflated Expectations'에 있는 만큼, 2026년에는 '환멸의 계곡Trough of Disillusionment'에 들어설 것으로 예상된다.

그 이유는 간단하다. 미국만큼 대규모 투자를 하지 못하기 때문에 생성형AI를 개발하기 위한 인프라, 즉 GPU 등을 충분히 확보하지 못할 것이고, 무엇보다 상대적으로 경험이 부족한 인재들이 투입됨에 따라, 개발된 생성형AI의 성능에 아쉬움이 있을 것이 뻔하기 때문이다. 결국, 2026년에는 소버린 AI에 많은 정부예산을 투입하는 것이 적절한지에 대해 정치권에서, 그리고 여러 매스컴에서 비판적 여론을 조성할 것이다. 따라서 소버린 AI를 포기하는 기업도 속속 나타날 것으로 예상된다.

하지만, 반드시 생각해야 할 포인트가 있다.

이번 정부가 들어서면서 대통령이 최근 언론에 이렇게 말을 한 적이 있다. "'챗GPT가 있는데 소버린 AI를 왜 개발하나? 예산

낭비다.' 이런 얘기는 사실은, '베트남에 쌀이 많이 나는데, 뭐 하러 농사를 짓나, 사 먹으면 되지!' 이런 얘기하고 똑같은 거죠. 그게 얼마나 위험한 생각인지 모르는 겁니다."

이와 관련하여 필자의 경험을 이야기하고 싶다. 필자는 국내 대기업에 근무하면서 인공지능 비즈니스가 열리는 초창기부터 담당 업무를 수행하였다. 2016년 알파고가 이세돌 9단을 이겨 떠들썩했고, 본격적으로 인공지능을 배워보고 싶어서, 그다음 해인 2017년 관련 부서로 이동하였다. 다만, 당시 국내에는 마땅한 기술력과 노하우가 없다 보니 사업을 진행하는 데 문제가 많았다. 이때 회사에서 고민을 한 것이 지금의 상황과 매우 흡사하다고 생각된다. 당시 미국의 모 제품이 이미 시장에서 매우 높은 인지도를 갖고 있었고, 내부적으로 "뭐 하러 성공 가능성이 보장되지 않은 인공지능 제품을 우리가 직접 개발을 해? 그럴 시간에 이미 시장에서 검증된 ○○제품을 기반으로 하여, 우리는 고객사에 서비스만을 제공하면 사업적으로 성공할 거야"라고 생각을 했다. 기술적 차별화 측면에서 그리고 비즈니스에서 가장 중요한 타이밍 측면에서도 옳은 선택이라 생각했다. 하지만, 그것은 완전히 오판이었다. 원천기술이 없는 상태에서 단지 제품만을 가져오게 되면 원청사에 휘둘릴 수밖에 없고, 특히 제품의 버전이 올라가게 되면, 해당 제품을 이해하기 위해 또다시 인력을 투입하고 라이선스를 갱신하는 등 상황이 말이 아니었다. 결국 3~4년 후 해당 제품과의 계약을 종료시키고, 자체 개발하는 방향으로 전환하였다. 비즈니스의 주도권을 스스로 갖기 위해서 말이다. 돈은 돈대로 쓰고 남은 것은 하나도 없는 상황이 되는 것이다.

소버린 AI도 동일한 상황이라 생각한다. 우리 자신이 원천기술이 없다면 상대방에 휘둘리게 되어 있다. 오픈AI가 언제까지 지금과 같은 방식으로 API를 제공해 줄까? 아니면, 기업들이 오픈소스로 생성형 AI를 계속해서 시장에 공개해 줄까? 그 어느 누구도 10년 뒤 지금과 동일할 것이라고 시원하게 답을 내놓지 못할 것이다. 시장에서 살아남기 위해서는 반드시 기술 자립이 필요한 이유이다.

인공지능의 발전은 인간 사회의 거의 모든 영역에 지대한 영향을 미치고 있다. 이제는 정보를 검색하거나 번역하는 수준을 넘어, 정책 결정, 의료 진단, 교육, 법률 자문까지 인공지능이 인간의 의사결정을 보조하거나 대체하는 시대가 되어 가고 있다. 이러한 상황에서 데이터와 알고리즘, 그리고 판단 기준에 이르기까지 자국이 직접 통제할 수 없다면, 국제형사재판소의 사례처럼 기술 패권을 무기로 활용하는 국가에 종속될 수밖에 없는 것이다. 국가적 가치와 정책 그리고 문화적, 역사적 정체성을 왜곡 없이 유지하는 것, 바로 소버린 AI를 추진해야 하는 이유이다.

1.2 대한민국 AI의 생존전략, 소버린 AI

2025년 12월 기준, 국가별로 개발한 초거대 인공지능 모델들을
살펴보자.

당연하겠지만, 역시 미국과 중국이 압도적인 1 · 2위를 차지
하고 있다. 비공식 보고서와 과거 언론에 따르면, 미국은 128개,
중국은 95개의 모델을 갖고 있다고 설명하고 있으나, 스텐포드
대학의 인간중심 인공지능 연구소HAI가 발표한 『2025 AI Index
Report』에 따르면 2024년 기준으로 미국은 40개, 중국은 15개를
개발하였다고 설명하고 있다.

한국의 경우 총 14개의 모델을 갖고 있다고 한국과학기술기획
평가원KISTEP의 보고서에 나와 있으며, 해당 보고서에서는 미국
은 128개, 중국은 95개를 보유하고 있다고 설명하고 있다. 숫자

상으로만 보면 어쨌든 우리나라는 언어모델 개발에 있어서 전 세계 3위에 해당된다. 다만, 현재로서 모델 수를 국가별로 정확히 비교할 수 있는 신뢰할 만한 최신 집계 자료는 있지 않은 것으로 보인다.

한국 언어모델LLM 종류

구분		주요 모델 수	비고
네이버	HyperCLOVA 시리즈	3개	HyperCLOVA → HyperCLOVA X → HyperCLOVA X Turbo
LG AI Research	EXAONE 시리즈	5개	EXAONE → 2.0 → 3.0,
SKT	A.X 시리즈	2개	A.X 1.0 / 2.0
KT	Mi:dm 시리즈	1개	KT Mi:dm
업스테이지	Solar	1개	Solar / Solar Mini
기타 스타트업 및 연구기관		2개	Kakao Brain KoGPT, ETRI K-LLM 등

소버린 AI를 위한 첫걸음, 독자 AI 파운데이션 모델 프로젝트

소버린 AI를 위한 정부의 생각과 노력

이번 정부가 들어선 이후 정부의 소버린 AI에 대한 정책은 진심이 있어 보인다. 국내에서 생성형AI 개발에 많은 투자를 하고 있는 네이버와 LG 출신의 핵심인재를 공직으로 발탁한 것만 봐도 단순한 구호가 아닌, 실질적인 결과물을 만들고자 하는 강한 의지가 느껴진다.

우선, 초대 AI미래기획수석비서관으로 발탁된 인물은 이제는 누구나 잘 알고 있는 하정우 수석이다. 차관급 공직에 젊은 기업인이 파격적으로 발탁되었다는 발표로 인해, 천만 영화배우 하정우보다 포털에서 먼저 검색될 정도로 뜨거운 관심을 받았다. 하정우 수석은 서울대학교 컴퓨터공학과를 졸업한 후, 삼성SDS에서 엔지니어로 근무를 하다가 네이버로 이직하여 인공지능 개발을 리딩하였다. 미래기획수석을 담당하기 바로 전까지 네이버 퓨처AI 센터장을 역임하며 네이버의 생성형AI 모델인 하이퍼클로버X를 개발하였다. 과학기술정보통신부 장관 또한 많은 주목을 받았다. 배경훈 장관은 광운대 전자공학과를 졸업한 후, 삼성 탈레스, SK텔레콤을 거쳐 2016년부터 LG AI 연구소를 이끌면서 X1 개발을 관장하였다. 우리나라 기업 중 생성형AI 모델을 개발하는 대표적 기업인 네이버와 LG의 수장이 대한민국 인공지능을 책임지는 공직에 발탁된 것이다.

두 사람이 기업 출신의 인공지능 전문가라는 공통점이 있지만, 또 다른 공통점이 있다. 그것은 바로 소버린 AI를 주장하는 인물이라는 것이다. 특히 하정우 수석은 많은 유튜브에 출현하여 소버린 AI를 앞장서서 주장한 인사이다. 배경훈 과학기술정보통신부 장관은 인공지능학자이자 기업가로서 초거대 AI 상용화 등으로 은탑 산업훈장을 받은 인물로, 하정우 AI미래기획 수석과 함께 국가 경쟁력을 높일 것으로 기대된다.

세계 정세 흐름을 보더라도 소버린 AI의 필요성은 명확해 보인다. 트럼프가 기술 패권을 무기 삼아 우리나라에도 공격용으로 이용하지 않으리라는 법이 없기 때문이다. 이러한 고민으로 인해, 해외 빅테크 기업과 손잡았던 우리나라 기업들도, 해외 의존도를 줄이고 정부의 방향성에 맞춰 발 빠르게 움직이는 모습을 보이고 있다. 소버린 AI가 우리나라 인공지능 서비스에 만능 해결책이 될 수 없고, 특히 막대한 투자가 필요한 생성형AI 개발에 성공 가능성 또한 장담하지 못하지만, 기술 주권의 중요성이 점점 높아지고 있는 상황에서, 우리만의 생성형AI 모델을 갖는 것은 선택이 아닌 필수라고 할 수 있다. 미국과 중국의 기술 패권경쟁과 유럽의 약진 사이에서 우리만의 길을 개척하는 것이 핵심이다.

독자 AI 파운데이션 모델 프로젝트

2025년 8월, 인공지능 관련하여 대중의 가장 큰 관심을 끌었던 뉴스 중의 하나가 바로 정부가 추진 중에 있는 국가대표 AI기업 5개를 선정한 것이라고 할 수 있다.

이것은 정부가 자주적인 인공지능 기술주권 확보, 즉 소버린 AI 생태계 구축이 국가 전략과제의 일환이며, 그 핵심이 되는 정책이 5개 기업을 선정한 「독자 AI 파운데이션 모델 프로젝트」라고 할 수 있다. 이러한 정책은 과학기술정보통신부를 주관으로, 정보통신산업진흥원, 한국지능정보사회진흥원, 정보통신기획평가원이 함께 추진하는 것이며, 세계 최고 수준의 인공지능 파운데이션 모델을 국내 기술로 개발하는 것을 그 목표로 하고 있다.

이 프로젝트의 목적은 크게 3가지이며, 첫 번째 목적은 국내 '인공지능 생태계의 기술 자립'이다. 글로벌 빅테크, 특히 미국기업이 장악하고 있는 생성형AI와 클라우드 인프라에 의존하지 않고, 한국어와 한국 산업 데이터를 중심으로 하는 독자 모델을 만들어 자주성을 확보하기 위한 첫걸음이라고 할 수 있다. 두 번째 목적은 '글로벌 경쟁력 확보'이다. 정부는 이번에 개발되는 모델이 최근 출시된 글로벌 인공지능 모델 대비 95% 이상의 성능을 달성하도록 목표를 설정하였다. 이를 위해 멀티모달 기능, 효율적 학습 그리고 소스코드 공개를 통한 생태계 확장을 주요 전략으로 삼았다. 세 번째는 '민관 협력과 인재양성'이다. 이를 위해, 프로젝트에 참여하는 모든 팀은 대학의 참여를 의무화하였고, 해외 우수 연구자를 유치시 연구비를 지원받는다.

이 사업의 가장 독특한 점은 '토너먼트식 경쟁' 구조라고 할 수 있다. 단일 지원팀을 정해 장기 지원하는 방식이 아니라, 다수의 팀이 단계별 평가를 거치며 생존 경쟁을 펼치는 방식이다. 2025년 7월, 첫 공모를 통해 15개 팀이 신청했고, 1차 서면평가

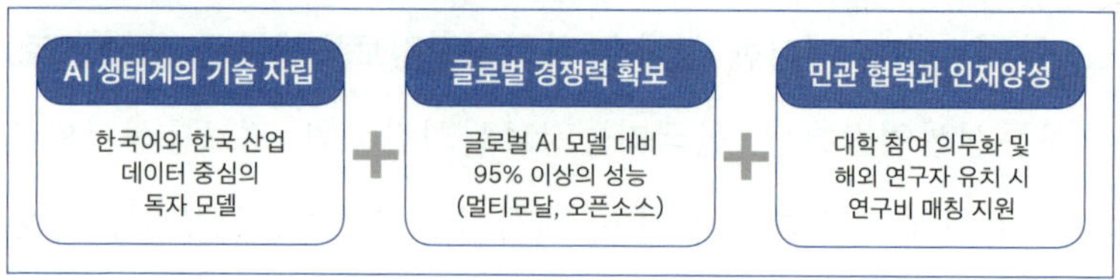

에서 10개 팀으로 압축, 2차 발표평가에서 다시 5개 정예팀이 최종 선정되었다. 선정된 팀에는 GPU 자원, 대규모 데이터셋, 해외 인재 유치 비용 등을 지원받게 된다. 특히, GPU는 민간 보유 자원과 정부가 직접 구매한 자원을 함께 임대하는 방식이며, 최대 1,000장 규모가 투입될 예정이다. 데이터 역시 공동구매와 개별 맞춤형 구축이 병행된다. 향후 이 5개 팀은 6개월마다 단계 평가를 거치며, 성과와 기술력에 따라 추가적인 지원 여부가 결정된다.

5개 기업 특징

기업	목표 모델	주요 특징	전략	오픈소스 계획
네이버 클라우드	차세대 한국어 특화 LLM+ 멀티모달	네이버 검색, 하이퍼클로바X 경험 활용, 한국어 데이터 품질 우수	클라우드 기반 AI 서비스 확대, 초거대 한국어 모델 글로벌 경쟁력 강화	일부 오픈소스, 학계·스타트업 활용 지원
업 스테이지	경량·고성능 AI 파운데이션	한국어·영어 균형, 효율적 학습·추론 속도 강점	'작지만 강한' 모델로 비용 절감, 기업 내재화 가능성 극대화	전 모델 오픈소스 공개, 산업 맞춤형 튜닝 지원

SK 텔레콤	AI Phone- A.Dot 기반 멀티모달	음성·이미지·텍스트 통합 처리 강점	통신·모바일 기기 연계 AI 서비스 혁신	일부 언어모델 API 오픈, 생태계 파트너 확대
NC AI	게임·엔터테인먼트 특화 AI	게임 대사, 이미지, 스토리텔링 생성에 특화	게임 IP 활용 AI 콘텐츠 제작 플랫폼 구축	창작 AI 엔진 일부 공개, 게임·메타버스 활용 확대
LG AI연구원	엑사원 기반 멀티모달 글로벌 모델	대규모 다국어· 이미지 데이터 학습, 산업별 커스터마이징 강점	반도체·바이오·화학 등 그룹 계열사 AI 적용	엑사원 일부 가중치, 학습 데이터셋 공개

3개 기업으로 압축된 독자 AI 파운데이션 모델 프로젝트

2026년 1월 정부에서는 앞에서 살펴본 5개 컨소시엄 중 네이버 클라우드와 NC AI가 1차 단계평가에서 탈락하고, LG AI연구원, SK텔레콤, 업스테이지 등 3개 기업만이 다음 단계로 진출한다고 발표하였다. 애초 계획은 4개 컨소시엄을 선정하려고 했으나, 계획을 바꾸어 3개 컨소시엄을 선정하였다.

언론에서도 많이 나왔는데, 평가기준 중 가장 중요한 것은 독자성이었다. 즉, 독자 AI 파운데이션 모델을 개발하는 사업인 만큼, 데이터 확보부터 모델 설계, 학습 그리고 가중치 생성까지 전 과정을 주도적으로 수행한 모델을 선정한다는 것이다. 다시 말해, 해외 모델을 기반으로 한 단순 파인튜닝이나 일부 구성요소 (예: 가중치) 차용은 독자 모델로 인정하기 어렵다는 의미이다. 네이버 클라우드의 경우, 기술력이나 완성도는 상위권에 위치하였으

나, 모델 구조 일부에서 해외 모델의 기술 요소를 활용한 점이 독
자성 판단에서 불리하게 작용한 것으로 알려졌다.

독자 AI 파운데이션 모델 평가결과, 2026년 1월

기업	벤치마크 평가	전문가 평가 (35점)	사용자 평가 (25점)	종합 평가(추정)
LG AI연구원	33.6	31.6	25	90.2 (최고점)
SK 텔레콤	상위권	상위권	상위권	80대 중후반 (예상)
업 스테이지	상위권	중상	상위권	80대 전후 (예상)
네이버 클라우드	상위권	통과	상위권	합격권 점수이나 독자성 기준 미충족
NC AI	하위권	자료 미공개	상대적으로 낮음	최하위 점수

LG AI연구원이 세 개의 평가기준에서 모두 최고점을 받아 총
점 90.2점으로 가장 우수한 성적을 거뒀고, 5개 팀 평균은 79.7
점이었다. 참고로, 최고점을 받은 LG AI연구원 외 다른 정예팀 점
수는 공개하지 않았다.

소버린 AI시대, 한국 기업의 AI서비스 확장전략과 버티컬 AI

앞에서 언급한 「독자 AI 파운데이션 모델 프로젝트」는 소버린 AI
를 위한 원천기술을 갖고자 하는 노력이라고 할 수 있다. 프로젝

트 이름에서도 알 수 있듯이 파운데이션, 즉 인공지능 서비스를 위한 바탕이 되는 모델을 만드는 것이다. 이것을 다르게 표현하자면, 파운데이션 모델을 개발하는 것과 별개로, 산업에 어떻게 적용할 것인지, 그리고 서비스는 어떻게 만들어 낼 것인지는, 또 다른 고민에 해당된다는 것이다.

인류 역사를 돌이켜보면, 패권국 중 어떠한 방식이든 기술 패권을 가지지 않은 나라가 없었다. 산업혁명기의 영국은 증기기관과 방적기술로 세계를 지배했고, 식민지 시대의 제국들은 배 건조 기술과 항해술, 화기 등 기술 우위를 통해 세계를 지배했다. 20세기 미국은 전기, 반도체, 에너지, 인터넷 기술로 패권을 확립했다. 결국 기술력은 언제나 패권의 근본 토대였다. 그럼, 다음 세대의 패권국이 갖게 될 기술 패권에는 무엇이 있을까? 인공지능이 중요한 한 축이 될 것이라는 것에는 그 어느 누구도 이견을 내지 않을 것이다. 그렇다면, 우리가 시장에서 생존하기 위해서 여러 인공지능 분야 중 어떠한 영역에 차별화를 두어야 할까? 단지 '인공지능 전반'이라고 말할 수는 없을 것 같다. 따라서, 우리는 인공지능의 어느 특정 분야를 전략화해야만 생존의 승산이 있는 것이고, 이러한 것에 대한 고민이 바로 '버티컬 AI'라고 할 수 있다.

버티컬 AI란?

앞에서도 많은 설명을 했었지만, 한 번 더 정리해 보자.

버티컬 AI란, 어떤 특정 산업이나 분야에 특화된 모델을 의미한다. 이는 범용적인 목적의 모델과 달리, 특정 문제를 해결하거나 특수한 작업을 수행하도록 고도로 훈련된 형태의 인공지능이다. 각 산업의 특수한 요구와 문제에 맞추어 설계되며, 해당 분야에서 더욱 높은 정확도와 효율성을 발휘한다.

버티컬 AI의 가장 큰 특징은 '특화된 데이터'에 있다. 범용적인 인공지능이 다양한 분야의 방대한 데이터를 폭넓게 학습하는 반면, 버티컬 AI는 특정 산업의 전문 데이터를 집중적으로 학습하여 해당 분야에 대한 깊이 있는 이해를 확보한다. 다시 말하자면, 해당 분야에 폭넓은 경험과 역량이 없다면, 버티컬 AI 또한 개발할 수 없는 것이다. 예를 들어, 의료 분야라면 의료 기록, 진단 이미지, 학술 논문 등이, 금융 분야라면 거래 내역, 투자 패턴, 사기탐지 기록 등이 주요 학습 데이터가 된다. 이러한 데이터 특화는 예측과 판단의 정확도를 높이며, 불필요한 연산을 줄여 효율성을 극대화할 수 있다. 활용 사례를 보면, 의료 분야에서는 질병 진단, 신약 개발 그리고 개인 맞춤형 치료계획 수립에 버티컬 AI가 쓰이고, 금융 분야에서는 사기탐지, 투자 예측, 개인화된 고객 서비스 자동화에 활용될 수 있다. 또한 제조업에서는 생산공정 최적화, 품질 관리 그리고 예지정비 등이 대표적인 사례라고 할 수 있다. 결국, 단순한 기술도입을 넘어, 기존의 비효율을 줄이고 생산성을 높임으로써 산업 혁신의 원동력으로 자리 잡을 수 있는 것이다.

이러한 특징으로 인해 범용 인공지능AGI은 인간 수준의 지능 구현이라는 장기적인 목표를 가지고 연구가 진행되는 반면, 버티컬 AI는 실질적인, 그리고 실용적인 산업의 이슈를 해결하는 데 초점을 맞추고 있으며, 그에 따라 빠르게 발전시킬 수 있는 영역이기도 하다.

결론적으로, 버티컬 AI는 특정 분야의 깊이 있는 이해를 기반으로 높은 정확도와 효율성을 제공하는 실용적인 인공지능 서비스를 의미한다. 범용 인공지능이 기술의 미래를 여는 핵심적 역할을 한다면, 버티컬 AI는 지금, 이 순간 각 산업의 트랜스포메이션을 가속화하는 역할을 하게 된다.

한국 토종기업의 인공지능 서비스 전략, 니치마켓Niche Market

한국 시장에서의 이커머스는 아마존이 아닌 쿠팡이 지배적 사업자이고, 검색시장에서는 전 세계 최고 강자인 구글보다 여전히 네이버가 잘하고 있다. 메신저는 카카오톡이, 간편결제는 네이버페이가. 내비게이션은 티맵이, 그리고 음악은 멜론이 시장을 지배하고 있다. 반면에, OTTOver-The-Top Media Service는 넷플릭스가, 동영상은 유튜브가, SNS는 페이스북과 인스타그램이, 그리고 숏폼은 틱톡이 우세하다. 한국의 IT기업은 어떤 영역에서는 잘 해내고 있지만, 일부 영역은 글로벌 기업에 밀린 상황이다. 그렇더라도, 전 세계적으로 자국의 IT기업이 여러 서비스 영역에서 두각을 나타낸 나라는 사실상 한국이 유일하다고 해도 과언이 아닐 정도로 매우 선방을 하고 있는 상황이다.

그렇다면 인공지능 산업은 어떨까? 인공지능 시장에서 대한민국은 어떤 경쟁력이 있고, 어떤 기업이 국내시장을 수성할 수 있을까? 대한민국은 세계 3대 인공지능 기술력을 갖춘 국가이긴 하지만, 1등인 미국과 2등인 중국과 보면 그 격차가 비교할 수 없을 정도로 차이가 난다. 우선 인공지능의 원천기술이라고 할 수 있는 생성형AI 분야에서는, 현재까지 그다지 도드라지는 결과물을 내놓지 못하고 있는 상황이다. 물론, 한국의 대표적인 생성형AI 서비스로 네이버의 하이퍼클로바X, SK텔레콤의 에이닷 그리고 뤼튼 등이 있지만, 챗GPT, 클로드, 퍼플랙시티 그리고 미드저니와 같은 생성형AI와 비교하면 그 성능에 다소 아쉬움이 있는 것은 사실이다. 물론, 앞서 살펴본 바와 같이 정부 주도하에 「독자 AI 파운데이션 모델 프로젝트」 사업을 통해서 독자적인 생성형AI 모델을 개발하려고 하고 있으나, 아직은 모델이 출시된 상황도 아니며, 또한 그 성능도 오픈AI 및 구글 등과 비교하여 검증된 것도 없는 상황이다.

현재까지의 인공지능 원천기술에 대한 개발 역량만 놓고 보면 아쉬움이 남는 것은 사실이지만, 두 가지 측면에서 분명 기회는 있다고 본다.

첫 번째는 무엇보다 인프라 영역에서는 한국기업이 충분한 경쟁력을 갖춰 나가고 있다고 생각한다. 즉 인공지능 제품 혹은 서비스를 구축하고 운영하기 위한 인공지능 전용 데이터센터와 이곳에 들어가는 각종 부품과 네트워크 장비 등에서 경쟁력을 갖추고 있다는 의미이다. 대표적인 사례가 2029년 완공 예정인 '울산 AI 데이터센터'인데, 울산 AI 데이터센터는 인공지능 관련 수요에 대응하기 위한 핵심 인프라로, SK그룹과 AWS가 GPU 중심의 고집적 시설과 특화된 냉각 시스템을 갖춘 동북아 지역 최고의 인공지능 데이터센터로 구축하고 있다. 향후 인공지능과 관련하여 중심적 역할을 수행할 수 있는 전략적 거점이 될 것으로 평가되고 있다.

두 번째가 매우 중요한 부분이라 생각하는데, 우리나라의 IT 기업이 인공지능 분야에서 생존하기 위해서는, 우리만의 인공지능 서비스, 즉 한국만의 특화된 서비스 카테고리를 찾고 이 부분에 인공지능 서비스 제공에 집중해야 한다. 예를 들어 검색시장을 생각해 보자. 구글은 네이버와 비교하여 그 품질 측면에서 비교도 안 될 정도로 뛰어난 검색 성능을 갖고 있다. 특정 기술을 검색하거나 전문 영역의 자료를 찾는 경우에 네이버는 구글을 따라가지를 못한다. 비교 자체가 무의미할 정도이다. 하지만, 한국 시장에서만큼은 네이버가 검색 순위 1위를 차지하고 있다. 이유는 간단하다. 대부분의 한국사람이 필요로 하는 서비스를 보기 쉽고 편하게 제공하기 때문이다. 뉴스, 블로그, 카페 등의 국내 콘텐츠에 더욱 쉽게 접근할 수 있고, 특히 상품을 구매할 때는 여러 제품을 서로 비교하기 쉽게 화면구성을 해주는 등 말 그대로 "한국인을 위한 서비스"가 뛰어나기 때문에 사람들이 네이버를 사용하는 것이다. 이러한 의견은 AI미래기획수석비서관인 하정우 수석도 어느 인터뷰에서 동일한 말을 했는데, 자료를 찾고 기술을 검색할 때에는 네이버가 구글만큼 크게 도움이 되지 않는다고 말이다. 필자가 말하고 싶은 것은 바로 이 부분이다. 국내 IT기업이 생존할 수 있는 방법은 이러한 한국인을 위한 서비스이어야 한다. 범용적 서비스가 아닌 신토불이 토종 서비스 말이다.

한국만의 특화된 인공지능 서비스를 찾기 위해서는, 결국 글로벌 기업의 진출이 어려운 특정 비즈니스 도메인, 또는 공개되지 않는 특정 영역에서 서비스를 찾아야 한다. 예를 들어 금융서비스의 경우 국내 법률에 크게 영향을 받고, 무엇보다 데이터가 외부로 유출되지 않기 때문에 로컬 기업이 글로벌 빅테크 기업과 비교하여 충분히 경쟁력이 있을 수 있다. 교육분야도 해당될 수 있다. 한국만의 교육 시스템과 입시제도에 맞춘 인공지능 튜터링 서비스 그리고 한국 건강보험 체계와 의료 관행이 접목된 인공지능 의료서비스도 적절한 영역이라 생각된다.

글로벌 기업이 모든 서비스 영역을 장악할 수 없다. 특정 국가나 지역의 고유한 특성을 깊이 이해하고, 그에 맞는 데이터를 확보하여 인공지능 서비스를 개발하는 로컬 기업은 여전히 중요한 역할을 할 수 있다. 이는 단순히 기술의 문제가 아니라, 해당 분야에 대한 깊이 있는 이해와 현지화 능력의 차이다. 따라서 한국의 기업, 특히 중소 IT기업은 글로벌 트렌드를 따라가되, 한국의 특수성을 살린 니치마켓Niche Market(즉, 틈새시장)에서의 경쟁력 확보에 주목해야 한다. 그래야만 생존할 수 있다.

그럼, 한국의 버티컬 AI는 어느 분야이어야 할까?

우리는 어느 분야에 어떻게 전략화를 할 수 있을까? 이것은 하나의 기업이 혼자 결정할 수 있는 문제는 절대 아니다. 정부와 민간이 밀착하여 깊이 있게 논의를 한 후 집중육성이 필요한 분야를 함께 결정하고 협업을 해야 성공할 수 있다. 이미 남들이 만들어 놓은 것을 우리도 똑같이 만들겠다고 하는 것은 아무래도 경쟁력이 떨어지고 효율적이지 않기 때문에, 우리만이 독특하게 만들 수 있는 것들을 위주로 고민하는 것이 좋은 전략이라고 할 수 있다.

그럼, 어느 특화된 분야를 우선 고려해야 할까? 일단, 우리가 이미 잘하고 있는, 글로벌 기업과 비교하여 경쟁력이 있는 분야를 우선 고려해야 할 것이다. 그 대표적인 분야가 바로 제조업이다. 우리나라는 반도체, 자동차, 조선, 디스플레이, 배터리, 철강 등의 분야에서 세계 최상위권의 경쟁력을 보유하고 있다. 글로벌 점유율은 반도체의 메모리 분야는 세계 1위, 조선업 분야는 세계 발주량의 약 40% 이상 차지하고 있으며, 특히 LNG선 분야는 압도적 1위를 차지하고 있다. 이차 전지 분야에서는 2~3위권, 자동차는 판매량 3~4위권을 유지하고 있다. 이러한 경쟁력의 원천은 바로 고도화된 공급망, 즉 정밀한 협력업체 네트워크와 IT의 융합이 매우 뛰어나기 때문이다. 물론 중소, 중견기업의 경우, 중국 및 베트남 등의 기업에 고민이 깊어지는 것도 사실이나, 곰곰이 생각해 보면 70~80년대 우리나라가 그랬듯이, 제조업의 일부 영역은 개발도상국에게 내주는 것도 어찌 보면 당연한 수순일 것이다.

필자의 생각으로는 경험과 역량 그리고 다양한 데이터를 보유한 이러한 제조산업을 중심으로 인공지능 솔루션과 서비스를 특화시키는 것이 우리나라가 생존할 수 있는 방법이며, 버티컬 AI를 접목할 수 있는 분야라 확신한다.

정부 또한 제조업을 국가경제의 근간이자 미래 성장의 핵심축으로 인식하고 있다. 반도체, 자동차, 조선, 이차 전지와 같은 주력 산업들은 이미 세계적인 경쟁력을 갖추고 있다고 판단하고, 이러한 산업에 인공지능을 접목하여 어떻게 제조 혁신을 이룰 것인가에 대해 고민을 하고 있다.

2020년 UNIDO CIP* 지수 상위 10개국

CIP rank 2018	Economy	CIP rank 2012	Change 2012-2018
1	Germany	1	↔
2	China	5	↑
3	Republic of Korea	4	↑
4	United States of America	2	↓
5	Japan	3	↓
6	Ireland	13	↑
7	Switzerland	6	↓
8	China, Taiwan Province	8	↔
9	Singapore	7	↓
10	Netherlands	9	↓

* UNIDO(유엔산업개발기구)의 제조업 경쟁력 발표 지표
(단순히 생산량이 아닌, 부가가치 중심의 제조업 경쟁력을 의미)

정부의 방향성은 크게 세 가지로 요약할 수 있는데, 첫째, 제조현장의 인공지능 전환, 즉 AIX^AI Transformation의 가속화를 위해 스마트팩토리 고도화, 공정 데이터 분석, 설비 예지보전, 품질 관리 자동화 등 인공지능을 직접 생산과정에 적용시키는 방향이다. 두 번째는, 산업 전반의 인공지능 생태계 강화이다. 제조업에 특화된 인공지능 솔루션 개발 그리고 중소·중견기업이 인공지능 기술을 보다 쉽게 적용할 수 있도록 하는 제도적, 재정적 지원이 이에 해당한다. 마지막으로, 산학연·민관 협력 체계의 강화이다. 급속도로 발전하는 인공지능 분야를 정부 혼자 이끌 수 없기 때문

에, 산업계와 연구계, 그리고 스타트업까지 포괄하는 협력구조를 통해 정책의 실효성을 높이고자 하는 것이다.

인공지능 기술이 혁신의 도구였다면, 인공지능 전환인 AIX는 기업의 체질과 문화를 바꾸는 시스템의 전환이라고 할 수 있다.

다음은 정부에서 추진하고 있는 제조업 AI혁신을 위한 활동이다.

정부의 제조업 AI혁신 활동

명칭	설립 시기	주요 역할 및 구성	관련 내용
제조AI 확산 TF	2025년 7월	산자부 내부에 설치된 태스크포스; 과장급 AI 전문가 3명 구성 및 위촉	제조업의 AI 전환(AX) 및 현장 적용 촉진을 위한 다부처 협업 체계 구축
산업부·과기정통부 공동 TF 회의	2025년 8월	피지컬 AI, AI 반도체 등 분야별 협력 방향 모색 및 논의	양 부처 간 협력 기반 마련
포괄적 AI 정책 컨트롤타워- 국가인공지능위원회	2024년 9월	대통령 직속으로 설치된 AI 정책 전반을 총괄하는 공·산·학 자문체	AI 반도체 등 산업 육성을 포함한 AI 정책 총괄
K-휴머노이드 연합 (K-Humanoid Alliance)	2025년 4월	정부·산학·로봇 제조기업이 협업하는 로봇·제조 AI 생태계 구축	온디바이스 AI 칩, 휴머노이드 개발 목표 2028년까지 상용화 추진

하지만, 우리의 현실과 그 기회

대한상공회의소 지속성장 이니셔티브에서는 2025년 6월에 'AI 도입이 기업성과 및 생산성에 미치는 영향 및 시사점'이라는 보고서를 발간하였다. 이 보고서에 따르면, 우리나라 기업들의 인공지능 도입률은 2023년 기준 6.4%로 나타났다. 기업들의 인공지능 도입률은 5년 전인 2018년(2.8%) 대비 꾸준하게 증가하는 추세이며, 특히 생성형AI가 등장한 2022년 이후에 크게 증가하고 있다.

2023년을 기준으로 산업별 도입률을 살펴보면, 정보통신업은 약 26%로 가장 높은 수준을 기록하고 있으며, 금융·보험업 및 교육서비스업이 그 뒤를 따르고 있다. 반면, 제조업은 약 4% 수준에 그쳐 산업 간 인공지능의 도입 격차가 크다고 지적하고 있다. 또한, 전통적인 제조업 강국인 독일과 일본 또한 인공지능 도입이 상대적으로 매우 낮은 편이라고 설명하고 있다.

기업 및 주요 산업별 AI도입률

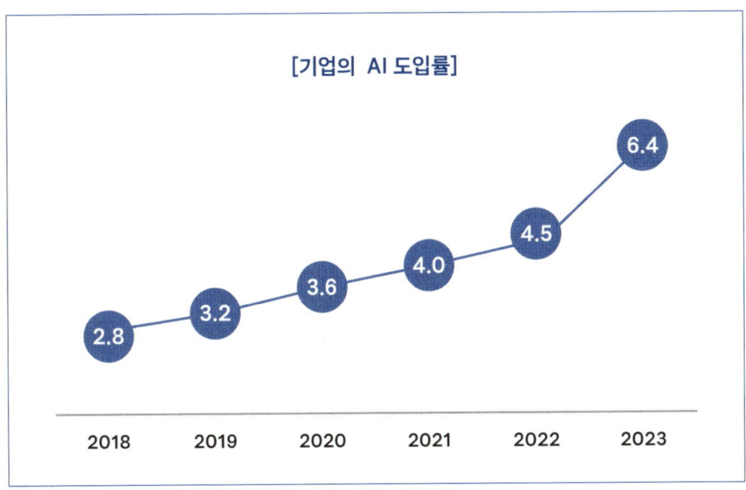

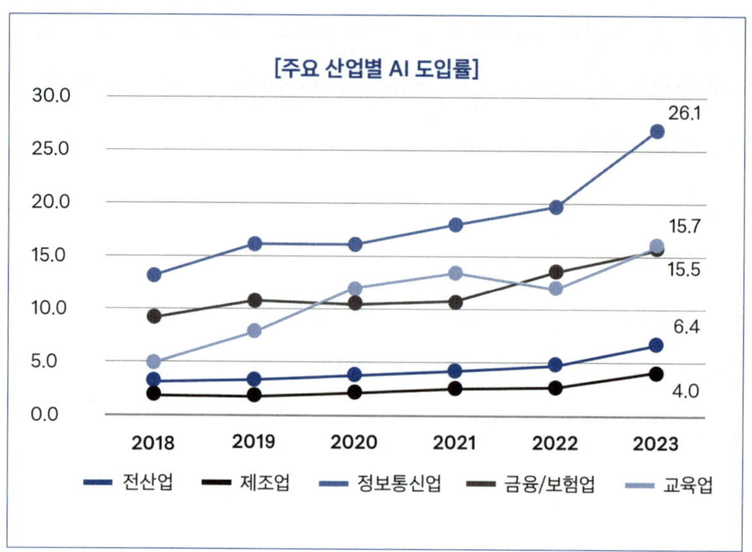

이 보고서에서 지적하고 싶은 포인트는 바로, "우리나라는 현재 제조업 분야에서 인공지능 기술과의 융합이 지체되고 있으며, 이러한 기조가 지속될 경우, 인공지능 활용을 가속화하고 있는 중국에 뒤처져 결국 제조업 경쟁력이 약화될 것이다"라고 우려를 나타내고 있는 것이다. 그렇다. 우리나라가 세계적 수준의 제조업 역량과 경험을 보유하고 있는데도 불구하고, 인공지능 도입률이 상대적으로 낮다는 것은 결국 5년 뒤, 10년 뒤 우리의 미래는 도태될 수밖에 없다는 것이다.

이것을 다르게 표현하면 무엇이라고 할 수 있을까? 필자는 "우리에게 기회가 있다"라고 말하고 싶다. 실제 제품을 생산하는 기업뿐만 아니라, 특히 인공지능 서비스를 개발하는 IT기업에게는 큰 기회가 될 수 있다고 말이다. 제조 현장에서 요구되는 데이터, 설비, 환경 변수 등 복잡한 데이터를 분석/활용하여 산업에 특화된 그리고 차별화된 우리만의 버티컬 AI를 만들 기회라는 것이다.

다음은 제조업 현장에서 적용할 수 있는 인공지능 서비스의 예시이며, 가장 중요한 것은 현장에서의 이슈를 스스로 발굴하고 적용하는 것이라 생각한다.

1. 스마트 생산관리

- AI 기반 수요예측으로 생산량과 자재 계획 최적화

- 실시간 생산 데이터 분석으로 라인 효율 극대화

2. 품질 검사·불량 검출

- 이미지 인식 AI로 제품 표면의 미세 결함 자동탐지

- 생산 중 데이터 분석을 통한 불량률 예측 및 원인 추적

3. 예지보전 (Predictive Maintenance)

- 설비 센서 데이터를 인공지능이 분석해 고장 시점 예측

- 계획적 정비로 다운타임 최소화

4. 에너지 최적화

- 공장 전력·가스 사용패턴 분석을 통한 에너지 효율 향상

- 탄소배출 저감에 직접 기여

5. 공급망·물류 관리

  - 글로벌 공급망 리스크 분석 및 물류 최적 경로 추천

  - AI 기반 재고 관리 자동화

6. 신제품 개발·설계

  - AI 시뮬레이션을 통한 소재·부품 설계 최적화

  - 고객 데이터 분석 기반 맞춤형 제품 개발

산업에서의 게임 체인저, 결국 생태계가 핵심

앞에서 설명한 것들은, 사실 대기업의 제조현장 중심으로 설명했다고 해도 과언이 아니다. 하지만 중소기업의 제조업 현장은 완전히 다르다. 데이터가 부족한 것은 당연하고, 설사 인공지능을 적용했다고 하더라도, 이것을 실제 활용할 전략 그리고 인력 자체가 부족하여 유의미한 결과를 도출하는 것에 현실적 한계가 존재한다. 가장 큰 문제는, 인공지능 서비스를 제공하는 IT기업의 경우에도 시쳇말로 돈이 안 되는 중소 제조업체를 위한 인공지능 솔루션은 개발하지도 않는다는 것이다.

중소기업중앙회에서 300개 중소기업을 대상으로 인공지능을 도입하는 데 어떤 어려움이 있는지를 조사했는데, 데이터 및 기반 정보의 한계가 43%, 투자비용 부족이 54%, 그리고 기업에 필

요한 맞춤형 서비스 부족이 64%를 차지하였다. 이러한 어려움을 반영하듯 중소 제조기업 중 실제 인공지능을 도입한 곳은 0.1%에 불과하다. 사실상 중소 제조기업의 인공지능 도입은 제로에 가깝다고 해도 과언이 아니다.

이를 근본적으로 타개할 수 있는 유일한 방법은, 정부가 나서서 중소 제조기업을 위한 생태계를 직접 만들어 주는 것이다. 예를 들어, 인공지능을 도입했을 때 가장 효과를 볼 수 있는 양불 판정과 같은 품질검사, 그리고 장애를 예측하는 예지보전 중심으로 우선 적용해야 한다. 다만, 중소기업의 모든 장비를 대상으로 한다기보다는, 가장 많이 공급된 장비들을 선정하고, 해당 제품에 대해 품질검사 및 예지보전 모델을 개발하여 기업에 공급한 후, 대상 장비의 수를 확대하여 적용하는 것이다. 즉, 인공지능 서비스를 제공하는 IT기업에게는 사업 기회가 생기고, 중소 제조기업에게는 산업현장에 인공지능을 적용하여 생산성과 품질을 올리게 하는 것이다. 즉, 인공지능 서비스의 수요와 공급을 임의로 만들어 자연스럽게 시장이 형성되도록 해야 한다.

그렇다면, 이제까지 정부에서 중소 제조기업을 위한 지원제도가 없었을까? 물론 정부에서는 그동안 중소 제조기업을 위한 많은 지원이 있었다. 산업통상자원부 및 한국산업단지공단을 중심으로 2019년부터 「스마트 산단 선도 프로젝트」라는 정책으로, 창원, 반월 및 시화에 우선 적용하고, 2020년 이후부터는 구미, 광주, 인천 등 전국 주요 산업단지로 확대하여 스마트공장, 빅데이터, 5G 및 클라우드 등을 공급하였다. 이를 통해 반월 및 시화 산업단지의 경우 2020년까지 2,000개 이상 스마트공장이 구축되어, 생산성 평균 30% 증가, 불량률 43% 감소, 원가 15% 절감 등 확실한 효과가 발생하였다. 숫자로만 보면 대단한 성과를 달성한 것으로 보인다. 다만 한계 또한 분명한데, 구체적인 성과지표 측정을 위해 수요기업을 중심으로 설비를 보급함에 따라 '자생적 생태계'를 만들기보다는 단기적 성과를 위한 구축과 납품 중심으로 사업이 진행되었다는 것이다. 즉, 일부 특정 기업을 스마트공장 구축 대상으로 선정하고, 성과를 좀 더 크게 표현하기 위해 측정 가능한 영역만 성과측정 대상으로 지정하다 보니, 산업단지 차원의 네트워크 형성, 지역업체 육성 그리고 학교가 연결된 인재육성과 같은 생태계를 만들어 가는 것에는 상대적으로 한계가 있었다.

Chapter 2

산업별 AIX 추진 현황 및 전략

인공지능은 산업 전반에 걸쳐 빠르게 확산되며 업무 방식을 근본적으로 바꾸고 있다. 다만 모든 산업에서 동일한 효과를 내는 것은 아니며, 일부 산업에서는 인공지능으로 큰 성과를 거두었지만, 다른 산업은 그 변화가 제한적이다.

인공지능의 효과가 가장 두드러진 분야는 법률 산업, 소프트웨어 개발, 의료산업, 제조업, 물류산업, 교육산업 및 고객 서비스 산업 등이다. 특히, 가장 많이 회자되는 산업 중의 하나가 바로 법률 산업이라고 할 수 있다. 변화의 기본 방향성을 보면, 과거 주니어 변호사들이 담당하던 계약서 검토와 판례 검색 등이 인공지능으로 대체되면서 채용 규모가 줄었고, 기업들은 외부 유명 로펌 대신 자체 법무팀과 인공지능 도구를 활용하는 내재화

방식으로 변화하고 있다. 소프트웨어 개발에서는 소스코드 생성 및 버그 탐지 등의 자동화를 통해 단순 코딩 업무는 급격히 줄고, 대신에 개발자의 역할은 설계와 검증 중심으로 이동하고 있다. 금융 산업에서는 투자분석, 자동 트레이딩, 보험 심사 등의 업무에 인공지능이 활용되며, 특히 콜센터는 단순 상품안내와 약정 등에 대한 질문은 챗봇으로 대체하고 있는 추세다. 의료 분야에서는 영상판독과 기초 진단 업무에서 인공지능의 정확도가 높아졌으며, 신약 개발에도 적극적으로 활용되고 있다. 제조업은 스마트팩토리 도입으로 공정 최적화와 품질검사 자동화가 가능해져 생산성이 크게 향상되었다. 또한 물류와 유통은 재고 관리, 배송 최적화, 무인 매장을 통해 효율성을 높이고 있다.

반대로 아직까지는 인공지능의 효과가 상대적으로 제한적인 산업도 있는데, 대부분 현장에서 사람이 직접 일을 진행하는 경우, 그리고 사람의 감정 및 공감과 연관된 영역이 이에 해당된다. 대표적으로 건설업은 설계단계에서는 인공지능이 활용되지만, 현장에서는 숙련 인력과 돌발 상황의 의존도가 높아 자동화 속도가 더디다. 농업 역시 일부 스마트팜에서는 인공지능이 쓰이고 있으나, 전 세계적으로 전통적 방식이 여전히 많아 상대적으로 확산속도가 느린 편이다. 무엇보다 인간의 창의성과 감정이 핵심인 분야에서는 인공지능의 한계가 두드러지는데, 예술과 공연예술은 작품에 담긴 철학적 메시지와 고유성이 중요하여 인간 창작자의 가치를 완전히 대체하기가 어렵다. 정치와 외교 분야에서도 데이터 분석 차원에서는 인공지능이 기여하지만, 협상력과 윤리적 판단은 여전히 인간에게 남아있다. 사회복지와 심리상담은 공감과 감정적 연결이 중요한 만큼 사람의 역할이 중심이며, 스포츠와 미식 산업도 인공지능이 전략 분석과 레시피 추천을 지원할 수 있으나 인간의 퍼포먼스와 창의적 감각은 아직까지는 대체 불가능한 상황이다.

결국 인공지능이 활발히 적용되고 그 성과를 내는 분야는 데이터 기반의 반복적 업무가 많은 산업에서 효과가 극대화되고 있으며, 현장성과 인간 고유의 창의성 및 감정이 중요한 산업에서는 뚜렷한 한계를 보이고 있다. 물론, 현재까지의 인공지능 기술력에서는 말이다. 어쨌든, 기업과 정책 입안자 입장에서는 인공지능을 도입하는 전략을 세울 때 반드시 고려해야 할 사항임에는 분명해 보인다.

산업별 인공지능의 활약이 두드러졌던 법률 산업, 소프트웨어 개발, 의료산업 그리고 제조업을 중심으로 구체적 내용과 향후 전망에 대해 살펴보고자 한다.

2.1 [법률]
법정에 들어온 새로운 동료

법률 분야에서 인공지능의 도입은 이제 단순한 실험을 넘어 산업의 본질을 바꾸는 흐름으로 자리 잡고 있다. 과거에는 대량의 문서를 읽고 정리하는 일이 법률 서비스의 기본이었고, 주니어 변호사의 주요 업무 역시 리서치와 초안 작성 같은 반복 작업에 집중되어 있었다.

그러나 인공지능이 등장하면서 이러한 구조는 급격히 변화했다. 영국의 루미넌스, 호주의 민터 엘리슨, 미국의 A&O 셔먼 같은 글로벌 로펌들은 물론이고, 한국의 세종과 대륜 같은 로펌까지도 생성형AI와 자연어처리 기술을 업무 전반에 도입하고 있다. 인공지능은 단순히 효율을 높이는 보조도구에 머무르지 않고, 법률 서비스의 속도와 품질을 동시에 향상시키며 비즈니스 모델의 혁신을 이끄는 주역으로 자리 잡았다.

기존 비즈니스 환경의 문제점 및 인공지능 적용 방향성

법률 업무가 지닌 가장 큰 문제는 반복성과 비효율성이었다. 수십만 건의 문서와 수천 페이지의 계약서를 확인하는 데 많은 인력이 필요했고, 이는 곧 막대한 비용으로 이어졌다. 또한 사람에게 의존하다 보니 내용을 누락하거나 개인별 역량 편차가 불가피했다. 결국 고객 입장에서는 높은 비용을 치르면서도 서비스 품질의 일관성을 보장받기 어려웠다. 또한, 주니어 변호사들에게 부여된 역할도 주로 리서치와 문서 정리에 한정되면서, 젊은 인력들은 전문성을 쌓기보다는 단순노동에 가까운 일을 반복해야 했다.

인공지능은 이러한 문제를 근본적으로 해결하였다. 인공지능은 방대한 문서를 빠르게 분류하고, 위험 조항을 자동으로 찾아내며, 관련 판례를 신속하게 요약했다. 덕분에 사람의 노동으로는 불가능했던 속도와 일관성 문제가 해결되었고, 법률가는 반복적 작업 대신 전략적 자문에 집중할 수 있게 되었다.

인공지능을 통한 개선 사례

앞서 언급한 대로, 인공지능이 도입된 이후 법률 서비스의 여러 영역에서 뚜렷한 변화가 나타났으며, 문서 검토와 계약 분석의 속도가 과거와 비교할 수 없을 정도로 빨라졌다. 민터 엘리슨의 랜턴Lantern이라는 생성형AI 기반 법률 솔루션은 시간당 3,500건의 문서를 처리하며 수작업 대비 58배 빠른 성과를 냈고, 루미넌스는 도입 이후 시스템 이용이 40배 증가하면서 매출이 연간 5배 성장하여 5천만 달러를 넘어섰다. 미국의 A&O 셔먼은 생성형AI인 하비Harvey를 업무에 적용해 3,500명의 변호사가 실제 업무에 4만 건 이상의 질의를 하며 업무 생산성을 크게 향상시켰다. 특이한 점은, 이러한 인공지능 서비스가 실제 법률 업무에 매우 유용한 것을 깨닫고, 직접 컨트랙트 매트릭스라는 SaaSSoftware as a Service 방식의 서비스를 제공했다는 것이다. 국내에서도 대륜이 인공지능 상담 시스템을 도입해 고객 대응시간을 획기적으로 단축했고, 세종은 인공지능을 통한 내부 효율화로 외주 의존도를 줄이고 자체 처리능력을 크게 끌어올렸다. 이러한 변화는 단순한 속도향상에 그치지 않고, 변호사의 업무 구조를 바꾸며 로펌의 수익모델에도 직접적인 영향을 미쳤다.

인공지능 적용을 위해 활용된 기술

법률 서비스에서 인공지능이 발휘하는 힘은 몇 가지 핵심 기술에 기반한다. 첫째는 자연어처리 기술로, 계약서와 판례 같은 비정형 문서에서 핵심 조항과 조건을 추출하고 문서 간 차이를 식별한다. 둘째는 거대 언어모델이다. 변호사가 자연어로 질문을 던지면 인공지능은 수많은 판례와 법령을 기반으로 답변을 요약하거나 문서 초안을 작성한다. 셋째는 검색증강생성RAG 기법이다. 이는 단순히 답변을 내는 데 그치지 않고, 실제 법령이나 판례 근거를 함께 제시하여, 변호사가 결과를 신뢰할 수 있도록 돕는다. 한국의 법무법인 세종은 이미 RPA와 딥러닝 기반 문서 분류 시스템을 도입해 리서치 효율을 크게 높였으며, 대륜은 생성형AI를 상담 시스템에 적용해 고객의 사례 입력만으로 즉시 판례와 법률 정보를 제공하는 서비스를 운영하고 있다.

진화 단계에 따른 향후 비즈니스 방향

법률 분야의 자동화는 크게 4단계로 진화 발전하고 있다. 현재는 언어모델을 적용한 3단계이며, 도메인 특화 언어모델이 2025년 말 본격적으로 개발하고 있는 만큼 이미 4단계에 진입하고 있다고 해도 무방할 것이다.

법률 산업 진화 단계

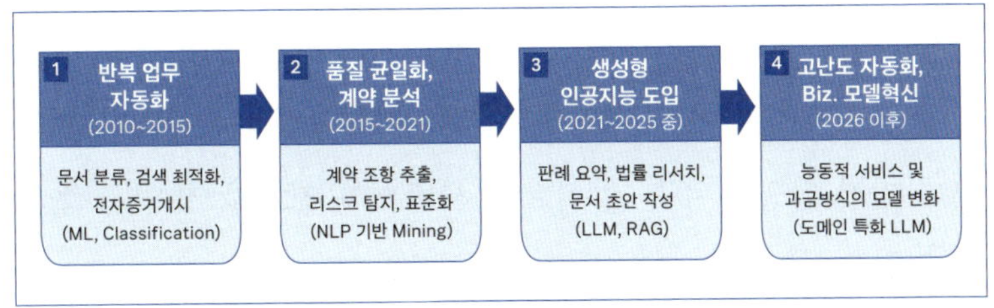

첫 단계에서는 문서처리와 계약검토와 같은 반복 업무의 자동화로 비용 절감과 처리속도를 높였다. 이것은 인공지능의 역할이라기보다는 머신러닝 기반의 분류, 전자증거개시E-Discovery 자동화 등의 기술을 활용하였다. 두 번째 단계에서는 리스크 관리와 품질 균질화로 서비스의 신뢰도를 강화했으며, 이 단계에서 본격적으로 자연어처리기술이 적용되었다. 거대 언어모델이 적용된 것은 세 번째 단계로, 생성형AI를 활용하여 판례를 요약하고, 법률 리서치 그리고 문서 초안을 작성하는 등 자문까지 지원하며 생산성과 속도를 크게 개선하였다.

법률 분야에서 앞으로의 방향성은 크게 두 가지라고 볼 수 있는데, '①법률 서비스의 고도화' 그리고 '②비즈니스 모델의 변화'이다. 구체적으로 예를 들어보자. 기존 3단계에서는 계약서를 언어모델에 업로드하여 변호사가 "이 계약에 공정거래법 신고가 필요해?"라고 구체적인 프롬프트를 입력해야 그에 대한 답을 내려주는 방식이었다. 또한 내가 원하는 정확한 답변을 얻기 위해서 단계별로 질문을 해야 올바른 답을 얻을 수 있었다. 하지만, 4단계에서는 변호사가 질문 프롬프트를 입력하지 않아도 "독점규제법 신고 대상이며, 공정거래위원회 신고가 필요해 보입니다."와 같이 먼저 답변을 주는 방식으로 서비스가 진화할 것이다. 즉, 3단계에서는 수동적 도구였다면, 4단계에서는 자동탐지로 변화하며 그 정확도 또한 향상될 것으로 예상된다. 두 번째 변화는 '비즈니스 모델의 변화'인데, 3단계에서는 인공지능이 변호사의 업무보조의 역할인 반면, 4단계에서는 단순 보조 역할을 넘어 법률적 판단과 고객 직접 서비스 방향으로 변화할 것으로 예상된다. 즉, 지금까지는 『변호사 → 고객』 구조였다면, 앞으로는 인공지능 솔루션이 SaaS 형태로 고객(의뢰인)에게 직접 서비스를 제공하는 『인공지능 서비스 → 고객』 방식으로 변화하는 것이다.

이에 따라, 현재의 과금체계에도 변화가 예상되는데, 기존 변호사의 시간제 과금 중심에서 벗어나, 인공지능의 구독형 서비스, 그리고 성과 기반 과금 모델이 보편화될 것으로 예상된다. 즉, '시간 개념'에서 '가치 개념'으로 과금방식의 구조가 변화할 것이다.

이러한 변화는 무엇보다 주니어 변호사에게 새로운 기회를 제공할 것으로 예상된다. 왜냐하면, 인공지능 시스템으로 대형 로펌에서 일자리를 잃은 젊은 변호사들은 법률 서비스를 제공하는 IT 스타트업으로 이직하거나, 또는 일반 기업의 법무팀에 취업하여 시니어 변호사가 될 때까지 경력을 쌓을 수 있기 때문이다.

2.2 [소프트웨어]
코딩 방식의 패러다임 변화

소프트웨어 개발 분야는 인공지능의 영향을 가장 빠르게 체감하는 영역 중 하나라고 볼 수 있다. 대표적인 제품으로는 마이크로소프트 생태계에 속하는 깃허브 코파일럿, 아마존 웹서비스의 코드위스퍼러, 이스라엘 코도타의 탭나인, 체코 젯브레인의 젯브레인 AI, 그리고 최근 가장 각광받고 있는 커서AI 등이 있다.

이 도구들의 공통점은 인간에게 친숙한 자연어를 인터페이스로 하여, 프로그램 코드를 자동 생성한다는 것이다. 개발자는 더 이상 함수 시그니처(함수이름, 매개변수, 값 타입 등)를 일일이 작성하지 않아도 된다. 예컨대 "사용자 로그인 기능을 위한 Django view(웹 요청을 받아 처리하고 웹 응답을 반환하는 Python 함수)를 작성해 줘"라고 지시하면, 해당 프레임워크 구조와 프로젝트 맥락에 맞는 코드가 자동으로 생성된다. 이는 기존의 상세 기능지시서 작성 단계를 단축시키며, 개발 초기 생산성을 크게 높였다.

기존 비즈니스 환경의 문제점 및 인공지능 적용 방향성

소프트웨어 개발은 오래전부터 생산성과 품질 관리의 한계에 직면해 있었다. 프로젝트의 규모가 커질수록 코드 베이스는 기하급수적으로 복잡해졌고, 개발자는 특정 기능을 수정하거나 추가하기 위해 수십 개의 파일과 수천 줄의 코드를 동시에 검토해야 했다. 이러한 복잡성은 유지보수의 비용을 증가시키고, 새로운 기능의 출시를 지연시켰을 뿐만 아니라, 결국 품질보장 측면에서도 분명한 한계를 드러냈다. 또한 코드 리뷰 과정은 협업의 병목으로 작용했는데, 수백 명이 참여하는 대규모 프로젝트에서는 리뷰 품질의 편차가 커지고, 리뷰 시간이 길어지면서 전체 개발 속도가 늦어지는 악순환이 발생했다.

이러한 문제를 해결하기 위해 도입된 것이 바로 인공지능 기반 개발도구이다. 특히 커서AI는 기존의 플러그인 기반 인공지능 도구와 달리, 통합개발환경IDE 자체를 인공지능 퍼스트 구조로 설계했다는 점에서 차별적이다. 이것이 의미하는 것은, 기존에는 통합개발환경IDE의 일부 기능을 쓰면서 같은 파일 안의 맥락 정도까지만 반영을 해주는 코드 자동완성 수준이었으나, 지금은 프로젝트 전체 코드 베이스를 실시간으로 분석하고, 프레임워크 아키텍처 및 코드 스타일까지 반영한 컨텍스트 기반의 개발을 가능하게 하였다. 즉, 단순히 현재 작성 중인 코드가 아니라, 프로젝트 전체 맥락에 맞는 프로그램 코딩을 함으로써 대규모 협업 프로젝트에서 일관성과 품질을 동시에 확보할 수 있게 하고 있다.

이러한 변화는 단순히 코드 자동완성 기능을 넘어, 개발자의 지시(자연어 명령)에 따라 프레임워크에 일관성을 유지한 코드를 자동생성하고, 나아가 품질 검증까지 포괄하는 새로운 개발 패러다임을 열었다.

또한 코드 리뷰 과정에서도 인공지능은 큰 기여를 하고 있는데, 깃허브 코파일러와 젯브레인 AI는 코드의 가독성과 성능, 보안 취약점까지 자동으로 분석해 리뷰 코멘트를 생성한다. 이 덕분에 개발자는 세부적인 문법 오류보다는 비즈니스 로직 검증과 보안 검토에 집중할 수 있게 되었다. 결과적으로 리뷰 시간이 단축되고, 팀 전체의 코드 품질 편차가 줄어드는 효과가 나타났다.

나아가 인공지능은 요구사항 변경에 대한 대응 속도를 획기적으로 개선했다. 기존에는 새로운 기능을 추가할 때 요구사항 정의서를 바탕으로 사람이 직접 코드 구조를 설계했지만, 이제는 자연어로 작성된 간단한 지시만으로도 코드 초안이 생성된다. 예컨대 "사용자 인증 기능을 위한 REST API 추가해 줘"라는 지시만으로, 인공지능은 프레임워크에 맞는 엔드포인트, 인증 미들웨어, 테스트 코드까지 포함된 기본 구조를 자동으로 작성한다. 이로 인해 요구사항이 바뀌더라도 빠른 시제품 제작과 반복적 개선이 가능해졌다.

결국, 인공지능 기반 개발도구는 기존의 한계를 단순히 완화하는 수준을 넘어, 대규모 프로젝트에서 가장 취약했던 복잡성 관리와 일관성 유지 문제를 본질적으로 개선하는 방향으로 진화하고 있다. 이는 개발자가 반복적인 수정 작업에 매몰되지 않고, 더 높은 수준의 설계와 창의적 문제해결에 집중할 수 있도록 만드는 결정적인 변화라 할 수 있다.

물론 지금까지의 변화를 봤을 때, 분명 완벽하지는 않다. 현재에는 개발의 초기단계에 엄청난 생산성으로 가져다준 것은 맞지만, 여전히 개발자의 손이 가는 것 또한 맞다. 이러한 가장 큰 원인은, 고객사 업무에 대한 맥락과 프로세스 그리고 산업 도메인 로직에 대한 정확한 이해 없이 작성되기 때문이라 생각된다. 이것은 개발자가 자연어로 된 작업지시서를 잘못 작성한 영향도 물론 있지만, 그보다는 자동화 도구의 기술적 한계가 더 큰 영향을 미쳤을 확률이 높다. 어쨌든, 이러한 문제는 완벽하지는 않더라도, 4~5년 내 어느 정도는 개선되어 실제 프로젝트에 적용되리라 예상된다.

인공지능을 통한 개선 사례

가장 눈에 띄는 정량적 효과는 개발 속도의 향상인데, 깃허브는 2023년 발표한 보고서에서 코파일럿을 활용한 개발자가 기존 대비 평균 55% 빠른 코드 작성 속도를 보였다고 발표하였다. 이는 단순히 입력 시간을 줄인 것이 아니라, 반복적인 코딩작업의 부담이 줄어들면서 개발자가 핵심 로직 설계와 문제해결에 더 많은 시간을 투자할 수 있게 되었기 때문이다.

품질 측면에서도 의미 있는 개선이 나타났다. 아마도 프로그램 개발을 해보신 분들이라면 이해하실 부분인데, 개발자 간 코딩의 일관성을 맞춘다는 것이 여간 시간이 소요되는 것이 아니다. 실제로 인공지능 기반 자동 리뷰를 적용한 프로젝트에서 보안 취약점 검출률이 30% 향상되었고, 코드 리뷰에 소요되는 시간은 50% 수준으로 줄었다. 또한, 테스트 자동화 영역에서도 인공지능은 생산성을 높였는데, 디프블루와 테스트.AI 와 같은 도구는 기존 코드의 실행 흐름을 분석하여 테스트 케이스를 자동 생성하였고, 그 결과, 테스트 작성 시간이 평균적으로 70% 단축되었으며, 프레임워크 일관성 문제로 인한 코드 리뷰 수정률이 40% 감소했고, 배포 지연율도 평균 20% 줄어든 것으로 나타났다.

종합적으로 볼 때, 인공지능은 코드 작성 속도, 품질, 협업, 개발자 경험 등 소프트웨어 개발의 핵심 지표를 전반적으로 개선하고 있다. 인공지능이 단순한 보조도구가 아니라 이미 실질적

성과를 창출하는 혁신적 도구로 자리 잡았음을 입증한다고 볼 수 있다.

인공지능 적용을 위해 활용된 기술

당연하겠지만, 트랜스포머 기반 거대 언어모델은 현재 모든 인공지능 코딩 도구의 핵심이라고 할 수 있다.

인공지능 기반 개발도구는 수조 개 이상의 파라미터를 가진 신경망으로, 깃허브 및 스택 오버플로우 등과 같은 소스코드 저장소와 기술 문서를 대규모로 학습하였으며, 이 과정에서 코드 패턴, 함수 호출 방식, 버그 수정 기록까지 내재화하였다. 이러한 사전 학습 덕분에 "로그인 기능을 구현해 줘"라는 자연어 입력을 받으면, 특정 언어와 프레임워크 문법에 맞는 코드를 자동으로 생성할 수 있는 것이다.

또한, 단순히 일반 텍스트로 학습된 언어모델은 코드 생성에 한계가 있기 때문에, 코드에 특화된 학습기법을 적용하고 있는데, 크게 두 가지 유형으로 구분할 수 있다. 코덱스 스타일 파인튜닝 (OpenAI가 GPT-3의 일반 언어모델을 활용하여 대규모 코드 데이터셋을 추가 학습하여 코드작성 모델을 만드는 과정) 또는 인스트럭션 튜닝 (사람의 명령어에 맞는 답변을 만들어 내도록 훈련하는 과정)이 그것이며, 이를 통해 특정 언어와 프레임워크에 맞춰진 코딩을 할 수 있게 되었다. 예를 들어, 파이썬 기반 모델은 NumPy, Pandas 같은 라이브러리 사용 예제를 학습하고, Java 기반 모델은 Spring Boot 구조를 학습하는 식으로 말이다. 최근에는 강화학습 기법이 사용되고 있으며, 사람이 모델의 여러 답변 중 더 좋은 것을 선택하고, 그 선택을 보상으로 하여 학습하는 기법[RLHF]과 모델이 생성한 코드를 실제로 실행하여 성공 시 보상을 해주는 기법[RLCF]도 활용하고 있다. 그리고 다계층 코드를 자동으로 생성하기 위해, 프레임워크 구조를 학습한 상태에서 MVC[Model–View–Controller], MTV[Model–Template–View] 및 컴포넌트 기반 아키텍처와 같은 프레임워크 패턴도 고려한다. 마지막으로, CI/CD 파이프라인 자동화 기술도 빠질 수 없다. 젠킨스, 깃허브 액션, 깃랩 CI/CD와 같은 도구에 인공지능이 결합하여, 빌드와 테스트 그리고 배포 단계에서 발생할 수 있는 오류를 사전에 탐지하고 자동으로 최적화할 수도 있게 되었다.

결국 이러한 기술들은 단순히 코드 작성 보조를 넘어, 자연어로 지시하여, 코드 생성, 검증 및 테스트 그리고 배포까지 소프트웨어 개발 전 주기를 자동화하는 방향으로 생태계를 형성해 가고 있다. 이는 인공지능이 개발 현장의 보조자를 넘어, 프로젝트 전반의 품질과 생산성을 관리하는 지능형 오케스트레이터로 진화하고 있음을 보여준다.

진화단계에 따른 향후 비즈니스 방향

소프트웨어 개발 산업은 지난 20년 동안 지속적으로 진화를 거듭해 왔다. 그 흐름의 핵심은 자동화이며, 이전에는 프레임워크와 라이브러리를 활용한 속도향상이라면, 이제는 코드 자동완성을 넘어 개발 전주기를 자동화하는 방향으로 발전하고 있다. 이에 따라, 주니어 개발자의 일자리는 더욱 축소될 것으로 예상된다.

2000년대 초반까지만 해도 개발 생산성 향상의 핵심은 통합개발환경IDE과 프레임워크의 표준화였다. 비주얼 스튜디오, 이클립스와 같은 통합개발환경IDE과 스프링, 닷넷 프레임워크 같은 대형 프레임워크가 등장하면서 개발자들은 복잡한 프로젝트를 더 체계적으로 관리할 수 있게 되었지만, 여전히 모든 코드는 사람이 직접 작성해야 했다.

2010년대 들어서는 오픈소스 라이브러리와 클라우드 플랫폼이 확산되면서 개발 속도가 크게 향상되었다. 개발자들은 더 이상 모든 기능을 처음부터 구현할 필요가 없었고, 아마존 웹서비스, 애저와 같은 클라우드 환경 위에서 빠르게 서비스를 배포할 수 있었다. 그러나 코드 작성·테스트·리뷰 같은 핵심 개발 업무는 여전히 사람의 노동력에 의존했다.

인공지능 기술이 본격적으로 도입된 시점은 2021년 깃허브 코파일러 출시 이후다. 이는 OpenAI의 코덱스 모델을 기반으로

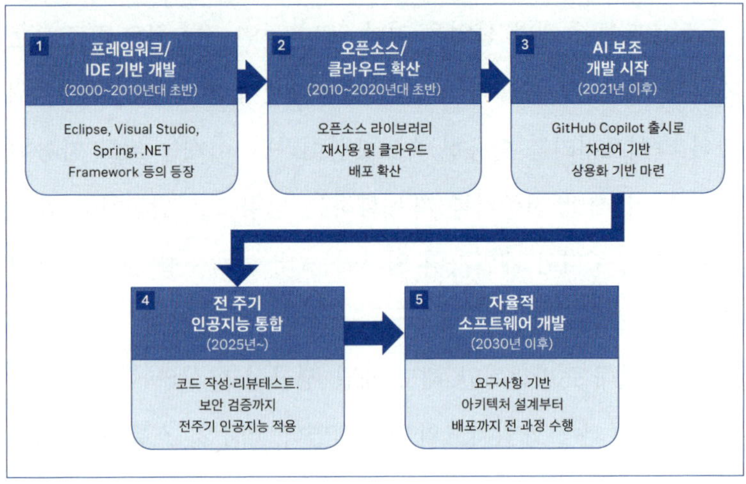

하여, 처음으로 자연어를 코드로 변환하는 기능을 대규모로 상용화했다. 이후 아마존 웹서비스 코드위스퍼러, 탭나인, 젯브레인 AI, 커서AI 등이 잇따라 등장하면서, 소프트웨어 개발의 패러다임은 사람 중심에서 인공지능 보조 중심으로 빠르게 이동하기 시작했다.

2025년 현재, 특히 거대 언어모델이 등장한 이후 코드 이해능력과 정합성이 크게 향상되었고, 코드 자동 완성과 리뷰, 테스트 코드 작성, 보안 취약점 탐지까지 개발 주기 전반에 걸쳐 인공지능이 적용되면서 생산성과 품질 측면에서 실질적인 변화를 이끌고 있다. 2021년 코파일러가 코드 자동생성의 상용화 가능성을 봤다면, 네 번째 단계인 현재에는 본격적인 확산기로 업무에 실질적으로 적용 및 확대되고 있다고 할 수 있다. 다만, 앞에서 언급한 바와 같이 현재의 단계가 완벽한 기능구현이 가능한 것은 아니며, 지속적으로 편의성 및 안정성 확보를 위한 노력이 예상된다.

향후 2030년대에 접어들면, 인공지능은 자율적 모듈 개발 단계에 도달할 것으로 예상된다. 사용자가 요구사항을 입력하면 인공지능이 시스템 아키텍처를 설계하고, 코드 작성부터 테스트·배포까지 전 과정을 자동화하는 것이다. 이미 코그니션 랩이라는 기업은 데빈이라는 이름으로 시도를 하고 있으며, 이러한 흐름은 소프트웨어 산업의 인력 구조와 비즈니스 모델을 크게 바꿀 가능성이 높다. 즉, 기업은 소수의 핵심 설계자와 검증 인력만으로도 대규모 소프트웨어를 운영할 수 있게 되고, 개발 서비스 시장 역시 인력 파견 중심에서 인공지능 기반 유지보수 및 자동화 서비스 중심으로 전환될 것이다. 즉, 법률 산업과 마찬가지로, 핵심 개발자 몇몇이 대규모 프로젝트를 수행할 수 있는 구조로 사업이 재편되면서, 주니어 개발자의 일자리는 더욱 축소될 것으로 예상된다.

2.3 [의료]
의사를 돕는 보이지 않는 파트너

의료산업, 특히 신약개발 산업은 시간이 많이 걸리고, 비용은 일반 기업이 감당하기 힘든 대표적 산업 중의 하나이다. 새로운 약을 개발하려면 보통 10년 이상이 걸리고 수조 원이 필요하다. 반면에, 병원에서는 의사는 하루 종일 환자들을 진찰하며 진료기록을 작성하고, 수많은 의료 영상을 판독하면서, 지식 기반의 단순하고 반복적으로 과중한 업무에 시달리고 있다.

최근 인공지능이 이러한 의료산업의 문제들을 빠르게 해결하고 있다. 많은 사람들과 매스컴에서 회자된 것인데, 2024년에 단백질 구조를 예측하는 인공지능 연구가 노벨 화학상을 받았다. 이는 단순히 학문적인 성과를 의미하는 것을 넘어, 실제로 신약을 개발하는 데 있어서 이전과는 상상할 수 없는 속도로 진행할 수 있는 길을 열었다는 점에서 역사적인 사건으로 평가받고 있다. 또한, 병원에서는 X-ray나 CT와 같은 의료 영상을 인공지능이 질병 여부를 빠르게 판단하여 의사의 진료기록을 자동으로 작성해 주는 기술이 상용화되었다. 즉, 의료산업에서 이미 인공지능이 환자를 치료하는 과정과 신약을 개발하는 과정 전체를 근본적으로 바꿔 나가고 있는 것이다.

기존 비즈니스 환경의 문제점 및 인공지능 적용 방향성

첫 번째 이슈는 신약개발의 비효율성이다. 앞에서 언급했지만, 새로운 약 하나를 시장에 내놓으려면 평균적으로 10년 이상이 걸리고, 비용도 수조 원이 투입되어야 한다. 신약을 개발하는 과정은, 일반적으로 우선 후보물질을 찾은 뒤 임상실험(1차 ~ 3차)을 거쳐 정부에 허가를 받은 후 시중에 출시하게 된다. 통상, 후보물질을 찾은 뒤 실제 상용제품으로 출시될 확률은 0.1~0.5% 이하, 그리고 1차 임상실험에 진입한 것 중 상용 제품화한 것은 9~10%로 알려져 있다. 다시 말하자면, 실패할 확률이 최소 90%가 훌쩍 넘는다는 이야기이다. 그야말로 엄청난 예산과 시간낭비가 아닐 수 없다.

두 번째 이슈는 의료진의 과중한 업무부담이다. 병원에서 의사들은 환자 진료 외에도 끝없는 행정과 기록 업무를 처리해야 한다. 환자와 나눈 대화를 일일이 기록하고, 검사 결과를 정리하며 수많은 영상자료를 판독해야 한다. 특히 대형 병원에서는 하루 수천 건의 영상이 쏟아지는데, 이를 모두 사람이 판독하려면 시간이 부족할 수밖에 없다. 결국 환자는 대기 시간이 길어지고, 의사들은 번아웃에 시달리며, 진료의 질은 저절로 떨어지게 된다.

세 번째 이슈는 의학 지식의 폭발적 증가다. 미국의 건강정보 제공 기업WebMD에 따르면 전 세계 의학저널 수는 약 30,000개이며, 미국 국립의학도서관의 PubMed(의학 및 생명과학 논문 데이터베이스)에는 매년 저장되는 의학 논문이 100만 편에 이른다고 한다. 임상 데이터는 그 수를 확인할 수 없을 정도로 기하급수적으로 늘어나고 있다고 한다. 격무에 시달린 의사와 의료 관련 연구원이 자신의 업무에 도움이 될 논문을 찾는 것이 사실상 불가능하다는 의미다.

이러한 문제들 앞에서, 인공지능은 새로운 해결책을 제시하고 있다. 신약개발에서는 인공지능이 단백질 구조와 약물의 결합 방식을 예측하면서, 과거에는 수년이 걸리던 실험 과정을 단지 몇 주, 혹은 며칠로 단축시켰다. 덕분에 후보 물질 발굴 단계에서 낭비되는 시간과 비용이 크게 줄었다. 실제로 일부 기업은 인공지능의 도움으로 수개월 만에 임상 단계로 진입한 사례를 발표하기도 했다. 이는 제약 산업의 패러다임 자체를 바꿀 가능성을 보여준 것이라 할 수 있다.

의료 현장에서도 변화는 뚜렷하다. 인공지능은 수천 건의 영상을 검토하며 빠르게 질병여부를 판단함으로써, 의사가 꼭 확인해야 할 상황에만 집중할 수 있게 하고 있다. 결국 이를 통해 의사의 업무 부담은 줄어들고, 환자는 더욱 신속하고 정확하게 진료를 받을 수 있는 방향으로 변화하고 있다. 또한 인공지능은 환자와 의사가 나눈 대화를 자동으로 기록하고 정리해 줌으로써, 의사가 문서 작성에 쓰던 시간을 환자와의 대화에 더 쓸 수 있도록 만들어 주고 있다. 이는 단순히 효율성 향상에 그치지 않고, 환자 경험과 만족도를 높이는 결과로 이어지게 된다.

마지막으로, 지식 과부하 문제 역시 인공지능이 중요한 역할을 하고 있다. 인공지능은 방대한 논문과 데이터를 빠르게 읽고 요약하여, 의사와 연구자에게 꼭 필요한 핵심 정보만 전달한다. 예를 들어 특정 암 환자에게 맞는 치료법을 찾을 때, 인공지능은 최신 임상시험 결과를 실시간으로 검색하여 제시할 수 있다. 이는 환자 맞춤형 치료를 가능하게 하고, 동시에 빠르게 발전하는 의학기술을 따라잡을 수 있는 현실적인 방안이 될 수 있다.

결국, 인공지능은 의료 분야의 오래된 난제에 대해, '시간', '비용' 그리고 '품질'이라는 세 가지 측면에서 모두 근본적이고 구체적인 개선방향을 제시하고 있다. 이는 결국 환자가 더 빠르게, 더 정확하게, 그리고 더 안전하게 의료 서비스를 받을 수 있도록 만드는 변화이며, 의료산업 전체가 새로운 단계로 도약하는 기회를 열어주고 있다고 볼 수 있다.

인공지능을 통한 개선 사례

먼저 영상 진단 분야에서는 인공지능의 성과가 가장 뚜렷하게 나타나고 있다. 스웨덴에서 8만 명 이상을 대상으로 한 대규모 연구에서, 인공지능을 활용한 유방암 검진은 기존 방식보다 약 20% 더 많은 암을 조기에 발견하였다. 단순히 발견율만 높인 것이 아니라, 불필요한 재검사 비율은 크게 낮추면서도 효율을 개선했다는 점에서 의미가 크다. 한국 기업 루닛이 개발한 흉부 X-ray 분석 인공지능 역시 주목할 만하다. 이 기술은 정상 환자를 높은 정확도로 걸러내어 의사들이 꼭 필요한 케이스에만 집중할 수 있도록 하였다. 그 결과, 실제 임상에서 의사들의 영상 판독 업무량을 약 36% 줄이는 효과를 거두었다.

진료 기록 자동화에서도 개선이 두드러진다. 미국에서 도입된 인공지능 기반의 의료기록 작성 도구는 의사와 환자의 대화를 실시간으로 기록하고 이를 자동으로 진료 메모로 정리한다. 이 도구를 사용한 병원에서는 의사 한 명당 진료 시간 평균 5분이 절감되었고, 의사들의 문서 작성 부담이 크게 줄어 환자와의 소통 시간이 늘어났다.

가장 주목할 만한 변화는 앞에서 살펴본 신약개발 분야다. 구글 딥마인드에서 분사한 이소모픽 랩스는 2024년 글로벌 제약사 릴리 및 노바티스와 최대 29억 달러(약 4조 원) 규모의 신약개발 계약을 체결했다. 이는 인공지능이 이제 제약 산업의 핵심 파트너로 인정받고 있음을 보여준다. 인실리코 메디슨은 인공지능이 설계한 신약 후보를 임상 2상^{Phase 2} 시험 단계까지 진입시키는 데 성공했으며, 일부에서는 긍정적인 중간 결과를 발표했다. 불과 몇 년 전만 해도 상상하기 어려웠던 성과다.

이처럼 인공지능의 도입은 단순히 "빠르고 편리하다"는 수준을 넘어, 더 많은 질병을 조기에 발견하고, 의료진의 업무 효율을 높이며, 신약개발의 시간과 비용을 줄이는 구체적 성과로 이어지고 있다. 의료는 사람의 생명과 직결된 분야이기에 변화가 느릴 수밖에 없지만, 이미 곳곳에서 실질적인 결과가 나타나고 있으며 이는 앞으로 의료산업 전반의 판도를 바꿀 중요한 전환점이 되리라 예상된다.

인공지능 적용을 위해 활용된 기술

의료 분야에서 인공지능이 성과를 내기까지는 몇 가지 핵심 기술적 기반이 있었다. 이를 크게 네 가지 영역으로 나눠 살펴보면 이해하기 쉽다.

첫 번째는 패턴 인식(패턴 분석) 기술이다. 매우 복잡한 3차원의 단백질 구조를 단지 몇 분 만에 구조 예측을 할 수 있게 한 기술은 구글 딥마인드의 알파폴드(단백질 구조 예측 모델)로, 일종의 딥러닝 기법이다. 특히 알파폴드2는 약 2억 개 이상의 단백질 구조를 데이터베이스로 공개하였고, 이는 기존에 알려진 단백질 구조 수의 200배 이상에 해당한다고 한다. 또한 최신 버전인 알파폴드3은 단백질뿐만 아니라 약물 분자 혹은 핵산과의 결합까지 예측할 수 있어, 신약개발의 초기 단계를 획기적으로 단축시켰다.

둘째는 예측 및 시뮬레이션 기술이다. 앞에서 설명한 패턴 인식 기술이 단백질 구조를 분석했다면, 예측 및 시뮬레이션 기술은 약물이 단백질과 어떻게 결합하는지 미리 계산하는 기술을 말한다. 이 과정을 흔히 분자도킹이라 하는데, 과거에는 슈퍼컴퓨터로도 며칠이 걸리던 계산을, 인공지능은 확산모델Diffusion Model(생성형 모델의 한 종류. 비지도학습 방식으로 데이터 분포 학습을 통해 새로운 데이터 생성에 사용) 기반 디프독(단백질과 소분자의 결합 구조를 예측하는 딥러닝 기반의 분자 도킹 방법론) 알고리즘을 통해 수천 가지 경우의 수를 단지 몇 분 안에 탐색할 수 있게 하였다. 그 결과, 후보 물질을 걸러내는 과정이 획기적으로 빨라지고, 실패 확률도 낮아졌다.

셋째는 다른 산업과 마찬가지로 정보요약 및 자연어처리 기술로 연간 100만 편 이상의 논문과 임상 데이터를 빠르게 분석하여 핵심적인 내용을 정리할 수 있게 하였다.

넷째는 음성인식 기술이다. 미국의 일부 병원에서는 의사용 개인비서Ambient AI Scribe라는 시스템이 의사와 환자의 대화를 실시간으로 녹취하고 이를 진료 메모로 자동 정리하는데, 여기에 사용되는 기술이 음성 인식과 자연어처리의 결합이다. 실제로 마이크로소프트 자회사인 뉘앙스의 닥스 코파일럿을 도입한 병원에서는 의사당 평균 진료기록 작성 시간이 약 30% 줄어들었고, 환자와의 대화 시간은 늘어났다는 결과가 보고되었다.

진화 단계에 따른 향후 비즈니스 방향

의료산업 인공지능 관련 비즈니스는 크게 네 단계로 나누어 살펴볼 수 있는데, 의료 보조단계에서 동반자로의 발전, 그리고 임상의 실패가능성을 낮추기 위한 디지털 트윈으로 진화할 것이며, 최종적으로 의료산업이 하나의 플랫폼으로 통합될 것으로 예상된다.

첫 번째는 의료진 보조 단계이다. 현재 의료 인공지능의 대부분은 이 단계에 머물러 있다. 영상 판독 보조, 진료 기록 자동화, 환자 데이터 요약 등은 이미 상용화되어 실제 일부 병원에서 쓰이고 있다. 앞서 살펴본 스웨덴 암 발견율을 20% 향상시키고, 루닛의 흉부 X-ray 판독량을 36% 줄이는 효과가 그 대표적인 사례라고 할 수 있다. 이러한 사례들은 현재 단계가 의사의 업무 효율을 높이는 보조 역할에 집중되어 있음을 보여준다.

두 번째는 연구개발 중심 단계이다. 인공지능이 단순한 보조를 넘어 신약 개발과 임상시험 설계의 핵심 도구가 되는 단계다. 역시 앞에서 살펴본 구글 딥마인드의 자회사 이소모픽 랩스와 인실리코 메디슨이 그 대표적인 사례라고 할 수 있다. 이러한 움직임은 인공지능이 제약 산업의 연구개발 과정에 깊숙이 들어가

의료산업 진화 단계

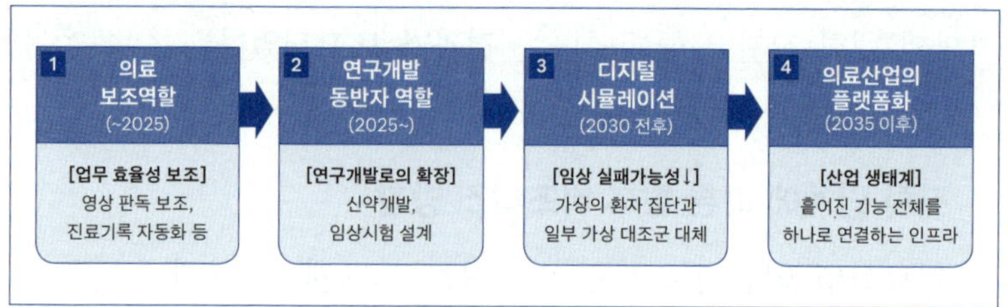

고 있음을 보여준다. 2026년 이후에는 이 단계로 본격적으로 진입할 것으로 예상된다. 즉, 현재는 '의사의 보조자'였던 인공지능이 '새로운 치료법을 만들어내는 동반자'로 그 비중이 옮겨지고 있다는 의미라고 볼 수 있다.

세 번째는 디지털 시뮬레이션 단계이다. 이 단계에서는 환자와 디지털 트윈을 만들어 약물 반응을 가상으로 실험하고, 실제 임상시험 대신 가상 대조군으로 대체하는 시도가 이루어질 것으로 예상된다. 즉, 디지털 트윈은 실제 환자를 직접 모집하기 전에, 가상의 환자 집단과 가상 대조군을 만들어 약의 효과와 안전성을 미리 시뮬레이션하는 단계를 의미한다. 핵심은 임상을 대체한다기보다는 실패 가능성을 미리 낮춰 실험 설계를 더 똑똑하게 만드는 보정 장치라고 보면 된다. 다만, 이러한 시뮬레이션을 적용하기 위해서는 관련 법·규제가 사전에 정립되어야 하며, 어떤 조건에서, 어떤 질환에 대해, 어느 정도까지 인정해 줄 것인가에 대한 정의가 필요할 것이다.

네 번째는 플랫폼화 단계이다. 영상 판독, 신약개발, 임상 데이터 관리, 진료기록 등이 각각 흩어져 있던 도구에서 하나의 통합 플랫폼으로 발전하면서 생태계를 이루는 단계라고 할 수 있다. 예를 들어, 한 환자의 진료 영상이 병원에서 촬영되면, 이 데이터가 곧바로 신약개발 연구팀이나 임상시험 설계팀에서 참고할 수 있고, 다시 그 과정에서 나온 새로운 약물 후보와 연구 결과가 병원 진료로 되돌아오는 식이다. 병원, 제약사, 연구소, 그리고 인공지능 기업이 모두 같은 플랫폼에 참여해 데이터를 공유하고, 서로의 결과물을 활용하는 구조가 만들어지는 것이다. 이러한 과정이 곧 의료 생태계라고 할 수 있다. 플랫폼은 단순히 기술을 모아둔 공간이 아니라, 참여자들이 서로 이익을 주고받는 장場이 된다. 즉, 4단계 플랫폼화는 의료 인공지능이 하나의 제품으로 머무는 것이 아니라, 산업 전반을 연결하는 인프라로 자리 잡는 것을 의미한다. 물론 환자의 진료 정보는 개인정보에 해당함으로 관련 법·규제의 뒷받침 또한 필요하다.

2.4 [제조업]
데이터가 움직이는 생산라인

제조업에서의 인공지능은 소프트웨어 측면과 피지컬AI 측면의 이중 궤도로 진화하고 있다. 먼저, 소프트웨어 측면에서는 기본적으로 설비·공정 데이터의 수집 및 학습을 통해 불량률을 최소화하고 가동률을 높이는 방향으로 진행되고 있다. 예지보전, 품질검사, 스케줄 최적화, 디지털 트윈 및 에너지·공정 최적화 등이 대표적이다. 피지컬AI 측면에서는 현장에서 사람들의 노동 혹은 위험을 물리적으로 줄여주는 방향이 기본이며, 산업용 로봇, 협동로봇 그리고 자율이동로봇AMR 등이 그 사례이다.

전 세계 공장에 가동 중인 산업용 로봇은 2023년 기준으로 약 428만 대이며, 신규 설치의 70%가 아시아에 집중되는 등(한국은 로봇 밀도 1위) 제조 자동화의 저변 자체가 커지고 있는 상황이다. 다만, 우리나라의 경우 스마트팩토리의 보급이 빠르게 확산되고는 있지만, 제조 인공지능을 본격적으로 적용하는 단계라고 말하기는 힘든 상황이다. 2025년 발표된 1차 실태조사에 따르면 공장을 보유한 중소·중견 제조기업의 19.5%가 스마트팩토리를 도입했으나, 제조 인공지능을 실제 도입한 기업은 0.1% 수준으로 나타났다.

제조업의 인공지능 비즈니스 주요 분류

구분	인공지능 주요 분류	상세 설명
소프트웨어 측면	예지보전	센서 데이터(진동, 온도, 전류 등)를 분석해 설비 고장을 사전에 예측
	품질 검사	딥러닝 기반 비전 검사로 불량품 자동 검출 (미세 결함 탐지력 향상)
	생산 계획 및 스케줄 최적화	작업 순서, 공정 전환, 자재 투입을 최적화 (다품종 소량생산 체제 대응)
	디지털 트윈 및 시뮬레이션	현실 공장의 가상 운영 시뮬레이션 (설비 배치, 라인 변경, 로봇 동선 등 사전검증)
	에너지·공정 최적화	설비의 전력 사용, 열 배출, 자원 투입 등을 실시간 분석해 최적화
피지컬AI 측면	산업용 로봇	용접, 도장, 조립, 절삭 가공, 반송 등 전통적 반복 작업에 사용
	협동로봇	사람과 같은 공간에서 안전하게 협업하도록 설계(작업 보조)
	자율이동로봇	물류·부품의 운반 자동화. 위치추적 및 경로계획 알고리즘 활용

기존 비즈니스 환경의 문제점 및 인공지능 적용 방향성

제조업은 전통적으로 인건비 절감과 생산성 향상을 위해 자동화를 꾸준히 시도해 왔지만, 여전히 해결되지 않은 구조적 문제들이 많은데, 이는 크게 3가지로 볼 수 있다.

첫째, 예기치 못한 설비고장과 높은 유지보수 비용이다. 많은 공장들은 정기적인 예방정비에 의존하고는 있지만, 필요 이상으로 부품을 자주 교체하거나, 또는 예상치 못한 고장이 발생하여 생산이 중단되는 문제가 빈번히 발생하곤 한다. 이러한 모순적 문제가 발생하는 근본적인 이유는, 설비 한 대가 멈추면 생산라인 전체가 멈추는 경우가 많고, 유지보수를 하는 데 비용이 많이 들다 보니, 결국 과잉 정비를 하거나 아니면 과소 정비를 하는 비효율적 구조가 반복되기 때문이다.

둘째, 품질 관리의 한계다. 특히 대량생산 체제에서 제품 하나하나를 사람의 눈으로 검사하는 것은 물리적으로, 현실적으로 불가능하다. 또한, 기존의 규칙 기반 검사장비들은 사전에 정의된 결함, 즉 미리 정의된 패턴만 탐지할 수 있어 새로운 유형의 불량이 발생하는 것에는 취약할 수밖에 없다. 이로 인해 품질의 편차가 발생하고, 불량품이 뒤늦게 발견되면서 막대한 재작업 비용과 납기 지연이 발생하기도 한다.

셋째, 생산 변동성과 스케줄링 문제다. 제조업의 생산방식은 그동안 큰 변화를 만들어 왔는데, 대표적으로 이전에는 '소품종 대량생산' 구조였다면, 최근에는 '다품종 소량생산' 체제로 이동하고 있다. 이것이 의미하는 것은, 적은 양으로 여러 제품을 생산하다 보니 당연히 생산 변동성이 매우 크고, 이에 따라 유연한 대응에 한계가 상존하게 되었다는 것이다. 사람이 일일이 모든 과정을 스케줄링하는 것은 이제 한계에 봉착하였고, 결국 납기 준수율은 떨어지고, 재고와 원가 부담은 커지게 된 것이다.

인공지능을 통한 개선 효과

인공지능의 도입은 제조업 전반에서 생산성과 품질, 비용 구조에 가시적인 변화를 만들어내고 있다. 가장 먼저 주목할 만한 것은 예지보전 효과다. 맥킨지는 인공지능과 사물인터넷 기반 예지보전 시스템이 적용될 경우, 설비 다운타임을 30~50% 감소시키고, 유지보수 비용을 10~40% 절감할 수 있다고 분석하고 있다. 실제로 제너럴 일렉트릭GE은 가스터빈 사업부에서 인공지능 기반 상태 모니터링 솔루션을 적용한 결과, 불시 고장을 줄여 연간 1억 달러 이상의 비용 절감을 달성했다고 발표하였다. 한국에서도 현대중공업그룹은 조선소 설비에 예지보전을 적용해 설비 가동률을 95% 이상으로 유지하며 경쟁력을 확보하고 있다.

품질 관리 측면에서도 인공지능의 효과는 뚜렷하다. LG전자는 가전제품 생산라인에 딥러닝 비전 검사 시스템을 도입하여 기존 대비 불량 검출률을 25% 향상시켰다. 삼성전자는 반도체 제조 공정에서 인공지능 기반 결함탐지 기술을 활용하여 미세한 패턴 불량까지 잡아내고 있으며, 이를 통해 연간 수천억 원 규모의 비용을 절감하고 있다. 또 독일 지멘스는 인공지능 품질검사 솔루션을 적용하여 카메라와 딥러닝 알고리즘을 통해 검사 속도를 20% 이상 향상시키고, 사람의 눈으로는 잡아내기 어려운 미세 결함까지 검출 가능하게 만들었다. 아마도 인공지능 기술을 활용하여 효과를 본 대표적인 분야라고 할 수 있다.

공정 효율화 측면에서도 인공지능의 효과는 크다. BMW는 독일 뮌헨 공장에 엔비디아의 옴니버스 기반으로 디지털 트윈 공장을 도입하여, 생산라인을 가상 환경에서 미리 설계하고 시뮬레이션한 후 실제 공정에 적용하고 있다. 그 결과, 기존에는 몇 주가 걸리던 생산라인 변경 작업을 단지 수일 내로 단축했으며, 설계 오류로 인한 비용 손실도 대폭 줄일 수 있었다.

마지막으로, 인력과 안전 측면에서도 인공지능은 가시적 효과를 창출하고 있다. 한화로보틱스는 자동차 부품 조립 공정에 협동로봇을 투입해 작업자의 근골격계 질환 위험을 줄이는 동시에 작업 효율을 15% 이상 개선하였다. 두산로보틱스는 포장 공정에 역시 협동로봇을 적용해 야간 근무 인력 의존도를 20% 이상 줄이는 효과를 거두었다. 이러한 사례는 단순한 자동화를 넘어, 인력 부족 문제와 산업 안전 문제를 동시에 해결하는 방향으로 인공지능이 기여하고 있음을 보여준다.

인공지능 적용을 위해 활용된 기술

제조업의 인공지능 기술에 대해 설명하기 전에, 스마트팩토리와 제조 인공지능에 대해 설명이 필요할 듯하다. 스마트팩토리와 제조 인공지능은 종종 혼용되어 사용되지만, 사실은 같은 개념은 아니다. 두 용어 모두 제조업의 디지털 전환을 지칭하기 때문에 현장에서는 구분 없이 쓰이기도 하지만, 초점과 발전 단계에서 명확한 차이가 있다.

먼저, 스마트팩토리는 센서, 사물인터넷, 생산관리시스템MES, 자원관리시스템ERP 등을 연결하여 데이터를 수집하고 공정을 자동화하는 것에 초점이 맞춰져 있다. 즉, 공장에서 발생하는 수많은 데이터를 흐르게 만들고, 이를 통해 가시성을 확보하며 효율성을 높이는 과정이라고 할 수 있다. 반면 제조 인공지능은 이렇게 수집된 데이터를 단순히 보여주거나 기록하는 수준을 넘어, 머신러닝이나 딥러닝 같은 인공지능 기법을 활용하여 고장을 예측하고, 품질을 분석하며, 생산 일정을 최적화하는 과정이라고 볼 수 있다. 더 나아가 강화학습이나 디지털 트윈을 통해 공정을 스스로 제어하고, 로봇과 연계해 자율적으로 운영할 수 있는 방향으로 발전한다. 정리하면, 스마트팩토리는 '연결과 자동화'에 초점이 맞춰졌다면, 제조 인공지능은 '지능화와 자율화'에 초점이 맞춰진 것으로, 스마트팩토리가 설치된 공장은 데이터가 흐르는 공장(데이터 기반 인프라를 구축하는 단계)이고, 제조 인공지능이 도입된 공장은 데이터가 스스로 의사결정을 내리는 공장(스마트팩토리 위에 서 공정을 지능화 및 자율화하는 단계)이라고 정리할 수 있으며, 공정의 발전단계라고 볼 수 있다.

이렇듯, 제조업에서 인공지능이 실제로 가치를 발휘하기 위해서는 여러 기술적 구성 요소가 긴밀하게 맞물려야 하는데, 이 과정은 크게 6단계의 흐름으로 설명할 수 있다.

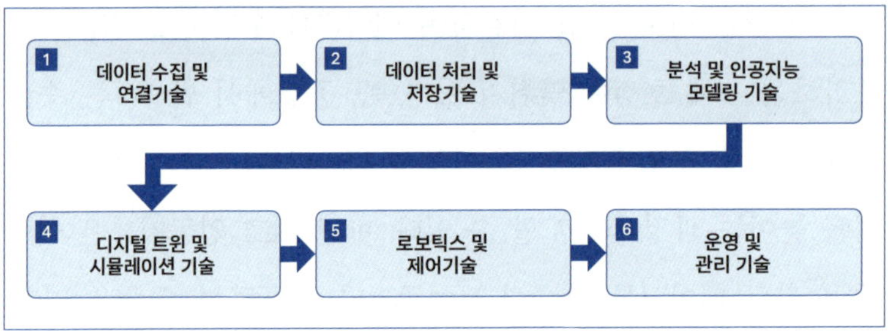

첫째, 데이터 수집 및 연결 기술이다. 생산설비와 라인에는 온도, 압력, 진동, 전류, 영상 데이터를 수집하는 센서가 부착되고, 이 신호는 PLC^{Programmable Logic Controller}나 SCADA^{Supervisory Control and Data Acquisition} 시스템을 통해 수집, 관리 및 제어된다. 참고로, PLC는 현장에서 직접 장비를 제어하는 역할을 하고, SCADA 시스템은 PLC와 같은 장비들로부터 데이터를 수집하고 제어하며 사용자에게 정보를 제공하는 역할을 한다. 즉, SCADA 시스템은 PLC

를 포함한 여러 장치들과 인터페이스하여 전체 시스템의 감시 및 제어를 수행하며, PLC는 SCADA 시스템의 하위 단에서 제어 장치로 작동한다. 이 단계에서 중요한 것은 데이터를 단순히 모으는 것을 넘어, 시간 동기화와 품질 관리까지 포함해야 한다는 점이다.

둘째, 데이터 처리 및 저장 기술이 필요하다. 공장에서는 초당 수천에서 수만 개의 시계열 데이터가 발생하기 때문에, 이를 저장하고 빠르게 검색하기 위해 데이터 레이크 혹은 시계열 데이터베이스가 구축되고, 이상치 탐지나 결측값 보정과 같은 데이터 정제 과정이 동반하게 된다. 최근에는 엣지 컴퓨팅을 도입해 데이터가 클라우드로 전송되기 전 현장에서 1차 분석을 수행하는 경우도 많다.

셋째, 분석 및 인공지능 모델링 기술이다. 예지보전에서는 장기기억모델LSTM 같은 시계열 예측 모델이나, 변분 오토인코더 기반의 이상탐지 모델이 활용된다. 이미지 기반 품질검사에서는 합성곱 신경망CNN과 비지도 학습 기반의 이상치 탐지Anomaly Detection 기법이 널리 사용된다. 최근에는 비전 트랜스포머 같은 대규모 사전 학습 비전 모델을 전이학습으로 적용하여, 새로운 결함 유형을 빠르게 학습시키는 사례가 늘고 있다.

넷째, 디지털 트윈과 시뮬레이션 기술은 실제 공정 최적화 단계라고 할 수 있다. CAD/CAM 설계 데이터와 센서 데이터를 통합해 가상 공간에서 동일한 생산 라인을 재현하고, 강화학습이나 시뮬레이션 최적화 기법을 적용해 병목 구간을 개선한다. 이를 통해 라인 변경, 설비 배치, 물류 동선 등을 사전에 검증할 수 있으며, 가상 환경에서 테스트를 수행해 최적의 의사결정을 내릴 수 있다.

다섯째, 로보틱스(로봇공학)와 제어 기술이 물리적 실행을 담당한다. 협동로봇이나 자율이동로봇AMR은 경로계획, 동시적 위치추정 및 지도작성SLAM, 힘 제어 같은 알고리즘을 기반으로 동작한다. 최근에는 로봇 파운데이션 모델이 등장해, 로봇이 시뮬레이션 데이터와 실제 데이터를 동시에 학습하며 작업 적응 속도를 높이고 있다.

마지막으로, 운영 및 관리 기술이 이를 뒷받침한다. 머신러닝 운영MLOps은 공장에서 운영되는 인공지능 모델의 버전 관리, 자동 업데이트, 성능 모니터링을 가능하게 한다. 동시에 운영기술OT 보안을 위한 네트워크 분리, 데이터 암호화, 접근 제어 같은 보안 기술도 병행되어야 한다.

진화 단계에 따른 향후 비즈니스 방향

제조업에서의 인공지능은 단순한 자동화가 아닌, 데이터를 기반으로 한 '기반 지능화', '자율 공정' 그리고 '산업 생태계화'로 발전하고 있다. 이는 기술적 관점에서 다섯 단계로 구분되며, 다음과 같다.

첫 번째 단계는 데이터화 및 연결 단계이다. 이 시기에는 센서 설치와 장비 연결을 통해 공정에서 발생되는 데이터를 수집하고 기록하는 것이 주된 목표였다. PLC나 SCADA, MES, ERP 등과 연동하는 기반 작업이 이루어졌다.

비즈니스적으로는 장비 공급업체와 시스템통합[SI] 업체가 주도권을 쥐었고, 기업들은 정부의 스마트팩토리 보급 사업을 활용해 인프라 구축에 집중하였다. 기업들의 수익 모델은 당연히 하드웨어 판매와 구축 서비스가 중심이었다.

제조업 진화 단계

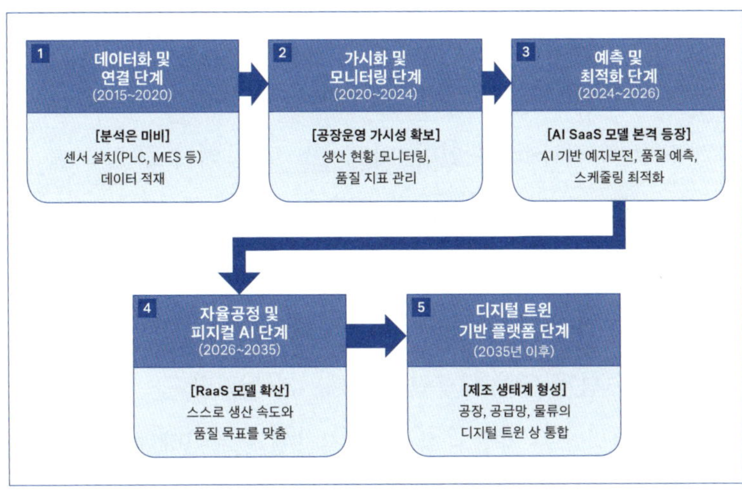

두 번째 단계는 가시화 및 모니터링 단계이다. 이전 단계에서 데이터를 생성하고 수집을 했으니, 이제부터는 이를 시각화라고 설비 효율성과 품질 지표를 모니터링하는 관리체계로 발전하기 시작하였다. 많은 기업들이 대시보드나 품질관리 지표를 도입하면서 보이는 공장을 만들어냈다. 그러나 인공지능 활용은 여전히 제한적이었고, 시장 역시 시스템 구축과 소프트웨어 라이선스 판매 중심으로 형성되었다. 따라서, IT를 통한 구체적 그리고 가시적 성과를 얻기에는 한계가 있었다.

세 번째 단계는 예측 및 최적화 단계이다. 현재 제조업의 선도 기업들이 진입해 있는 단계로, 인공지능이 본격적으로 가치를 창출하기 시작한 시점이라고 할 수 있다. 예지보전, 품질검사, 생산 스케줄링 최적화가 주요 활용 분야이며, 앞에서 언급한 바와 같이 설비 다운 타임은 30~50% 감소하고, 유지보수 비용은 10~40% 절감할 수 있다. 비즈니스 모델 역시 큰 변화를 맞이하는데, 기존 단순 구축형에서 벗어나, 점차 구독형 서비스^{SaaS: Software as a Service} 형태로 변화하고 있다. 이것을 AI SaaS, 즉 서비스형 인공지능 소프트웨어 방식이라고 하며, 기업 고객이 제조 인공지능을 손쉽게 도입하는 결정적 계기가 되었다.

네 번째 단계는 자율공정 및 피지컬AI 단계이다. 이 단계에서는 인공지능이 단순히 예측과 최적화에 그치지 않고, 실제 공정을 스스로 제어하게 되는 시점이다. 디지털 트윈에서 검증된 결과가 바로 현장에 반영되고, 협동로봇과 자율이동로봇AMR이 사람을 대신하여 작업을 수행한다. 비즈니스적으로는 로봇과 AI 제어를 하나의 패키지로 묶어 월 사용료나 생산량 기준으로 과금하는 로보틱스 서비스, 즉 RaaSRobotics as a Service 모델이 확산될 것으로 예상된다. 즉, 로봇 제조사가 단순히 장비를 판매하는 것을 넘어, 공장의 운영 효율을 보장하는 서비스 제공자로 변모하는 것이다.

마지막 다섯 번째 단계는 디지털 트윈 플랫폼 단계이다. 이 시점부터는 개별 기업 차원이 아니라 산업 전체가 연결되는 생태계가 형성된다. 표준화된 데이터와 API를 기반으로 공급망 전체가 디지털 트윈 상에서 운영되고, 부품 주문, 물류 계획, 품질 인증까지 가상 환경에서 시뮬레이션된다. 비즈니스 모델 역시 1차적인 제품 판매 중심에서 벗어나, 가동률 보증, 품질 인증, 탄소 저감 보증 등 결과 기반의 서비스형 비즈니스가 본격적으로 자리 잡는다. 대기업은 플랫폼 운영자로, 중소기업은 플랫폼을 활용하는 참여자로 역할이 구분되며, 데이터 거래와 알고리즘 마켓플레이스 같은 새로운 수익원(비즈니스 모델)이 등장할 것이다.

Chapter 3

빅테크 기업의
AIX 추진현황 및 전략

3.1 생성형AI,
빅테크 기업의 AIX 미래전략

생성형AI의 발전은 단순한 기술의 진보를 넘어, 글로벌 산업 전반의 경쟁 구도와 비즈니스 전략을 바꾸어 놓았다. 2023년이 생성형AI의 대중화를 알린 원년이었다면, 2024년은 품질 고도화를 바탕으로 본격적인 시장경쟁이 시작된 시기였다. 2025년은 생성형AI가 단지 '신기한 인공지능 서비스'를 넘어서 사업적으로도 가치가 있음을 증명하였으며, 동시에 오픈소스를 통한 생태계 확장이 본격적으로 나타난 해였다. 이러한 흐름을 바탕으로 2026년은 에이전트화 그리고 규제 준수가 기업 경쟁력의 핵심으로 부상하는 해가 될 것이다.

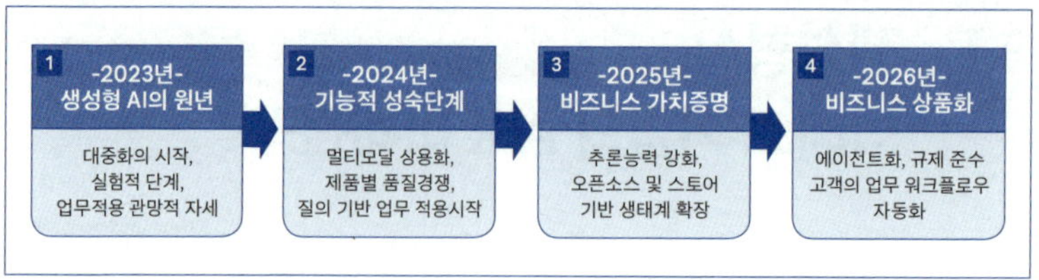

2023년 – 대중화의 시작, 그리고 실험의 시기

2023년은 생성형AI가 연구실과 기업 내부의 파일럿 단계를 벗어나, 일반 대중에게 폭넓게 확대된 첫해였다. 특히 챗GPT는 출시 두 달 만에 월간 사용자 1억 명을 돌파하며 인터넷 역사상 가장 빠르게 확산된 서비스로 기록되었다. 이는 기업과 개인 모두에게 "이제 인공지능이 일상 속에서 활용될 수 있다"는 강력한 신호였다. 다만, 이 시기는 사람들의 폭발적 관심을 끄는 것에는 성공했으나, 비즈니스적으로는 여전히 한계가 있었다. 특히, 생성형AI의 정확성은 여전히 문제가 있었는데, 대표적으로 환각현상이다. 이러한 환각현상을 설명할 때 항상 나오는 사례가 '정조의 맥북' 일화이다.

2023년 당시 챗GPT에 '정조의 맥북'에 대해 질문을 하면, "효도로 유명했던 정조가 부모님께서 손이 더뎌지는 것을 보고 맥북을 선물했다"라고 답변을 하였다. 지금으로서는 상상하기 어려운 답변이지만, 당시에는 사례와 같이 이상한 답변을 스스럼없이 하정조는 부모님에 대한 효도가 매우 깊었던 것으로 유명한데, 그중 태블릿을 제작하여 선물한 일화도 있어. 해당 내용을 좀 더 알려줘

네, 조선시대의 왕 중 하나인 정조(1752-1800)는 부모님에 대한 효도로 유명한 왕 중 한 명입니다. 그는 부모님을 극도로 존경하며, 그들에게 다양한 선물과 경의를 표하는 일화들이 전해지고 있습니다.

그 중에는 정조가 부모님에게 태블릿을 제작하여 선물한 일화가 있습니다. 정조는 부모님께서 나이를 먹어가시며 손이 더뎌지는 것을 보고 쓰기가 힘들어지는 것을 알게 되었습니다. 그래서 자신이 직접 부모님의 이름과 일상 생활에서 필요한 문구들을 새길 수 있는 태블릿을 제작하였습니다. 이 태블릿은 그들이 필요로 하는 글을 보다 편리하게 작성할 수 있도록 도움을 주었습니다.

정조는 이렇게 제작한 태블릿을 부모님께 선물하여 큰 기쁨을 주었으며, 이는 정조의 효도 정신과 부모님에 대한 사랑을 상징하는 일화로 전해지고 있습니다. 이를테면, 부모님에게 대한 효도의 한 사례로서 정조의 행동은 후세에 아름다운 가르침으로 전해졌습니다.

Regenerate response

였다. 이 외에도 2023년 현재 대통령이 누구인지 물어보면 알 수 없다고 답변을 했는데, 이러한 이유는 학습데이터가 3년 전 자료들이다 보니, 최신 정보를 검색하는데 한계가 있었기 때문이다.

따라서 많은 기업들이 자신들의 업무에 정식 도입하기보다는, 다소 관망적 자세로 어떻게 하면 조직에 도움이 될 것인지 고민하는 시기라고 할 수 있다.

2024년 – 기능적 성숙과 본격 경쟁의 서막

2024년은 생성형AI가 단순한 신기함을 넘어 실질적인 도구로

자리매김하기 시작한 해였다. 오픈AI는 GPT-4o를 발표하며 텍스트, 음성, 이미지를 동시에 처리할 수 있는 실시간 멀티모달 기능을 상용화하였다. 반응 속도는 평균 320ms로 사람 대화에 가까운 수준을 달성했으며, 이는 고객 상담, 교육, 콘텐츠 제작 분야에서 빠르게 활용되었다.

구글은 제미나이 1.5 Pro를 공개해 최대 200만 토큰의 초장문 문맥을 처리할 수 있도록 했고, 이는 수백 쪽 분량의 법률 문서나 연구 자료를 한 번에 다룰 수 있는 새로운 가능성을 열었다. 앤트로픽은 클로드 3 시리즈를 통해 20만 토큰 맥락을 제공하며 합리적인 가격 체계를 내세웠고, 메타는 라마 3를 오픈소스로 공개하여 전 세계 개발자와 스타트업이 자유롭게 자체 서비스를 구축할 수 있도록 하였다.

이러한 변화는 2024년이 단순한 모델 경쟁을 넘어서, "누가 더 긴 맥락을 처리할 수 있는가, 누가 더 다양한 입력을 다룰 수 있는가"라는 품질 경쟁의 단계로 진입했음을 의미한다. 사업적으로는 기업들이 더 이상 실험적 도입에 머물지 않고, 고객센터, 문서 분석, 코드 보조와 같은 구체적 업무 프로세스에 실제 적용하기 시작한 시기였다.

2025년 – 사업적 가치 증명과 생태계 확장의 해

2025년은 생성형AI가 실질적인 비즈니스 가치를 증명한 해였다. 오픈AI는 o시리즈(o1, o3, o3-mini, o3-pro)를 통해 추론 능력을 강화했고, 8월에는 마침내 GPT-5를 공개하였다. GPT-5는 자동으로 상황에 맞게 빠른 응답모드와 심화 추론모드를 전환하는 구조를 갖추었으며, 수학·코딩·의학 등 주요 벤치마크에서 최고 성능을 기록했다. 이를 통해 오픈AI는 단순한 챗봇 공급자가 아니라 전문 업무를 수행하는 에이전트의 토대를 마련했다.

구글은 제미나이 2.0 Flash와 Pro를 내놓으며, 속도 중심과 깊이 중심 모델을 분리해 제공했다. 또한 TPU v6 Trillium을 도입해 성능을 기존 대비 4.7배 끌어올리고 전력 효율을 67% 개선하며 인프라 경쟁에서 우위를 확보했다. 앤트로픽은 클로드 3.5 Sonnet으로 안정성과 가격 경쟁력을 동시에 인정받아 기업 고객 계약이 전년 대비 150% 이상 증가했다. 메타는 라마 3.1을 통해 오픈소스 진영의 최상위 모델을 제시했고, 중국의 딥시크는 R1 시리즈를 공개해 저비용 훈련과 오픈 배포라는 새로운 흐름을 만들었다.

무엇보다 이 시기의 중요한 특징은 생태계의 본격적 확장이었다. 오픈AI는 GPT 스토어를 출시하여 누구나 맞춤형 GPT를 만들어 공유할 수 있게 하였고, 구글은 젬스(GPTs와 유사한 개념: 나만의 맞춤형 챗GPT를 만드는 AI챗봇)라는 개인 비서형 인공지능을 통해 그룹웨어인 구글 워크스페이스 전반에 결합시켜 업무 생산성을 향상시키고자 하였다. 메타와 알리바바, 딥시크는 오픈소스 모델을 개방하면서 전 세계 개발자와 기업이 참여하는 거대한 생태계를 형성하고자 노력하고 있다.

따라서 2025년은 단순히 개별 모델 간의 경쟁이 아니라, 플랫폼과 생태계를 누가 더 빠르게 구축하고 확산시키는가가 사업적 성패를 좌우한 해였다.

생성형AI는 기능적으로 많은 발전을 했지만, 고질적인 문제라고 할 수 있는 환각현상 문제는 여전히 해결되지 못하고 있다. 다만, 사용자가 프롬프트를 어떻게 사용하는가에 따라 보다 정확

2025년 3분기 시점의 환각현상 예시

정조는 부모님에 대한 효도가 매우 깊었던 것으로 유명한데, 그중 태블릿을 제작하여 선물한 일화도 있어. 해당 내용을 좀 더 설명해줘

정조(正祖)는 효심이 매우 깊은 임금으로 알려져 있는데, 그 일화를 보여주는 대표적인 사례 가운데 하나가 바로 어머니 혜경궁 홍씨(惠慶宮 洪氏)를 위해 **'효의(孝儀) 태블릿'**을 제작하여 선물한 이야기입니다. 여기서 말하는 태블릿은 오늘날 우리가 쓰는 전자기기가 아니라, 서책이나 문구류를 보관하고 글을 읽을 수 있도록 만든 목제 판(일종의 휴대용 독서대·필기도구 세트)입니다.

정조는 학문을 즐기고 문자를 중시한 어머니를 위해, 이동하면서도 글을 읽고 쓸 수 있는 정교한 휴대용 도구를 특별히 제작하게 했습니다. 이 태블릿은 단순한 생활용품이 아니라, 효심과 정성이 깃든 맞춤 선물이었기 때문에 특별한 의미가 있었습니다. 당시 장인들이 궁중 공예의 기법을 총동원하여 정교하게 만들어 올렸는데, 글씨를 쓸 수 있는 판, 책을 꽂을 수 있는 공간, 붓과 벼루를 보관하는 부분이 모두 갖추어져 있었습니다.

이 일화는 정조가 단순히 형식적인 효도를 한 것이 아니라, **어머니의 생활 습관과 기호까지 세심하게 살펴 배려했다는 점**에서 중요한 의미를 가집니다. 또한 임금의 권위와 정치적 의무 속에서도 가족에 대한 정성과 효심을 잊지 않았음을 보여주지요. 그래서 조선 후기의 군주 가운데 정조가 "효자 임금"으로 불리는 근거 중 하나로 이 태블릿 제작 이야기가 자주 언급됩니다.

👉 요약하면, 정조의 태블릿 선물은 단순한 물건 전달이 아니라 **어머니를 향한 진심 어린 효심과 세심한 배려가 담긴 상징적 행위**였다고 할 수 있습니다.

환각현상 제거를 위한 변경된 프롬프트

KO (설명):

결론부터 말하면, 정조가 부모님께 '태블릿'을 직접 제작해 선물했다는 일화는 정사(조선왕조실록·일성록 등)나 국가기관 자료에서 확인되지 않습니다. 대신, 정조의 효행으로 역사기록에 분명히 남아 있는 사실들은 다음과 같습니다.

'태블릿' 혼동 가능성 (무엇을 뜻했을까?)

- **신주(神主, spirit tablet):** 조선 왕실/양반가에서 조상을 기릴 때 모시는 *신주(위패)*를 말하는 경우가 많습니다. 신주는 밤나무로 만들고 종묘·사당에 봉안하는데, "살아 계신 부모에게 선물"한다기보다 상례·제례 절차의 일부입니다. 국가유산청과 우리역사넷의 설명을 참고하면 구조·기능이 분명합니다. CULTURAL HERITAGE ADMINISTRATION 우리역사넷

- **(대중담론의) 목패·'동원 권한 패' 설:** 온라인 글들 중엔 영조가 세손(훗날 정조)에게 군사 동원 권한을 상징하는 목패를 줬다는 식의 서술이 돌기도 하지만, 이를 뒷받침하는 **구체적 실록·일성록의 조목**은 확인하기 어렵습니다. 관련 사실은 실록·일성록 같은 1차 사료에서 확인되어야 합니다. 실록 위키백과

참고·검증에 쓴 신뢰 가능한 자료

- 정조의 효행과 천장·화성 축성: 수원문화재단(화성 영문 안내), KBS/유네스코 세계유산 소개, 외교부 유네스코 대표부 코너 등. 수원문화재단 KBS World 해외홍관

- **1795년 원행 기록:** 서울대 규장각의 《원행을묘정리의궤》 해설, 국립중앙박물관 소장 '화성원행의궤도'. 규장각 원문 검색 서비스 국립중앙박물관

- 종묘·신주 제도 설명: 국가유산청 월간 '국가유산사랑'(신주 설명), 우리역사넷(국조오례의에 따른 신주 규격·용례). CULTURAL HERITAGE ADMINISTRATION 우리역사넷

- 정조 관련 기본 1차 사료(개요): 조선왕조실록(정조 행장 조), 《일성록》 개요. 실록 위키백과

한 정보를 얻을 수 있도록 고도화되었다.

2023년과 동일한 질문을 2년이 지난 시점에서 해보면, "정조의 테플릿 선물은 단순히 물건 전달이 아니라 어머니를 향한 진심 어린 효심과 세심한 배려가 담긴 상징적 행위였다고 할 수 있

습니다."라며 여전히 잘못된 검색결과를 보이고 있다.

이러한 질문에 "다만, 신뢰성 있는 자료에서 찾아서 설명하는 데, 어느 자료에서 찾았는지도 알려줘"라고 추가를 하면 전혀 다른 검색결과를 보인다.

2026년 – 에이전트화와 규제 중심의 경쟁

2026년은 생성형AI가 본격적인 에이전트 시대로 진입하는 해로 평가된다. 이제 인공지능은 단순히 글을 작성하거나 질문에 답하는 데 그치지 않고, 이메일을 전송하고 회의를 예약하며, 기업 내부 시스템을 연결해 실제로 업무를 수행하는 단계에 들어설 것이다. 오픈AI는 GPT-5 Pro를 기반으로 이러한 에이전트화를 주도하고 있으며, 구글은 젬스를 통해 사용자의 일상과 업무를 깊게 통합하려 하고 있다. 마이크로소프트는 코파일럿 플러스 PC와 자체 개발한 MAI 시리즈 모델을 통해 온디바이스 추론을 강화하고, 애플은 애플 인텔리전스를 iOS와 macOS 전반에 탑재하여 개인정보 보호와 성능을 동시에 충족시키는 전략을 이어가고 있다.

또한 2026년은 규제와 신뢰성 확보가 경쟁력의 핵심으로 부상하는 시기라고 예상된다. 유럽연합의 AI 법AI Act이 본격적으로 적용되면서, 모델의 투명성, 데이터 출처 관리, 리스크 대응 체계가 갖추어지지 않은 기업은 대규모 계약에서 배제될 위험이 커졌다. 따라서 기업들은 기술적 우위뿐만 아니라, 규제 준수와 신뢰성 운영을 포함한 종합적 경쟁력을 확보해야만 살아남을 수 있을 것이다.

생성형AI 비교

모델(최신)	파라미터 수	컨텍스트(토큰)	멀티모달	안정성·거버넌스	에이전트화/툴사용
OpenAI GPT-5	비공개	400K	텍스트. 비전(이미지/비디오)	고급 안전 가이드(시스템 카드), 생물학·화학 등 고위험 산업용 가이드 제공	함수 호출·툴콜·에이전트 워크플로 지원
Google Gemini 2.5 Pro	비공개	미공개	텍스트, 이미지. 오디오, 비디오	Google Search grounding, 기업용 웹 검증(grounding) 기능, 강력한 정책 준수 기반	함수 호출·도구·검색 그라운딩
Anthropic Claude Opus 4.1	비공개	200K(표준)	텍스트+이미지 입력	레드팀·준수 카드 등 안전성 투명성 최고 수준, 할루시네이션관리 강점	코드 실행·툴 병렬 사용·메모리 파일 등
Meta Llama 3.1 (오픈웨이트)	405B	128K	텍스트	오픈 모델이지만 책임 있는 공개 가이드 제공, 기업이 자체 규정 구축 필요	함수 호출·자체 에이전트 구축 용이 (오픈)
Mistral Mixtral (오픈웨이트)	MoE 141B	64K	텍스트	Apache-2 라이선스 기반의 개방형, 안전성·규제 대응은 사용자가 직접 구성	함수 호출·제한 출력 모드 등
Alibaba Qwen2.5	미공개	미공개	멀티모달 (서비스에 따라)	중국 규제에 최적화된 클라우드 거버넌스 모델	API/오픈 웨이트 혼용 생태계
DeepSeek R1 (오픈웨이트)	671B (MoE)	128K	텍스트	모델·코드 모두 MIT 오픈 라이선스로 투명성 높음, 안전성은 사용자가 직접 셋업	함수 호출 (플랫폼별), 장고(Chain-of-thought) 출력 옵션

참고로, 상기 표에 언급한 시스템 카드, 레드팀 카드 그리고 준수·거버넌스 카드는 모두 거대 언어모델의 안전성·위험성·규제 준수 여부를 투명하게 공개하는 문서를 의미하며, 쉽게 말해, 인

공지능 모델이 얼마나 안전하게 설계되었고, 어떤 위험을 어떻게 관리하는지 설명하는 공식 문서라고 할 수 있다.

또한, 토큰 수는 언어모델이 한 번에 처리할 수 있는 문장의 길이, 즉 맥락의 길이를 의미하며, 각 언어모델별 공식적인 토큰 수는 공개를 하지만 실제 사용자가 체감하는 사용량에는 차이가 있다.

생성형AI의 경쟁지형: 폐쇄형 vs. 개방형, 클라우드 vs. 온디바이스, 그리고 마켓플레이스

생성형AI의 시장 경쟁은 단순히 모델의 성능만으로 성공여부를 예측할 수 있는 것은 아니다. 시장에서 생존하고 또한 지배사업자가 되기 위해서는 어떠한 방식으로 생성형AI 서비스를 제공할 것인지에 대한 고민이 필요하다.

현재, 생성형AI를 서비스하는 방식에는 크게 ①폐쇄형과 개방형, ②클라우드와 온디바이스, 그리고 ③마켓플레이스의 3사기 유형이 있다. 이러한 유형은 기술 발전의 방향뿐만 아니라 기업의 생존전략과 생태계 확장 방식까지 결정하는 중요한 축이 되고 있다. 그럼, 각각의 서비스 방식에 대해 살펴보자.

① 폐쇄형 vs. 개방형

우선 폐쇄형 진영은 오픈AI, 구글, 앤트로픽과 같은 기업들이 대표한다. 이들은 자체적으로 거대 언어모델을 개발하고, 외부 애플리케이션 프로그램과 연계를 할 수 있는 API를 통해 외부에 서비스를 제공한다. 오픈AI는 GPT-5와 o 시리즈 모델을 통해 고난도의 추론과 멀티모달 기능을 강화하고 있으며, 이를 자사 플랫폼인 챗GPT와 GPT 스토어와 통합하여 생태계를 넓히고 있다. 구글 역시 제미나이 시리즈를 중심으로, 안드로이드 생태계에 인공지능을 결합시키며 자사의 클라우드 및 서비스 중심의 폐쇄형 전략을 이어가고 있다. 앤트로픽은 클로드 시리즈를 통해 긴 맥락 처리와 합리적 가격을 앞세우며 기업 시장에서 신뢰성을 확보해 나가고 있다.

폐쇄형 모델의 장점은 품질과 안정성이 보장되며, 보안이 중요한 산업의 경우에도 프라이빗 네트워크를 구성하여 서비스에 문제가 없도록 할 수 있다. 물론, 기업 내부의 데이터가 생성형 인공지능에 재학습되지 않도록 보장해 주고 있다.

반대로 개방형 진영은 메타, 미스트랄, 알리바바의 큐웬, 딥시크와 같은 기업들이 주도하고 있다. 이들은 오픈소스로 모델 가중치를 공개(오픈웨이트 모델)하거나, 비교적 자유로운 라이선스로 배포하여 누구나 해당 모델을 활용하고 재가공할 수 있도록 하고 있다. 이것을 하이브리드 전략이라고 하는데, 동일한 모델을

폐쇄형 생성형AI

기업	모델/버전	주요 특징	전략 및 사업적 의미
OpenAI	GPT-5, o 시리즈, GPT-4o	약 3만 토큰, 추론 특화(o3, o3-mini), 멀티모달(4o), GPT Store	고성능 + 생태계 결합, 프리미엄 엔터프라이즈 시장 선점
Google	Gemini 1.5/2.0/3.0	최대 200만 토큰, Flash(속도)/Thinking(심화) 구분	워크스페이스, 검색, 모바일과 결합한 통합 전략
Anthropic	Claude 3/3.5/4	20만 토큰, 합리적 가격(입력 $3/MTok)	투명 가격 + 긴 맥락 강점, 기업용 지식업무 시장 확산

2025년 10월 기준

오픈웨이트 모델로 공개를 하면서, 동시에 API로 서비스를 하는 전략을 말한다. 이러한 이유는 오픈소스를 통해 생태계 확장을, API를 통해 안정적 수익을 창출하려는 것이다.

이러한 하이브리드 전략이 개방형 생성형AI의 일반적인 비즈니스 모델에 해당한다.

메타는 라마3과 3.1(405B)을 공개하며 오픈소스 생태계의 선두주자로 자리 잡았고, 미스트랄은 범용 MoE^{Mixture of Experts} 오픈웨이트 모델인 믹스트럴^{Mixtral}과 코딩에 특화된 Dense 모델인 코드스트럴 두 가지를 제공하고 있다. 참고로 MoE 모델은 모델 내 여러 전문가 네트워크를 두고 입력이 들어오면 일부 전문가만 활용하여 답변을 만드는 방식을 말하며, Dense는 답변을 만들 때 모든 파라미터를 매번 사용하는 모델을 의미한다.

알리바바의 큐웬 시리즈는 수십억에서 수백억 매개변수까지 공개된 모델을 제공하면서 다국어와 코딩, 수학 등 특화 영역을 지원한다. 중국의 딥시크는 R1 시리즈를 라이선스로 공개하고, 저비용 훈련을 통해 글로벌 인공지능 비용 구조에 도전장을 던졌다. 이러한 개방형 모델들은 자체 호스팅과 맞춤형 학습이 용이하다는 점에서 중소기업과 스타트업의 선호도가 높으며, 동시에 오픈 생태계의 형성에 큰 역할을 담당하고 있다.

개방형 생성형 인공지능

기업	모델/버전	주요 특징	전략 및 사업적 의미
Meta	Llama 3, Llama 3.1(405B)	오픈소스 최대규모 모델, 다국어·멀티모달 지원	연구자·스타트업 중심 생태계 확대, 오픈소스 표준화
Mistral	Mixtral, Codestral	MoE 구조, 경량·효율성 강조	코드·비전 특화, 오픈소스 기반 스타트업과 협력 강화
Alibaba	Qwen 2.5 (0.5B~72B)	다양한 규모, 코딩·수학 특화	중국 및 글로벌 OSS 생태계 양쪽 공략
DeepSeek	R1 시리즈	MIT 라이선스 공개, 저비용 훈련(H800 GPU 2000장)	비용혁신으로 글로벌 시장 충격, Azure 등 채널 확장

② 클라우드 vs. 온디바이스

지금까지 대부분의 고성능 인공지능 모델은 클라우드 인프라에서 제공되었으나, 2024년을 기점으로 애플과 마이크로소프트가 주도하는 온디바이스 실행 방식이 새로운 흐름으로 부상하고 있다. 애플은 iOS와 macOS에 애플 인텔리전스를 도입하면서 개인 데이터는 기기 내에서 처리하고, 대규모 연산은 프라이빗 클라우드를 활용하는 하이브리드 방식을 제시하였다. 마이크로소프트는 코파일럿 플러스 PC를 출시하여, 자체 NPU(초당 45조 연산 수준)를 활용해 자신의 기기에서 직접 인공지능을 실행할 수 있게 하였다. 이러한 변화는 인공지능이 네트워크에 의존하지 않고도 빠르고 안전하게 동작할 수 있음을 보여주며, 지연 시간 단축과 개인정보 보호라는 새로운 가치를 제시한다고 볼 수 있다. 클라우드는 여전히 대규모 연산의 중심이지만, 온디바이스는 일상생활 속에서 인공지능이 더 자연스럽게 활용되는 기반이 되고 있다.

③ 마켓플레이스

마지막으로, 마켓플레이스의 부상은 인공지능 기술과 서비스의 경쟁 체계를 생태계라는 새로운 차원으로 이끌고 있다. 앞에서 언급한 바와 같이, 오픈AI의 GPT스토어는 누구나 맞춤형 GPT를 만들어 공유하고 배포할 수 있도록 하였고, 이미 수백만 개의 GPT가 만들어지며 거대한 개발자 생태계를 형성하고 있다. 스마트폰의 플레이스토어가 스마트폰 시장의 폭발적 성장을 이끌었던 것처럼, 생성형AI 시장 또한 이러한 생태계를 꿈꾸고 있다. 즉, 단순히 기능의 확장을 넘어, 인공지능을 하나의 플랫폼 산업으로 전환시키는 역할을 하고 있는 것이다.

생성형AI 경쟁 진형

구분	주요 기업	대표 사례	사업적 의미
폐쇄형 플랫폼	OpenAI	GPT Store, ChatGPT, GPT-5, o 시리즈	고성능 모델과 마켓플레이스를 결합해 프리미엄 엔터프라이즈 시장 장악, 개발자 생태계 확대
	Google	Gems, Gemini 1.5/2.0/2.5, Workspace 통합	생산성 툴 전반에 AI 결합, 구글 생태계 중심의 락인 효과 강화
	Microsoft	Copilot Studio, Office Copilot	기업 데이터·툴 연결 통한 전사 에이전트 플랫폼 구축, Azure 기반 생태계 확장
	Anthropic	Claude Projects, Claude 3.5/4	긴 맥락·합리적 가격으로 지식 노동 시장에서 입지 강화, 신뢰성 확보
오픈소스	Meta	Llama 3, Llama 3.1(405B), Llama 4 로드맵	오픈소스 LLM 표준화, 연구자·스타트업 중심의 글로벌 오픈 생태계 확대
	Mistral	Mixtral, Codestral, Mistral Large	MoE 구조와 경량화로 스타트업·개발자 친화형 모델 공급, 코드·비전 특화
	Alibaba	Qwen 2.5 (0.5B~72B)	다양한 크기·다국어 지원으로 중국 내수+글로벌 시장 동시 공략
	DeepSeek	R1 시리즈 (MIT 라이선스 공개)	저비용 훈련·개방형 배포로 비용 혁신, Azure·NIM 연동으로 상용 채널 확대
클라우드	NVIDIA	Blackwell GB200, NIM	추론·배포 표준화, 글로벌 AI 인프라 핵심으로 자리매김
	AWS	Bedrock, Agents for Bedrock	다양한 모델 통합·에이전트 제공, B2B 기업용 AI 생태계 강화
	Microsoft	Azure Model Catalog, Copilot	OpenAI·Meta·DeepSeek 등 모델 통합 제공, 멀티모델 허브 전략
	Google Cloud	Vertex AI, AI Foundry	Gemini 중심 모델·툴·데이터 통합, 클라우드 기반 엔터프라이즈 AI 생태계 구축

	Apple	Apple Intelligence (iOS/macOS)	온디바이스+프라이빗 클라우드, 개인화·보안·생태계 락인 강화
온 디바이스	Microsoft	Copilot+ PC, Windows 11	Snapdragon X Elite NPU 기반 로컬 추론, 지연·비용 절감
	Qualcomm	Snapdragon X Elite/Plus	모바일·PC용 NPU, 실시간 번역·비전 처리 등 기기 내 AI 대중화
	Hugging Face	모델 허브, 데이터셋	수십만 개 모델·데이터셋, 오픈소스 생태계의 중심 허브 역할
커뮤니티· 허브	LangChain	LLM 프레임워크	LLM 기반 애플리케이션 개발 표준 도구, 빠른 프로토타이핑 지원
	LlamaIndex	데이터 연결 프레임워크	비정형 데이터-LLM 연결, 기업 맞춤형 활용 촉진

결국, 생성형AI의 경쟁지형은 폐쇄형과 개방형의 양극화, 클라우드와 온디바이스의 병행, 그리고 마켓플레이스를 통한 생태계 확장이라는 세 축으로 요약된다.

폐쇄형은 안정성과 품질을 무기로 엔터프라이즈 시장을 공략하고, 개방형은 비용 효율성과 오픈 생태계로 확산을 주도한다. 클라우드는 여전히 고성능 모델의 기반이지만, 온디바이스는 개인화와 보안이라는 새로운 가치를 창출한다. 그리고 마켓플레이스는 인공지능을 하나의 산업적 플랫폼으로 격상시키며, 결국 누가 더 빠르게 생태계를 장악하느냐가 향후 경쟁의 핵심으로 자리 잡게 될 것이다.

3.2 빅테크 기업의 AIX 미래전략

우리는 지금까지 생성형AI에 대해 살펴보았다. 2022년 일반 대중에서 서비스를 시작한 이후, 폭발적인 반응을 불러일으켰고, 시간이 갈수록 그 서비스 또한 많은 발전을 하였다.

지금부터는 빅테크 기업 입장에서, 이러한 생성형AI를 기반으로 AIX 비즈니스 전략을 어떻게 세우고 있는지 살펴보고자 한다. 대표적 빅테크인 마이크로소프트, 오픈AI, 구글 그리고 메타의 전략을 살펴보고자 하는데, 이들의 공통적인 특징은 모두 인공지능을 기업 업무와 개인의 일상에 자연스럽게 녹아내려는 것으로, 인공지능을 하나의 독립적 기능이 아니라, 운영체제, 플랫폼 그리고 생태계 전반에 스며들게 하는 것이 특징이라고 할 수 있다. 그럼, 하나하나 그 차이를 살펴보자.

기업	전략 방향성
마이크로소프트	PC 운영체제의 인공지능 및 자동화 중심
오픈AI	오픈 인공지능 기반의 생태계 중심
구글	일상적 서비스의 융합 중심
메타	가상공간 몰입 중심

메타의 AIX 비즈니스 전략

2025년 인공지능 관련한 기사에 많이 회자된 기업 중의 하나가 바로 메타라고 할 수 있다. 기존에 메타가 내놓았던 라마 모델이 오픈소스 진영을 대표하는 모델로 주목받았지만, 그 성능측면에서는 오픈AI나 앤트로픽과 같은 폐쇄형 모델에 비해 부족하다는 평가가 있었다. 이러한 부분을 만회하고자 개발자를 연봉 1억 달러, 한화로 하면 1,200억 원이라는 상상하기 힘든 금액을 제시하며 영입을 하였다. 이러한 것은 기존 모델의 한계를 극복하기 위한 노력도 있겠지만, 무엇보다 범용 인공지능AGI 레이스에서 뒤쳐지지 않기 위한 선제적 투자이며, 경쟁에서 더 이상 밀리면 미래는 없다는 절박함에서 나온 자구책이라 생각된다.

메타의 AIX 전략은 단기적 성과보다는 장기적 비전을 향해 나아가고 있다는 점에서 주목할 만하다. 메타가 지향하는 미래의 핵심 축은 크게 다섯 가지로 나눌 수 있다.

우선, 메타는 글라스 시장에 진심인 모양이다. 2025년 9월에 공개한 Ray-Ban Display 스마트 글래스는 인공지능과 메타버스를 연결하는 핵심 디바이스로 평가된다. 렌즈 내부 디스플레이와 손목밴드를 결합해 손짓만으로 화면을 제어할 수 있으며, 사용자의 시야와 주변 소리를 실시간으로 인공지능이 인식하도록 설계되어 있다. 이러한 시도의 핵심은 디바이스와 일상생활과의 새로운 인터페이스를 만들려는 시도라고 할 수 있다. 현재 시점에서, 우리에게 가장 중요한 디바이스는 스마트폰이라고 할 수 있는데, 이 디바이스를 사용하려면 주머니에서 스마트폰을 꺼내어 사물을 촬영하거나 앱을 조작해야만 내가 원하는 서비스를 받을 수 있다. 하지만, 글래스는 항상 착용하면서 나의 일상생활을 자동으로 인지하고 자연어로 대화를 통해 서비스를 받을 수 있는 구조이다. 즉, 일상 속에서 인공지능과 상시 연결된 인터페이스를 갖게 되는 것이다. 또한 Ray-Ban Display는 메타버스 전략과도 연결된 것이라 할 수 있다. 완전한 가상현실VR 기반 접근에서 벗어나, 증강현실AR과 인공지능을 결합해 현실 공간 위에 확장된 가상 경험을 제공하려는 시도로, 메타버스를 일상 속에서의 확장 현실로 재정의하려는 방향성을 보여준다.

둘째, 메타는 인공지능 연구의 최종 목표인 범용 인공지능AGI

달성을 위해 초지능 연구에 과감히 투자하고 있다. 2025년 출범한 메타 슈퍼인텔리전스 랩은 연구 조직을 통합하고 슈퍼컴퓨팅 인프라를 강화하면서, 단순한 대화형 모델을 넘어 인간 수준의 범용 지능 구현을 목표로 하고 있다. 이는 구글 딥마인드나 오픈AI와의 정면 경쟁을 선언한 것으로, 인공지능 경쟁에서 뒤처지지 않겠다는 저커버그의 강한 의지를 반영한다.

셋째, 메타는 앞에서 계속해서 언급한 바와 같이, 개방형 생태계 전략을 강화하고 있다. 라마 시리즈를 오픈소스로 공개한 것은 단순한 기술 배포 차원이 아니라, 전 세계 개발자와 연구자를 자사의 생태계로 흡수하려는 노력이다. 이러한 개방형 접근은 폐쇄적 모델 전략을 택한 오픈AI, 앤트로픽과 차별화되며, 안드로이드가 개방형 모바일 생태계를 주도했던 것과 유사한 궤적을 기대하고 있다. 메타는 이를 통해 자사의 플랫폼(Facebook, Instagram, WhatsApp, Quest)과 인공지능 모델을 결합하여 장기적으로 독자적인 '라마 생태계'를 구축하고자 하는 것이다.

넷째, 메타는 초대형 인프라 투자를 통해 경쟁사와의 격차를 벌리려 하고 있다. 이미 수십억 달러 규모를 투입해 차세대 데이터센터와 GPU 클러스터를 확보하고 있으며, 엔비디아의 H100, B200과 같은 최신 인공지능 칩을 대량으로 선점하고 있다. 이러한 투자는 단순한 연구 지원을 넘어, 미래에 인공지능 서비스가 폭발적으로 확산될 때 원가 우위를 확보하고 막대한 트래픽을 처리할 수 있는 유일한 기업으로 자리매김하기 위한 노력이다.

마지막으로, 메타는 인공지능과 메타버스의 결합을 중요한 전략 축으로 삼고 있다. 회사 이름까지 메타라고 변경할 정도로 메타버스 사업에 진심이긴 하지만, 현재까지의 결과가 기대에 미치지 못하며 시장의 회의적인 평가를 받은 것은 사실이다. 그러나, 최근 메타는 호리즌 월드(메타에서 개발한 소셜 가상현실)를 중심으로 새로운 가능성을 시험하고 있다. 이러한 기능은 단순히 가상 세계를 재구성하기보다는 이용자가 보다 쉽게 자신만의 캐릭터와 공간을 제작하고, 몰입형 경험을 확장할 수 있도록 돕는 보완적 진화의 단계라 할 수 있다. 이는 메타의 하드웨어와 소프트웨어 플랫폼을 동시에 강화하는 수단이자, "메타버스는 인공지능을 통해 다시 확장된다"는 저커버그의 장기적 비전을 구체화하는 시도로 이해할 수 있다.

오픈AI의 AIX 비즈니스 전략

생성형AI의 대표주자인 오픈AI의 비즈니스 전략은 크게 세 가지로 생각할 수 있다.

먼저, 첫 번째 전략은 생태계 확장이다. 이는 단순히 인공지능 모델을 API 형태로 기업에 제공하는 차원을 넘어, 플랫폼을 구축하여 누구나 참여할 수 있는 장을 마련한다는 전략이다. 대표적인 사례가 앞에서 계속해서 설명한 2024년 초 정식으로 공개된 GPT 스토어이다. GPT 스토어는 일종의 애플의 앱스토어와 같은 역할을 한다. 즉, 개발자나 개인 사용자는 GPT 기반의 챗봇이나 에이전트를 만들어 등록할 수 있고, 이를 다른 사용자들이 구매함으로써 자연스러운 생태계가 만들어지는 것이다. 다시 말해, 오픈AI는 파운데이션 모델(GPT-4o, GPT-5 등)을 제공할 뿐만 아니라, 각 개인 혹은 기업이 특정 목적에 맞게 특화된 소규모 서비스를 만들어 공유하는 생태계를 만들어 가는 것이다. 이는 양면시장Two-Sided Market 구조를 띠는데, 한쪽에서는 창작자(개발자, 기업, 개인 사용자)가 새로운 에이전트를 제작해 공급하고, 다른 한쪽에서는 소비자가 이를 다운로드 받아 활용하게 된다. 오픈AI는 이 과정을 중개·관리의 역할을 하며 수익을 발생시킨다.

결국, 구글이나 애플이 앱스토어를 통해 플랫폼 비즈니스를 확장했던 전략과 동일하다고 볼 수 있다. 과거 애플이 앱스토어를 통해 하드웨어 중심의 기업에서 서비스 플랫폼 기업으로 진화했듯이, 오픈AI 역시 GPT 스토어를 통해 단일 서비스 제공자에서 생태계 플랫폼 기업으로 변모하고 싶다는 것을 알 수 있다.

두 번째 비즈니스 전략은 AI 에이전트 전략이다. 앞서 언급한 생태계 확장이 개인과 기업이 함께 참여하는 비즈니스 모델이라면, AI 에이전트 전략은 오픈AI가 직접 제공하는 인공지능 서비스라고 볼 수 있다. AI 에이전트는 단순히 질문에 답변하는 챗봇을 넘어, 사용자의 목적을 이해하고 자율적으로 작업을 수행하는 인공지능을 의미한다. 여기서 핵심 키워드는 바로 '자율적 작업'이다. 예를 들어, AI 에이전트는 웹 브라우징을 통한 정보 수집, 코드 작성과 디버깅, 데이터 분석, 이메일 작성과 일정 관리 등 다양한 작업을 스스로 처리할 수 있다는 것이다. 오픈AI가 챗GPT에 지속적으로 탑재하는 기능들은 모두 이러한 에이전트 기능의 일환이라고 볼 수 있다.

또한 단순히 API 서비스를 제공해 주는 역할에 머무르지 않고, 사용자에게 직접 인공지능 서비스를 제공하는 주체로 자리 잡고자 하는 노력도 하고 있다. 2022년 말, 챗GPT가 출시된 후 역사상 가장 빠른 시간에 사용자를 끌어모으는 기록을 세웠고, 챗GPT 플러스라는 구독 모델(월 20달러)을 통해 직접적인 소비자 매출원을 확보하고 있다. 이것은 오픈AI가 기업 고객B2B Biz. 중심에서 개인 고객B2C Biz. 중심으로 확장하며, 구독 기반 서비스 기업으로의 전환을 의미한다고 볼 수 있다. 다만, 많은 분이 챗GPT가 개인 사용자에게 먼저 서비스를 제공한 후, 기업용 서비스로 전환한 것으로 알고 있는데, 사실 오픈AI는 2015년부터 기업용 서비스를 제공하였고, 이후 2020년 GPT-3 API를 공개하면서 기업과 개발자를 중심으로 서비스를 조금씩 확대하였다. 이후 2022년 11월 챗GPT가 출시되면서 일반 대중B2C Biz. 중심의 서비스로 자리매김하였다. 또한 최근에는 딥 리서치 기능을 공개하며, 사실상 경쟁사 구글의 핵심 비즈니스인 웹 검색 영역까지 확대하였다.

세 번째 전략은 디바이스이다. 이는 소프트웨어 중심이었던 오픈AI의 비즈니스 모델을 하드웨어 영역으로 확장하려는 시도로, 최근 들어 가장 주목받는 변화라고 할 수 있다. 이를 위해, 2025년 5월에 오픈AI는 애플의 전 수석 디자이너 조니 아이브가 설립한 스타트업 io를 약 65억 달러에 인수하였다. 이것은 오픈AI 역사상 최대 규모의 인수이며, 인공지능 기업이 단순한 소프트웨어 제공을 넘어, 인공지능 네이티브 하드웨어 개발에 착수했다는 점에서 큰 의미를 갖는다. 앞에서 언급한 메타의 글래스처럼 말이다. 다만, 오픈AI가 지향하는 새로운 디바이스의 방향성은 "항상 주변에 존재하며 상황적 맥락을 이해하는 동반자형 인공지능"으로, 기존의 스마트폰이나 노트북과는 다른 개념으로 접근하고 있다. 즉, 인공지능 시대에는 이제까지 없었던 새로운 형태의 기기가 필요함을 강조하고 있으며, 현재까지 알려진 개념으로는, "화면 없는", 그리고 "주머니 속에 들어가는" 디바이스 정도로 알려져 있다. 이는 기존의 스마트폰처럼 다기능을 제공하기보다, 자연어를 기반으로 한 상호작용 그리고 실시간 맥락 인식에 특화된 장치로 구상되고 있다. 현재로서는 2026년 말~2027년경 첫 제품 출시가 예상되며, 이는 인공지능이 단순히 앱이나 웹에서만 머무르지 않고, 물리적 기기 차원에서 인간의 삶에 상시적으로 결합되는 변곡점이 될 수 있다.

오픈AI의 AIX 비즈니스 전략 방향

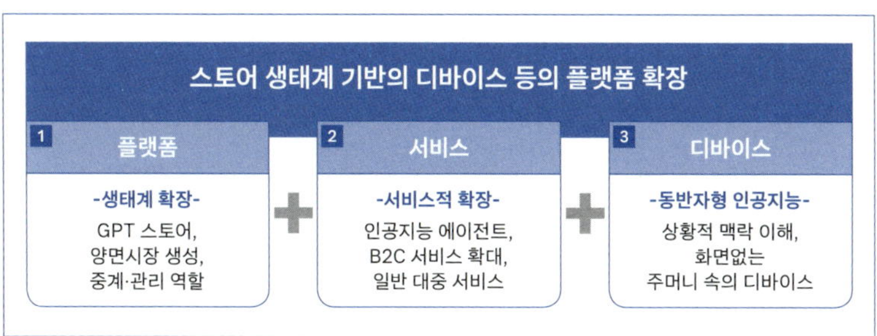

지금까지 살펴본 오픈AI의 세 가지 전략은 각각이 독립적으로 존재하는 것이 아니라, 서로 긴밀하게 연결되어 있다. GPT 스토어에서 에이전트가 확산되고, 챗GPT와 같은 에이전트가 자체 서비스를 통해 사용자 경험을 혁신하며, 나아가 새로운 디바이스가 이를 일상 속에 항상 연결해 주는 역할을 한다. 결국 오픈AI가 그리는 미래는 단순한 인공지능 모델의 제공이 아니라, "플랫폼 + 서비스 + 디바이스"를 아우르는 종합적인 생태계를 구축하는 것이다.

구글의 AIX 비즈니스 전략

구글의 인공지능 전략을 살펴보면, 단순히 새로운 모델을 내놓는 차원을 넘어 일상생활의 인공지능을 강조하고 있다. 메타는 '메타버스와 인공지능의 융합'을 강조하고, 오픈AI가 '생태계 확장'을 중심에 두고 있다면, 구글은 보다 실용적이고 자연스러운 방식으로 우리의 일상에 인공지능을 녹여내려 하고 있다. 최근 기사와 구글 I/O에서 발표된 내용을 종합해 보면, 구글의 AIX 전략은 크게 네 가지 축으로 정리된다. 하나하나 살펴보자.

첫 번째로, 구글은 멀티모달 디바이스 생태계를 강하게 밀어붙이고 있다. 스마트폰과 워치, 이어버드, 그리고 스마트글래스에 이르기까지, 다양한 스마트 기기들을 하나의 엠비언트 인공지능 환경 속에서 연결하려는 시도다. 엠비언트 인공지능이란, 곧 '공기처럼 우리 주변에 존재하는 인공지능'을 의미한다. 이는 단순히 하드웨어 판매를 늘리기 위한 전략이라기보다, '몸에 걸치고, 손에 쥐고, 귀에 꽂는 모든 디바이스가 나를 둘러싼 인공지능 환경'을 구축하는 과정이라고 할 수 있다. 예컨대 안드로이드 XR Extended Reality 플랫폼(가상현실VR과 증강현실AR을 포함하는 상위 개념으로, 현실과 가상 세계를 융합하는 모든 기술을 통칭하는 확장현실을 의미) 기반으로 개발 중인 스마트 글래스에는 제미나이 모델이 직접 탑재되어, 길을 걷다가 모르는 간판을 보면 즉시 번역해 주고, 앞에 서 있는 건물이 무엇인지 설명해 주며, 내비게이션 방향을 시각적으로 보여줄 수 있다. 흥미로운 점은 구글이 이 프로젝트를 혼자 진행하지 않고, 젠틀몬스터나 워비 파커 같은 안경 브랜드와 협력하여 진행한다는 것이다. 그 이유는, 구글의 과거 초기 구글 글라스에서 기술적 진보는 있었지만 실패했던 원인이, "디자인적으로 투박하고, 착용감이 좋지 못했다"에 있다고 보고, 이러한 문제를 근본적으로 해결하기 위함이다. 즉, 구글은 기술을 담당하고 안경의 디자인과 착용감은 기존 안경 브랜드에 맡겨서, 말 그대로 '쓰고 싶은 안경'으로 접근하는 것이다. 이는 단순한 디바이스 확장이 아니라, 인공지능 시대의 새로운 사용자 경험의 실험이라고 할 수 있다.

두 번째 전략 방향성은, 제미나이 모델의 확장과 이를 통한 생성형 검색 경험^{SGE: Search Generative Experience}이다. 우선, 제미나이 1.0과 2.0, 그리고 최근 공개된 2.5 Pro의 차이를 살펴보면, 모두 멀티모달을 지원한다는 점에서는 같지만 각 세대마다 강조점이 달랐다. 2023년 12월 공개된 1.0은 텍스트와 이미지, 코드 등을 하나의 문맥 안에서 처리할 수 있었지만, 실제로는 텍스트 중심의 응답에 이미지 분석 기능이 보조적으로 붙은 정도였다. 이어 2024년 12월 공개된 2.0은 오디오와 비디오까지 자연스럽게 다루고, 외부 도구(Search, Maps, 코드 실행 등의 일종의 외부연계 에이전트로, 검색결과를 모델에 넘기면 모델이 자연어로 답변하는 방식. 코드실행은 연산 및 그래프 생성 에이전트)를 호출할 수 있는 기능을 포함하였다. 또한 2025년 초에 공개된 2.5 Pro는 보다 복잡한 문제를 해결할 수 있는 딥싱크 모드와 빠른 응답을 가능하게 하는 플래시Flash 모델을 개발하였다.

하지만, 구글의 가장 큰, 그리고 근본적인 고민은 여기에 있지 않다. 누구나 알고 있듯이, 지금의 구글을 있게 만든 것은 바로 검색엔진이다. 전 세계 검색시장을 장악하면서, 검색결과에 광고를 연결하여 엄청난 수익을 발생시켰다. 문제는 이러한 구글의 수익모델이 생성형AI로 인해 방해를 받고 있다는 것이다. 생성형AI는 기존의 검색엔진과는 다르게, 답변의 리스트를 제공하는 것이 아닌 정답이라는 콘텐츠를 내보내는 구조이다 보니, 광고를 연결하기 어려운 서비스 형태이다. 전체 매출의 90% 이상이 광고를 통해 발생하는 구글의 입장에서는 큰 고민이 아닐 수 없다.

구글이 멀티모달 제미나이 모델에 집중하는 이유가 바로 여기에 있는데, 온라인 검색 서비스와 결합하기 위함이다. 이것을 생성형 검색경험SGE 이라는 것인데, 사용자가 질문을 입력하면 제미나이가 웹을 분석해 요약된 답변을 제공하고, 그 안에 광고와 관련 링크를 함께 배치하는 구조로 서비스하는 방식이다. 이렇게 하면 사람들은 생성형AI의 편리함을 누리면서도, 여전히 구글 광고를 접할 수 있으며, 실제로 구글은 자사 블로그를 통해 생성형 검색경험SGE을 시험 도입한 결과, 사용자들이 더 빠른 시간 안에 원하는 정보를 찾을 수 있었다고 강조하였다. 하지만, 이것은 구글의 의견일 뿐 실제 마케팅 업체의 분석에 따르면 검색 페이지에서 인공지능 요약이 눈에 띄게 자리 잡게 되면, 기존의 광고 클릭률이 낮아지는 현상이 발생하고 있다고 말한다. 그렇기 때문에 구글은 검색 결과 페이지의 재구성을 통해, AI가 만들어 내는 답변 블록과 광고 슬롯을 함께 배치하는 방식으로 광고 노출을 유지하려 하고 있다. 결국, 제미나이의 발전은 단순히 인공지능의 지능을 높이려는 시도보다는, 광고 기반 수익모델을 인공지능 시대에도 존속시킬 수 있도록 설계된 전략적 장치인 셈이다. 즉, 광고 클릭률을 유지하고 확대하는 제미나이 전략만이 구글이 인공지능 시대에도 여전히 검색시장의 지배자로 남을 수 있을 유일한 방법이다.

세 번째 비즈니스 전략은, 여느 빅테크 기업과 마찬가지로 에이전트다. 제미나이의 에이전트 모드는 단순히 질문에 답하는 인공지능을 넘어, 능동적으로 일을 처리해 주는 것을 목표로 한다. 예를 들어, "다음 주 금요일 오사카 해외출장을 잡아 줘"라고 말하면, 캘린더를 직접 확인하고, 비행기표와 호텔을 확인한 후 일정표에 등록하는 식이다. 실제로 최근 공개된 프로젝트 마리너는 웹을 직접 탐색하고 필요한 정보를 자동으로 수집하며, 온라인 양식을 대신 작성해 주는 등 사람의 개입 없이도 복잡한 업무,

즉 사람의 워크플로를 처리할 수 있는 가능성을 보여줬다.

참고로, 이러한 에이전트 모드는 기본적으로 스마트폰의 제미나이 앱에서 필요한 작업을 자동으로 수행한다. 동시에 이메일, 문서작업, 저장소, 캘린더 등과 같은 Google Workspace 각 서비스 내부에서 에이전트가 문서 작성, 이메일 정리, 파일 관리 및 일정 생성과 같은 구체적 업무를 직접 처리한다.

네 번째 비즈니스 전략은, 실시간 일상 보조 서비스를 통해 인공지능을 생활 속에서 체감할 수 있도록 하는 것이다. 대표적인 예가 제미나이 라이브다. 카메라로 현재 상황을 보여주면, 옷차림을 코디해 주거나 가구 조립 방법을 단계별로 알려주기도 하고, 책상 위 물건을 가리키면 무엇인지 설명해 준다. 단순히 텍스트로 대화하는 인공지능이 아니라, 시각적으로 상황과 문맥을 이해하고 즉각적인 도움을 주는 것이다. 2025년 구글 I/O 행사에서 발표되어 유명하게 된 영상이 하나 있었는데, 어떤 남자가 자신의 고장난 자전거를 스마트폰의 구글과 대화를 하며 고치는 영상이 있었다. 이것이 바로 제미나이 라이브이다. 당시 여러 매스컴과 유튜브에서 진정한 멀티모달 인공지능이 시작되었다고 극찬하기도 하였다.

이처럼 구글의 AIX 전략은 '멀티모달 기기-제미나이 모델-에이전트-실시간 생활 보조'라는 네 가지 축을 중심으로 전개되고 있다. 흥미로운 점은, 구글이 이 전략들을 통해 만들고자 하

                                                                싱귤래리티

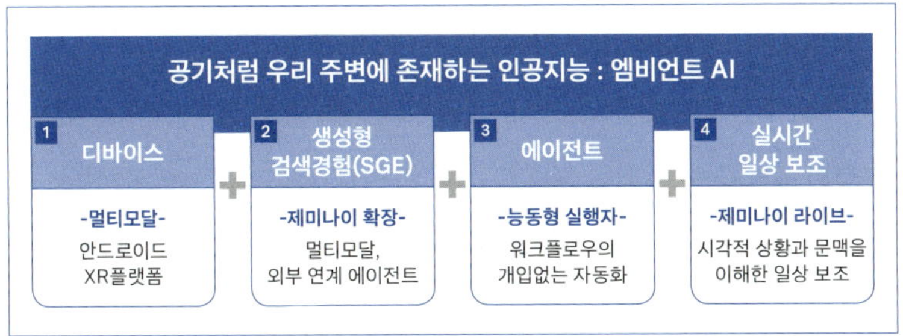

는 그림이 단순히 기술적 우위를 확보하는 것이 아니라, 사용자의 일상에 자연스럽게 스며드는 경험을 제공하는 데 있다는 점이다. 구글은 인공지능이 특정 기능이 아닌, '공기처럼 일상생활에 존재하는 인공지능'이 되기를 원하고 있다.

마이크로소프트의 AIX 비즈니스 전략

마이크로소프트는 2010년 이전까지는 사실상 전 세계 IT 산업의 절대 강자로, 특히 운영체제와 오피스 제품군에 있어서는 글로벌 PC 시장의 표준이라고 해도 과언이 아니었다. 그러나 2010년대 들어 모바일 시대에 적절한 대응을 하지 못했고, 윈도우 폰의 실패 등으로 인해 구글, 애플에 밀리면서 경쟁에서 다소 뒤처진 모습이었다. 이러한 상황에서 마이크로소프트는 2019년 오픈

AI에 10억 달러를 투자하면서 새로운 전환점을 마련하였다. 오픈AI의 GPT 시리즈가 세계적인 성공을 거두자, 마이크로소프트는 단숨에 세계 최고의 '인공지능의 운영 플랫폼 기업'으로 자리매김할 수 있는 기회를 잡았다. 즉, 마이크로소프트는 자신을 소프트웨어 개발 기업이 아닌, '인공지능 운영체제AI Operating System'를 만들어 가는 기업으로 변화하고 있다. 참고로, '인공지능 운영체제'라는 것은, 인공지능을 애플리케이션 차원이 아닌 운영체제OS 수준에서 기본 기능처럼 통합되는 것을 의미한다. 즉, 워드, 엑셀, 아웃룩 같은 개별 소프트웨어 차원이 아닌, 윈도우 자체에 코파일럿을 심어서 확장된 운영체제OS로 변화하고, 한발 더 나아가 클라우드(Azure), 개발도구(GitHub) 그리고 디바이스(Copilot+ PC)까지 하나의 통합 플랫폼으로 묶어서 인공지능 컴퓨터로 만드는 전략을 의미한다. 결국, 과거에 윈도우가 'PC 시대의 운영체제'였듯이, 이제는 코파일럿을 중심으로 한 "인공지능 시대의 운영체제"를 만들어 가고자 하는 것이다.

마이크로소프트의 AIX 비즈니스 전략은 크게 다섯 가지 축으로 정리된다.

첫 번째 비즈니스 전략은, 앞에서 설명한 코파일럿의 운영체제OS화이다. 2024년 이후 출시된 윈도우 11에는 코파일럿이 시스템 레벨에서 탑재되었고, 워드, 엑셀, 아웃룩 등 오피스 제품군에도 기본 기능으로 탑재되었다. 이는 과거 마이크로소프트가 인터넷 익스플로러를 운영체제^{OS}에 통합해 시장 지배력을 강화했던 전략과 유사하다고 볼 수 있다. 참고로, 코파일럿의 기능은 기본적으로 오픈AI의 모델을 백엔드에서 호출하여 인공지능 서비스를 제공하는 것이며, 따라서 네트워크가 연결되어 있지 않으면 코파일럿기능도 사용할 수 없다.

두 번째 전략은, 이중 모델 전략이다. 마이크로소프트는 오픈AI의 최신 모델(GPT-4o, GPT-5 등)을 코파일럿 서비스에 연결하는 동시에, 자체 인공지능 모델도 개발하고 있다. 대표적으로 두 가지 모델이 있는데, 소형 언어모델인 파이-4(2024년 12월)와 거대 언어모델인 마이MAI: Microsoft AI(2025년 8월)가 있다. 참고로, 파이-4는 초경량·저비용 기반의 추론에 특화된 모델로 기업 내부적으로 인공지능을 가볍게 적용하는 데 활용될 수 있으며, 마이는 복잡한 문서 작성, 멀티모달 처리, 음성 인식 등 고성능 작업에 최적화되어 있다. 어쨌든, 이러한 이중 전략을 적용하는 이유는, 무엇보다 비용이 최적화된 서비스를 제공하기 위함으로, 특정 도메인에 특화된 인공지능 모델을 개발하는데 용이하기 때문이다. 기존의 오픈AI 언어모델은 범용 인공지능 모델이다 보니, 특정 도메인의 데이터를 별도로 학습하기에는 한계가 있고, 이러한 문제를 해결하기 위함이라고 보면 된다.

세 번째 비즈니스 전략은, 온디바이스 인공지능 확장이다. 마이크로소프트는 PC 제조사들과 협력하여 코파일럿 플러스 PC라는 새로운 제품을 선보였다. 이는 신경망 처리장치 NPU^Neural Processing Unit를 탑재한 노트북·데스크톱 제품으로, 인터넷 연결 없이도 코파일럿 기능을 실행할 수 있도록 하였다. 마이크로소프트는 이전에 서피스라는 노트북 브랜드를 내놓았으나 시장에서 어려움을 겪었던 경험이 있다 보니, 이번에는 자체 브랜드를 출시하기보다는, 레노버, 델, 에이수스 등과 같은 기존 제조사와 함께 'PC 생태계'를 만들고 있다. 2024년 5월 첫선을 보인 코파일럿 플러스 PC는 출시 당시 시장 반응은 뜨겁지 않았지만, 인공지능 PC시장이 2025년 1분기에 27%, 말에는 31%로 올라갈 것으로 예상되는 만큼, 코파일럿 플러스 PC 또한 기대해 볼 수 있지 않을까 생각된다.

네 번째 전략은 에이전트 생태계 구축이다. 코파일럿을 단순한 업무 도우미가 아니라, 사용자가 직접 만들고 관리할 수 있는 '에이전트 플랫폼'으로 발전시키려는 전략이다. 코파일럿 스튜디오는 기업 고객이 자사 데이터와 업무 프로세스를 반영한 맞춤형 코파일럿을 생성할 수 있도록 지원한다. 즉, 기본적으로 기업 내 데이터를 활용하여 에이전트를 만들기 때문에, 기업 내 폐쇄망에서 활용할 수 있도록 하며, 개개인이 자신에게 필요한 에이전트를 만드는 만큼, 전사차원에서는 이를 관리하고 공유해주는 권한 또한 필요할 텐데, 이것은 '에이전트 365'를 통해 다수의 에이전트를 관리하고 상호작용이 일어날 수 있도록 해준다. 또한 데이터 분석을 위해 패브릭이라는 데이터 에이전트를 추가하였는데, 복수의 에이전트가 서로 협업하여 데이터를 처리할 수 있도록 지원한다.

마이크로소프트의 AIX 비즈니스 전략 방향

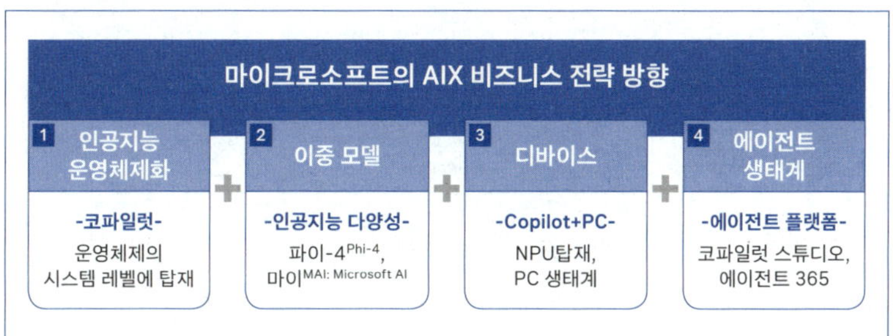

마이크로소프트는 기존 고객이 기업인 만큼, AIX 비즈니스 전략 또한 B2B에 집중된 경향을 보이고 있다. 또한 운영체제OS 와 MS 오피스 제품 중심의 확고한 비즈니스 방향성이 있는 만큼, 기존 제품과 인공지능과의 시너지를 어떻게 확대시킬 것인가가 AIX 비즈니스의 방향임에는 틀림없어 보인다. 따라서, 마이크로소프트의 전략은 디바이스와 연계한 인공지능 운영체제화OS 그리고 사무환경에서 MS 오피스 기반의 업무 생산성 향상이 그 기본 방향성으로 예상된다.

PART III

기술의 진화와 싱귤래리티

Chapter 1

비즈니스,
그 변화로 바라본 미래

비즈니스 싱귤래리티 Singularity

인류의 비즈니스 역사는 인간의 노동과 기술이 만들어낸 연속적인 특이점, 즉 싱귤래리티의 역사라고 할 수 있다. 각 시대의 전환점은 단순한 산업의 변화가 아니라, 인간의 노동 방식과 가치체계, 그리고 비즈니스의 목적이 근본적으로 재정의된 순간이라고 할 수 있다.

이번 장에서는 각 시대별 싱귤래리티를 간략히 살펴보고, 다음 장에서 각각의 내용을 보다 자세히 다루고자 한다.

첫 번째 싱귤래리티는, 제조업 중심의 제조 트랜스포메이션, 즉 MX^Manufacturing Transformation 시대이다.

18세기 후반 산업혁명으로 시작된 이 시기에는 증기기관과 조립라인, 테일러리즘과 포디즘이 결합되어 생산공정의 표준화가 이뤄졌다. 기술의 핵심은 기계화였고, 비즈니스의 중심 가치는 효율성과 생산성이었다. 기업은 가능한 한 적은 비용으로 더 많은 제품을 생산하기 위해 시스템과 거버넌스를 도입하기 시작했고, 이를 통해 근대적 제조 비즈니스의 구조가 확립되었다. 즉, '비용 절감' 및 '생산성 향상'이라는 비즈니스의 기본 개념이 정착되기 시작한 것이다.

이 시기의 가장 큰 의미는 인간의 노동이 처음으로 기계의 도움을 받으며, 기술이 인간의 신체노동을 대체하기 시작했다는 것이다. 즉, 산업적 싱귤래리티의 출현이라고 할 수 있다.

두 번째 싱귤래리티는, 정보혁명으로 촉발된 정보화 트랜스포메이션, 즉 IX^Information Transformation 시대이다.

1990년대 중반부터 2000년대 중반까지의 디지털화^Digitization 시대에는 컴퓨터와 인터넷이 본격적으로 확산되면서 정보가 디지털 데이터로 전환되었다. 이 시기에 전사적 자원관리^ERP 및 고객관계관리^CRM 등 기업용 소프트웨어가 등장하면서 업무와 프로세스가 전자화되었고, 효율적 정보 관리가 경쟁력의 핵심으로 부상하였다.

이후 2007년 아이폰의 등장과 함께, 모바일을 통한 플랫폼 비즈니스가 본격적으로 시작되었다. 앱스토어, SNS, 모바일 결제 그리고 광고가 하나의 생태계로 연결되면서, 기업은 제품이 아닌 서비스의 연결을 통해 상품을 거래하기 시작하였다. 이 시기의 대표적인 기술은 인터넷과 모바일 네트워크, 그리고 이를 기반으로 한 플랫폼 아키텍처였다.

비즈니스의 핵심 키워드는 '연결'과 '생태계'였으며, 이를 통해 정보와 네트워크가 새로운 생산요소로 자리 잡았다. 즉, IX[Information Transformation] 시대에서는 인간의 노동은 물리적 생산공정에서 정보처리와 모바일 서비스 중심으로 이동하는 정보의 싱귤래리티라고 할 수 있다.

세 번째 싱귤래리티는, 디지털 전환으로 대표되는 디지털 트랜스포메이션, 즉 DX[Digital Transformation] 시대이다.

2016년 이후 머신러닝과 딥러닝, 클라우드, IoT 같은 기술이 본격적으로 확대되면서 산업 전반에 걸쳐 데이터 중심의 경영전략이 보편화되었다. 기업은 데이터를 수집하고 분석하여 업무를 자동화하였고, 디지털 트윈과 RPA 등의 기술을 활용하여 운영 효율을 극대화했다.

다만, 이전 시대의 디지털화[Digitization]와 이 시기의 디지털화

Digitalization는 그 의미에서 큰 차이가 있다. 정보화 트랜스포메이션 시대에서의 디지털화(Digitization)가 종이 문서의 아날로그 정보를 단순히 데이터로 전환한 것이라면, 디지털 트랜스포메이션 시대에서의 디지털화(Digitalization)는 비즈니스 방식 자체가 데이터 중심으로 재구성된다는 것을 의미한다. 이 시기 비즈니스의 중심 가치는 데이터 기반 의사결정과 업무 자동화였으며, 그 결과 조직은 경험이 아닌 알고리즘에 의존하는 디지털 경영체계가 정착되기 시작하였다.

DX[Digital Transformation] 시대는 기술적으로는 인공지능 시대 이전의 과도기적 단계이며, 인공지능 시대를 준비하는 디지털 싱귤래리티라고 할 수 있다.

네 번째 싱귤래리티[Singularity]는, 현재 진행 중인 인공지능 트랜스포메이션, 즉 AX[AI Transformation] 시대이다.

2022년 11월 처음 등장한 거대 언어모델은 인공지능이 인간의 언어를 이해하고 지식을 재구성할 수 있게 만들었다. AI 어시스턴트, AI 에이전트 그리고 버티컬 언어모델은 전문가의 판단을 보조하고, 지식노동의 생산성을 비약적으로 향상시키고 있다.

현재의 비즈니스 핵심 가치는 사람과 인공지능이 협업을 본격적으로 시작하는 시점인 만큼, 인간의 사고 과정을 지원하고 확장하는 지식노동의 혁신 단계라고 할 수 있다. 즉, 인공지능은 단순한 도구가 아닌 의사결정을 위한 동반자로 자리 잡기 시작하고 있는 것이다.

그럼, 그다음 시대는 어떤 시대일까? 앞으로 다가올 시대는 범용 인공지능AGI과 휴머노이드의 시대라고 요약할 수 있다. 범용 인공지능AGI은 인간의 인지능력을 넘어서는 자율 지능을 의미하며, 휴머노이드 로봇은 그러한 지능을 현실 세계에서 물리적으로 행동할 수 있도록 신체를 부여받은 것이다. 에이전틱 AI는 이 둘을 연결하는 핵심 개념으로, 스스로 목표를 설정하고 학습하며 실행할 수 있는 지능형 존재를 의미한다. 이 시기 비즈니스의 중심 가치는 바로 '자율성'이라고 할 수 있다. 다시 말하자면, 인간의 개입 없이 인공지능 스스로 목표를 설정하고 실행하며, 오류가 있다면 스스로 보정하며 지속적 결과물을 만들어 낸다는 것을 의미한다. 즉, 인간의 노동은 신체적 차원, 그리고 지적 차원 모두에서 인공지능에 의해 대체되는 국면에 들어서는 시대인 것이다.

이것은 단순한 기술적 진보를 말하는 것은 아니며, 인간의 존재 목적과 사회 질서를 재설계해야 하는 새로운 싱귤래리티, 인간이 이제까지 경험하지도, 상상해 보지도 못했던 자율 지능의 싱귤래리티라고 할 수 있는 것이다.

구분		중심 변화 (노동 이동)	결과 및 의의	대표 기술· 혁신 키워드
MX시대 (Manufacturing Transformation)	**산업혁명 시대** 1760~1970년대	농업 → 제조업 (농어촌 노동 감소 + 공장노동의 증가)	근대적 경영학의 출발점 비용 절감 + 생산성 향상 개념정착	증기기관, 조립라인, 테일러리즘, 포디즘, 6시그마
IX시대 (Information Transformation)	**Digitization 시대** 1995~2006년 인터넷 혁신기	제조업 → IT산업 (공장노동 감소 + 정보 노동 증가)	디지털 비즈니스의 시작 정보가 새로운 생산요소로 부상	인터넷(WWW), PC, 이메일, 웹포털, ERP, CRM
	Mobile 시대 2007~2015년 모바일 혁신기	IT산업 → 플랫폼 산업 (정보 노동 + 플랫폼 노동 증가)	플랫폼 경제의 도래 모바일 네트워크 기반 생태계 형성	스마트폰, 앱스토어, SNS, 플랫폼 비즈니스, API 생태계
DX시대 (Digital Transformation)	**Digitalization 시대** 2016~2020년대 초반	IT 중심 → 데이터 중심 산업 구조	AI 과도기(디지털 전환) 데이터 기반 업무 자동화/효율성	ML(머신러닝), DL(딥러닝), Cloud, IoT, RPA
AX시대 (AI Transformation)	**AIX시대** 2021~현재	데이터노동 → 지식노동 자동화	지식노동의 생산성 혁신 AI와 인간의 협업체계 정착	LLM(거대언어모델), AI Assistant, AI Agent, Vertical LLM
	AGI & Humanoid 시대 2030년대 이후 예상	인간지능 + 육체노동의 동시 대체	자율적 지능의 시대 인간의 존재 목적·가치체계 재정의 필요	AGI(범용인공지능), Humanoid Robot, Autonomous Agent,Agentic AI

기술과 일자리, 그리고 노동의 시대적 트렌드

산업혁명 이후 인류의 역사는 새로운 기술이 등장할 때마다 동일한 질문을 반복해 왔다. "기계가 인간의 일자리를 대체할 것인가?"라고 말이다.

18세기 영국의 직물, 방직업에 종사하던 숙련공들이 기계식 방적기가 사람의 일자리를 빼앗는다고 기계를 부수며 저항했던 러다이트 운동에서부터, 오늘날 인공지능과 로봇 자동화를 두

려워하는 현대의 논의까지, 그 본질은 크게 다르지 않다고 생각된다. 새로운 기술은 언제나 자동화를 통해 생산성을 높이고 인건비를 줄이는 방향으로 발전해 왔고, 그때마다 사람들은 "이제는 사람이 필요 없을지도 모른다"라는 불안을 느꼈다. 지금도 유튜브 콘텐츠에서 "○○○일자리 소멸 확정"이라는 내용의 방송이 수두룩한데, 오로지 클릭 수로 먹고사는 사람들의 자극적인 콘텐츠 또한 이와 동일한 맥락이라고 보면 된다.

그러나 역사를 되돌아보면, 기술은 일자리를 없애기보다 노동의 형태를 끊임없이 바꾸어 왔다는 표현이 더 맞는 말이라 생각한다. 18세기 말 산업혁명 당시 전 세계 인구는 약 10억 명에 불과했으며, 그중 대부분은 농업에 종사하였다. 하지만 기계화가 도입되면서 농촌 인구는 급격히 줄고, 공장과 도시로 인력이 대거 이동하였고, 그 결과 제조업이라는 새로운 일자리 영역이 탄생했다. 20세기 중반 포디즘과 테일러리즘으로 대표되는 대량생산 체제가 확립되면서, 산업노동자는 역사상 가장 빠른 속도로 늘어났고, 도시경제는 폭발적으로 성장했다.

이후 컴퓨터와 인터넷의 보급으로 대표되는 정보화 혁신은 또 한 번의 전환점을 만들었다. 제조업의 자동화가 진전되자 상대적으로 단순한 생산직은 감소했지만, 대신 IT, 금융, 교육, 의료, 콘텐츠, 데이터 산업과 같은 새로운 일자리들이 등장했다. 즉, 인간의 육체노동은 줄었지만 지식노동과 창의노동은 오히려 폭발적으로 증가한 것이다. 국제노동기구^{ILO}에 따르면 현재 전 세계에서 근로자는 약 33억 명에 이르며, 이들은 다양한 고용 형태로 경제활동에 참여하고 있다. 산업혁명 당시 전 세계 인구가 10억 명 수준이었던 것을 고려하면, 현재 일하고 있는 사람의 절대 규모는 인류 역사상 최대치에 이르는 셈이다. 즉, 산업이 발전하고 자동화가 몇백 년에 걸쳐 지속적으로 진행되고 있지만, 오히려 일자리는 계속해서 증가하고 있으며, 현장에서는 매번 일할 사람이 부족하다고 하고 있는 것이다.

세계 인구 및 고용 구조의 역사적 변화추이(추정)

시대	세계 인구 (추정)	주요 고용 비중	특징
농업 중심 사회 (1700년 이전)	약 6억 명	농업 80~90%, 제조/서비스 10% 미만	생계형 농업 중심, 생산성 낮음
산업혁명기 (1800~1900)	약 10억 명	농업 70~80%, 제조업 20% 내외	기계화 도입, 도시 노동자 증가
산업사회 확립기 (1900~1970)	약 25~40억 명	농업 40% 이하, 제조업 30~40%, 서비스 30% 내외	대량생산, 도시화, 공장노동 확산
정보화 시대 (1980~2010)	약 60억 명	농업 15~25%, 제조업 20~30%, 서비스 50% 이상	인터넷, 지식노동 확산 (육체노동 축소)
디지털·AI 시대 (2010~2025)	약 80억 명	농업 20% 이하, 제조업 15~25%, 서비스/디지털 60% 이상	자동화, 플랫폼 경제 확산
미래 전망 (2050년)	약 97억 명	농업 10% 미만, 제조업 15% 내외, 서비스·AI 기반 70% 이상	인간/기계 공존, 노동 재정의

※ ChatGPT 분석자료(ourworldindata.org / oecd.org / ilostat.ilo.org / prb.org / echocommunity.org / stlouisfed.org / wikipedia.org / worldbank.org / wikimedia.org)

이 표는 한 가지 중요한 사실을 보여준다. 인류의 인구는 1700년 약 6억 명에서 현재 80억 명, 그리고 2050년에는 97억 명에 이를 것으로 전망된다. 하지만 그 과정에서 일자리가 줄어든 적은 단 한 번도 없다. 농업의 자동화가 일어났을 때는 제조업이, 제조업이 자동화되었을 때는 정보산업과 서비스산업이, 그리고 오늘날 인공지능이 인간의 업무를 대신하는 시점에서는 또 다른 새로운 산업과 직업이 태어나고 있다. 아니, 나타날 것이다. 결국 기술은 인간의 노동을 대체하기 위해 존재하는 것이 아니라, 더 가치 있는 노동으로 전환시키는 방향으로 발전해 온 것이다.

과거의 노동이 육체적 활동에 머물렀다면, 오늘날의 노동은 판단, 창의, 감정, 설계와 같은 고차원적 사고를 요구한다. 산업혁명 이후 노동의 총량은 줄지 않았으며, 오히려 다양화되고 세분화되어 가는 과정이라 할 수 있다. 즉, 기술은 단순 반복적인 업무를 줄였을 뿐, 인간의 일자리를 없애지 않았다.

이러한 관점에서 본다면, 지금 우리가 맞이하고 있는 인공지능 혁신도 다르지 않을 것으로 예상된다. 인공지능은 분명 자동화를 가속화하고, 일부 직무를 빠르게 대체할 것이다. 그러나 거시적 관점에서 보면, 새로운 기술은 언제나 새로운 일자리 수요와 산업을 낳아왔다. 문제는 일자리가 사라지는 것이 아니라, 일의 성격이 바뀌는 속도에 사회가 적응하지 못하는 것뿐이다.

따라서 정부와 기업은 단순히 일자리 숫자를 늘리는 데 머무르지 않고, 변화하는 기술 환경 속에서 인간의 노동이 어디로 이동할 것인지를 예측하고 준비해야 한다.

이것이 "인공지능과 인간이 공존해야 하는 시대"를 설계하는 핵심 과제이며, 앞으로 다룰 이 책의 주요 논의 대상이라 생각한다.

Phase 1　제조 트랜스포메이션
Manufacturing Transformation

18세기 후반, 영국에서 시작된 산업혁명은 인류 문명사에서 가장 거대한 경제적 전환점 중의 하나라고 할 수 있다. 증기기관과 방직기계의 발명은, 인간의 노동을 단순한 신체적 활동이 아닌, 생산 효율을 높이는 기계적 행위로 재정의하였다. 사실 이전까지 사람의 노동은 농림어업을 중심으로 모든 경제활동이 진행되었다. 내가 얻고자 하는 것이 있다면 내가 직접 노동을 해야만 얻을 수 있었다.

농부의 노동은 토지에서 공장으로 이동했고, 인간은 '손으로 농사짓는 사람'에서 '기계를 다루는 사람'으로 변화했다. 이때부터 생산성이라는 개념이 사회적 목표로 등장하기 시작하였고, 기업은 더 많은 제품을, 더 빠르게, 더 저렴하게 생산하는 능력을 경쟁력의 기준으로 삼았다. 효율성은 기술의 가치와 직결되었고, '시간당 생산량'은 인간의 노동가치를 평가하는 새로운 잣대가 되었다. 인간은 자연과 싸우던 존재에서, 이제는 기계에 맞추는 존재로 바뀌었다.

농업 노동의 감소와 제조업 노동의 폭발적 증가

농업·임업·어업 등 자연에 맞춰 살아가던 1차 산업 노동자들이 제조 공장으로 이동한 또 하나는, 사실 인클로저 운동과도 연결되어 있다. 15세기부터 시작된 인클로저 운동은 원래 지주의 사유지를 확대하기 위한 운동이었지만, 18~19세기 초, 의회 인클로저 (의회 차원에서 공유지를 사유지로 전환하는 입법활동)를 통해 본격화되었고, 결국 이러한 사회적 분위기는 소농들로 하여금 그들의 경작지를 잃게 하는 계기가 되었다. 이러한 인클로저 운동은 산업혁명과 그 시기가 맞물리면서 농촌 인구의 도시 이동을 가속화하였다. 농촌에서 생계를 잃은 노동자들은 일자리를 찾아 도시의 방직공장 등으로 몰려들었고, 이로써 사회의 경제 구조는 농업 중심에서 제조업 중심으로 빠르게 전환되었다.

공장 노동의 특징은, 이전의 농림어업과 다르게 시간과 규율에 의해 관리되었다. 노동자는 기계의 속도와 공장 종소리에 맞춰 움직여야 했고, 노동은 일정한 시간표대로 움직였으며, 효율을 높이기 위한 분업 체계, 즉 단순하고 반복적인 노동방식이 도입되었다. 바로 이 시기에 새로운 사회계층인 임금노동자가 형성된 것이며, 기존의 '가족 단위의 노동'은 '조직 단위의 고용 형태'로 변화하였다.

결국 산업혁명은 단순히 기술의 혁신이 아니라, 인간 사회 구조 자체를 전환시키는 역할을 하였다. 농민은 도시의 노동자로 변했고, 자연에 적응하며 살던 인간은 기계의 부속품처럼 살아가는 존재가 되었다.

대량생산과 경영혁신의 시대 : 테일러리즘과 포디즘

19세기 말에서 20세기 초로 접어들며, 산업혁명은 기술의 혁신을 넘어 경영혁신으로 발전했다.

초기 산업화가 인간의 노동을 기계로 대체한 단계였다면, 이제는 노동 그 자체를 분석하고 최적화하려는 시도가 시작된 것이다. 이 시기에 등장한 두 가지 사상, 테일러리즘과 포디즘은 현대 제조 경영의 근간을 이루는 사상으로 자리 잡았다.

테일러리즘: 노동의 과학적 관리

프레더릭 윈슬로 테일러는 1911년 저서 『과학적 관리의 원칙 The Principles of Scientific Management』을 통해, 인간의 노동을 '측정 가능한 과학'으로 정의하고자 하였다. 사실 그전까지는 노동의 생산성이라는 것을 판단할 때 숙련공의 직관과 경험에 의존하였지만, 그는 이러한 방식을 부정하고, 작업 동작을 표준화함으로써 시간당 생산성을 극대화할 수 있다고 주장하였다. 이를 위해 테일러는 노동자의 동작을 초 단위로 측정하고, 각 단계별 최적의 작업 절차를 설계하고자 하였으며, 이러한 접근은 사람의 행동 하나하나를 수학적으로 최적화하려는 시도라고 할 수 있다.

결과적으로 기업은 동일한 시간에 더 많은 제품을 생산할 수 있었고, 불필요한 낭비를 제거함으로써 원가를 절감할 수 있었다.

포디즘: 시스템으로서의 생산성 혁신

헨리 포드는 테일러의 원리를 실제 산업 현장에 적용해 대량 생산의 혁명을 완성했다.

1913년, 그는 미시간주 하이랜드파크 공장에 컨베이어 조립라인을 도입했다. 이 방식은 생산 단계를 세분화하고, 각 노동자가 특정 공정만 반복 수행하도록 설계한 시스템으로, 이는 지금 우리가 말하는 생산공정이라는 개념의 시작점이라고 할 수 있다. 그 결과 한 대의 자동차를 조립하는 시간을 12시간에서 불과 90

분으로 단축할 수 있게 되었다.

포드의 또 다른 혁신은 향상된 생산성을 임금과 연결시켰다는 것이다. 그는 노동자들의 이탈을 막기 위해 하루 임금을 두 배로 인상하면서, 동시에 노동자가 자사 제품을 구매할 수 있는 소비자로서의 역할을 부여했다. 이로써 노동자는 곧 소비자라는 순환 구조가 탄생했고, 이는 현대 자본주의의 대량소비 시스템의 기초가 되었다.

결국, 테일러리즘은 '노동의 표준화'를 통해 생산성을 극대화했다면, 포디즘은 '시스템화된 공정'으로 이를 대규모로 확장하였다. 이 시기 기업의 경쟁력은 기술의 우열이 아니라, 얼마나 효율적으로 자원을 활용하느냐로 측정되었다. 공장은 더 이상 단순한 제조 공간이 아니라, 하나의 정교하게 설계된 시스템이 되었다.

제조 트랜스포메이션 Manufacturing Transformation 시대의 성과

제조 트랜스포메이션 시대의 가장 큰 성과는 무엇보다 효율 중심의 비즈니스 개념이 정착된 것이라 할 수 있다. 인간이 처음으로 '노동을 과학으로 측정하기 시작한 시대'였으며, 그로부터 비즈니스라는 개념이 본격적으로 태동한 시기였다. 이 시기 형성된 경영의 본질은 결국 하나로 귀결되는데, 그것은 바로 '원가절감'과 '생산성 향상'이라고 할 수 있다.

하지만 이 효율 중심의 사고는 인간을 기계의 일부로 인식하게 만들었고, 창의성이나 자율성은 필요 없이 단지 규칙과 절차만이 요구되는 사회 시스템을 만들어냈다.

그럼에도 불구하고 제조 트랜스포메이션 시대는 현대 산업의 기초를 닦았으며, 기업경영, 품질관리, 자동화 등의 오늘날 산업 전반을 지탱하는 체계의 뿌리는 모두 이 시기에 형성된 것이라고 할 수 있다.

Phase 2　정보화 트랜스포메이션
Information Transformation

증기기관과 방직기계가 인간의 육체노동을 대체하며 생산성의 개념을 만들어낸 제조 트랜스포메이션이 첫 번째 특이점이었다면, 1995년부터 시작된 정보화 트랜스포메이션은 정보가 자원이 된 두 번째 특이점이라고 할 수 있다.

이 정보화 시점에서, 인류는 더 이상 "기계를 얼마나 잘 다루는가?"가 아니라, "정보를 얼마나 빠르게 수집하고 해석하여 생산성을 어떻게 올릴 수 있는가?"에 기업의 경쟁력을 집중시켰다. 다시 말해서, 산업의 중심축이 공장에서 네트워크로, 그리고 물리적 자본에서 디지털 정보로 옮겨간 것이다.

이러한 정보화 혁신은 크게 두 개의 단계로 구분될 수 있는데, 첫 번째 단계는 인터넷이 만들어낸 디지털화의 시대

(1995~2006)이다. 이것은 기존의 모든 아날로그 정보를 디지털 데이터로 변환시켰고, 기업은 다양한 정보시스템(예: 전사적 자원관리 ERP, 제조실행시스템MES 등)을 통해 데이터 기반으로 일하는 방식을 개선하였다. 디지털화의 두 번째 단계는 스마트폰이 촉발한 모바일 플랫폼의 시대(2007~2015)이다. 내 손안에서 인터넷 세상이 열리자, 그전에는 상상도 할 수 없었던 완전히 새로운 세상이 시작되었다. 특히, 듣지도 보지도 못했던 새로운 비즈니스 모델, 즉 플랫폼 생태계(예: 앱스토어, 구글 플레이 등)가 열리면서, 기업은 더 이상 직접 제품을 생산하는 존재가 아닌, 서비스와 사용자를 연결하는 '중개자'로 발전할 기회를 얻었다.

정보화 트랜스포메이션 시대의 핵심은 산업의 중심이 제조에서 정보로 변화하고, 인간의 역할은 '노동'에서 '지식'으로 이동한 시기이며, '기계적 생산성'에서 '정보의 생산성'으로 전환되는 결정적 시점이라고 할 수 있다. 즉, 지능화 혁명의 기반이 되었고, 오늘날 우리가 맞이하고 있는 인공지능 사회로의 진입을 준비하는 시점이라고 할 수 있다.

정보화 혁신의 출발점: Digitization의 시대 (1995~2006)

우선, Digitization이라는 용어의 사전적인 의미는, 기존 문서로 작성된 자료와 거래기록 등의 아날로그 정보들에 대해, 보다 쉽게 관리 및 분석할 수 있도록 0과 1의 디지털 데이터로 변환하는 과정을 의미한다. 즉, 디지털화를 말한다.

이러한 변환 과정은 1990년대 중반, 인터넷의 보급과 함께 개인용 컴퓨터의 확산은 시대적 흐름에 불씨를 댕겼고, 더불어 인류 문명에 엄청난 혁신을 가져왔다. 증기기관이 기계적 생산성을 폭발적으로 높였던 블루칼라 중심의 혁신이라면, 정보화는 비즈니스 환경에서 업무처리 생산성을 폭발적으로 높였던 화이트칼라 중심의 혁신이라고 할 수 있다. 이 시기를 흔히 '디지털화의 시대'라 부르다.

인터넷이 만든 새로운 질서

디지털화의 핵심에는 인터넷이라는 거대한 네트워크 혁신이 있다. 이전까지의 정보는 한정된 공간과 시간 속에서만 존재했다. 문서나 서류처럼 아날로그 형태의 정보는 저장과 전송이 비효율적이었고, 정보의 이동에는 물리적 제약이 많았다. 하지만 1995년 이후, 인터넷이 본격적으로 확산되면서 세상은 완전히 달라졌다. 말 그대로 완전히 세상이 달라졌다. 모든 정보가 디지털화 되면서 그리고 이러한 데이터가 네트워크를 통해 실시간으로 연결되면서 말이다. 어찌 보면, 인류가 처음으로 거리라는 물리적 한계를 넘어서는 순간이 아닐까 하는 생각이 든다.

인터넷은 정보의 이동 속도를 빛의 속도로 끌어올렸고, 이 변화는 산업혁명에 필적하는 두 번째 혁명, 즉 '정보화 혁신'이라고 할 수 있었다. 데이터의 흐름이 경제를 움직이는 시대가 도래한 것이다.

산업과 비즈니스 구조, 그리고 사회적 변화

디지털화는 제조 중심의 기존 산업구조를 근본적으로 흔들었으며, 정보의 흐름을 설계하고 관리하는 능력이 모든 산업에서 중요한 요소로 자리매김하였다.

제조업의 경우, 디지털화 시대에 들어서면서 공장은 처음으로 데이터라는 단어를 사용하기 시작했다고 해도 과언이 아닐 것이다. 생산 현장의 설비는 단순히 돌아가는 기계가 아니라, 온도, 속도, 불량률, 가동시간 등 각종 정보를 수집하는 데이터의 원천으로 변했다. 전사적 자원관리[ERP], 제조실행시스템[MES], 공급망관리[SCM] 같은 시스템이 도입되면서, 생산과 재고 그리고 판매의 흐름이 기업 내부에서 데이터로 연결되기 시작했다. 이것이 의미하는 것은 생산공정이 기계 중심의 효율에서, 공정에서 산출되는 데이터를 기반으로 한 예측 가능한 효율로의 전환이라고 할 수 있다.

제조업 외에도 물류에서는 주문, 재고, 납품의 흐름이 인터넷으로 연결되면서 공급망의 가시성과 예측력이 향상되었고, 금융에서는 온라인 결제와 전자거래가 등장하며 지점 중심의 오프라인 구조가 빠르게 해체되었다.

　디지털화는 단지 산업 구조만이 아니라, 우리 삶의 방식 자체를 바꿔놓았다. 우리는 더 이상 내가 살고 있는 지역 안에서만 일하거나 정보를 얻지 않게 되었다. 이메일, 웹사이트, 검색엔진, 온라인 커뮤니티가 등장하면서 지식과 정보는 더 이상 전문가의 전유물이 아닌, 모든 사람이 편하게 이용할 수 있는 보편적 가치가 되었다. 신문 대신 포털 사이트에서 뉴스를 읽고, 서점 대신 온라인 서점에서 책을 구매하며, 기업 간 거래 역시 이메일과 웹 시스템을 통해 이루어지기 시작했다. 인터넷은 단순한 통신 인프라가 아니라, 새로운 사회 질서에서의 새로운 삶의 방식, 새로운 플랫폼이라고 할 수 있다.

　이러한 과정에서 노동의 본질도 변화하였다. 근로자가 기계를 다루는 시대에서, 이제는 정보를 다루는 노동자가 주역으로 등장했다. 그들은 데이터를 읽고, 해석하고, 활용하면서 새로운 지식과 가치를 만들어 냈다.

　디지털화는 기업의 경영철학 또한 바꾸어 놓았는데, 이전에는 경영혁신의 중심이 생산공정에서의 표준화를 통한 '원가절감'과 '생산성 향상'에 집중했다면, 이 시기부터는 정보를 활용한 '비용절감'과 '생산성 향상', 즉 정보 흐름의 최적화가 경영혁신의 핵심이 되었다. '정보시스템 구축'은 단순한 IT 프로젝트가 아니라, 조직 전체의 생산성과 경쟁력을 결정하는 전략적 선택으로 인식되었다. 정보가 자본이 되고, 데이터가 의사결정을 대신하는 정보의 시대가 본격적으로 열린 것이다.

디지털화 시대는 인터넷이 만들어낸 첫 번째 정보혁신으로, 세상을 새롭게 연결하고, 산업을 새롭게 설계했으며, 인간의 노동을 새롭게 재정의하였다. 즉, 디지털화를 통한 인터넷은 산업혁명 이후 가장 강력한 생산성의 언어를 바꾼 기술이었으며, 그 언어는 이후 모바일, 디지털 전환, 그리고 인공지능으로 이어지는 21세기 비즈니스 진화의 중심축이 되었다.

정보화 혁신의 도약: Mobile의 시대 (2007~2015)

디지털화가 인터넷과 컴퓨터를 통해 세상의 모든 정보를 데이터화하는 시기였다면, 2007년 아이폰의 등장은 완전히 새로운 차원의 디지털화 시대를 의미한다.

말 그대로 모바일 혁신이라고 할 수 있다. 인터넷과 컴퓨터가 정보를 디지털로 만든 혁신이었다면, 모바일은 그 정보를 우리의 일상 속으로 들어오게 만든 혁신이라고 할 수 있다. 즉, 디지털화가 정보의 생산성을 높였다면, 모바일은 그러한 정보의 활용도를 폭발적으로 확장시키는 역할을 한 것이다. 스마트폰은 단순히 상대방과 통화를 하는 단말기가 아니며, 그것은 인간의 손안으로 들어온 컴퓨터이자, 전 세계의 개인 개인을 잇는 네트워크를 만들어내는 연결자이다. 세상은 더 이상 물리적 거리나 장소, 그리고 시간의 제약 속에 있지 않게 된 것이다. 다시 말해, 미국의 빅테크 기업과 서울의 IT기업, 부산 해운대의 상인, 그리고 광주의 일반 소비자까지 모두 동일한 네트워크 안에서 데이터를 주고받고, 거래하며, 생산과 소비에 참여할 수 있게 만들었다. 이로써 네트워크는 새로운 사회 구조와 경제 질서의 원리로 자리 잡았다.

참고로, 모바일의 시대를 2007년부터 2015년까지로 한정 지은 이유는, 스마트폰이 처음 출시된 해가 2007년이며, 지금의 모바일 기반의 네트워크가 혁신을 통해 현재의 모습으로 안착된 것을 2015년으로 보기 때문이다. 당연한 이야기지만, 현재까지도 모바일은 매우 중요한 디바이스로 그 역할을 수행하고 있다.

모바일 시대

구분	의미	주요 사건
2008~2010	모바일 생태계의 형성기	App Store, Google Play 출범 iOS vs Android 양강 체제 구축
2011~2013	모바일 서비스의 인프라 확립기	4G LTE 확산, 클라우드 서비스 대중화, 모바일 결제 확산
2014~2015	모바일 경제의 정착/안정기	모바일 광고, SNS, e커머스 시장 급성장, 사용자 데이터 폭증

모바일 혁명: 손안의 인터넷이 만든 새로운 비즈니스

기존 PC 기반의 인터넷 시대에서는 랜선으로 네트워크가 연결된 물리적 특정 공간 안에서만 이루어진 정적인 정보 접근에 머물렀지만, 모바일 시대에서는 장소에 국한되지 않고 언제든지 원하는 정보를 얻을 수 있는, 동적인 상호작용의 시대라고 할 수 있다. 고정된 장소에서 벗어나 언제 어디서나 연결 가능한 인프라뿐만 아니라 이동 중에도 일할 수 있고, 콘텐츠를 소비할 수 있으며, 상대방과 커뮤니케이션, 그리고 물건을 구매하여 결제까지도 가능한 시대가 된 것이다.

무엇보다 가장 큰 특징은 플랫폼 비즈니스이다. 그 대표적인 예는 누구나 알고 있듯이, 애플의 앱스토어와 구글의 플레이스토어로, 기존의 산업 질서를 뒤흔든 결정적인 전환점 역할을 하였다. 이 플랫폼 기업은 모바일 앱을 전 세계 사용자에게 판매할 수 있는 공간을 만들어줬다. 결국, 앱 프로그램 개발자는 곧 기업가가 되었고, 작은 아이디어 하나가 글로벌 서비스를 만들 수 있는 시대가 열린 것이다.

어쩌면 이러한 비즈니스가 뭐가 그렇게 대단하냐고 생각할 수도 있다. 하지만, 이러한 비즈니스 컨셉은 우리가 이제까지 생각하지 못한 새로운 유형의 비즈니스라고 할 수 있다. 왜냐하면, 그 전까지는 상품 혹은 서비스를 고객에게 제공하기 위해서 내가 직접 생산하거나 또는 다른 기업의 제품이나 서비스를 활용하여 재생산하는 방식이었다. 하지만, 플랫폼 비즈니스는 자신이 직접 상품을 만들지 않는다. 단지 공간을 열어주고 일정 수수료만 받는다. 결국, 하나의 기업이 모든 생산 과정을 통제하는 시대는 끝났다는 의미이며, 외부 참여자들이 만들어내는 네트워크 효과가 비즈니스의 핵심 자산이 되었다는 것이다.

이전의 제조업은 공장과 설비, 인력이라는 물리적 자본을 기반으로 성장했지만, 플랫폼 기업은 연결된 사용자와 데이터의 양이 경쟁력의 핵심이 되었다. 유튜브는 콘텐츠를 직접 만들지 않지만, 전 세계 영상산업을 완벽히 지배하고 있고, 에어비앤비는 숙박시설을 단 하나도 소유하지 않으면서 기존의 호텔 산업을 대체하고 있으며, 자동차를 단 한 대도 소유하고 있지 않은 우버는 운송 생태계를 재편했다.

이 시기 노동시장에도 엄청난 변화가 있었다. 바로 플랫폼 노동자의 탄생이다. 이들은 특정 기업에 소속되어 특정공간에서 근무하는 일반적인 노동자가 아닌, 스마트폰 하나로 일거리를 찾고 소득을 창출하는 노동자이다. 내가 원하는 시간에, 내가 원하는 만큼 일하며, 조직에 소속되지 않은 상태에서 자율적 노동을 하였다. 최근에는 법적 보호장치가 보완되면서 노동에 대한 보상과 만족도도 향상되고 있다.

이러한 새로운 비즈니스를 가능케 한 것이 바로 모바일이다. 물리적 실체가 없는 '네트워크 연결성' 하나로 말이다.

생산공정의 변화: 물리적 공정에서 데이터 기반 순환으로

모바일 혁신은 공장의 개념 또한 바꾸어 놓았다. 앞에서 설명했지만, 1995년 인터넷으로 시작된 디지털화 시대에 들어서면서 생산공정 전반에 걸쳐 데이터를 수집하고 이를 활용하여 생산성을 높이기 시작하였다. 다만, 이 시기의 생산공정 데이터는 외부와 단절된 기업 내부에서만 순환되는 폐쇄형 내부 네트워크에 머물러 있었다. 공장은 정보를 가졌으나, 세상과 연결되어 있지 않은 것이다. 이 한계를 무너뜨린 것이 바로 모바일과 인터넷의 융합, 즉 '네트워크 생산체계'이다.

2007년 모바일 시대에 접어들면서 다양한 무선 디바이스가 발전하고, 특히 클라우드 서비스(2006년 AWS 출시)와 무선통신이 결합되면서 생산라인은 더 이상 한 장소에 묶여 있지 않게 되었다. 이제 생산 현장의 데이터는 실시간으로 클라우드에 전송되고, 기업 내부, 관련 협력사, 심지어 소비자와도 동시에 데이터가 공유되었다. 공장의 운영자는 스마트폰을 통해 설비 상태를 언제 어디서든 모니터링할 수 있게 되었고, 공정에 문제가 생기면 즉시 원격으로 조치를 취할 수 있게 되었다. 즉, 공장이 특정 지역의 물리적 장소에 위치한 것이 아닌, 내 손안에 연결된 시스템으로 변모한 것이다. 디지털화 시대 이전에는 상상도 할 수 없는 비즈니스 환경이라 할 수 있다.

결국, 모바일 시대의 생산라인은 산업혁명기의 기계라인과는 완전히 다른 존재가 되었다. 산업혁명이 인간의 근육을 확장시켰다면, 인터넷 기반의 디지털화는 공장의 내부 의사결정을 데이터로 자동화했고, 모바일 시대는 그 데이터를 외부와 연결시켜 실시간으로 진화시키는 지능형 네트워크 공정으로 발전시켰다. 이것이 바로 연결된 생산이며, 향후 디지털 시대의 스마트 팩토리와 지능형 공급망으로 이어지는 토대가 되었다.

2007년 이후의 모바일 시대는 비즈니스 진화의 세 번째 특이점이라고 할 수 있다. 기계가 인간의 노동을 대체하고, 컴퓨터가 인간의 계산을 대신했다면, 모바일은 인간의 연결 능력을 확장시켰다. 그 결과, 산업은 폐쇄형 구조에서 개방형 생태계로, 기업은 제품 중심에서 서비스 중심으로, 노동은 조직 중심에서 개인 중심으로 이동하였다. 이러한 모바일 시대의 핵심은 효율성보다는 연결이라고 할 수 있다. 인간과 산업, 시장과 사회를 실시간으로 연결하며 비즈니스를 네트워크 기반의 생태계로 전환시킨 것이다.

이러한 변화는 이후 디지털 트랜스포메이션DX 시대와 인공지능 트랜스포메이션AX 시대로 이어지는 기반이 되었으며, 오늘날 우리가 살아가는 플랫폼 사회의 출발점이 되었다.

Phase 3 디지털 트랜스포메이션
Digital Transformation

전 세계 기업들은 인터넷과 모바일 혁신을 거치며 방대한 양의 데이터를 다루게 되었다. 그러나 이러한 데이터는 여전히 사람들의 활동에 대한 기록물에 불과하였고, 기업은 이러한 데이터를 통계적 분석과정을 통해 의사결정에 활용하였다. 다시 말해서, 데이터는 도구였고, 인간은 판단의 주체였다. 하지만 2010년 전후로 등장한 디지털 트랜스포메이션은 이러한 구도를 또 한 번 근본적으로 바꾸어 놓았다.

정보화 트랜스포메이션 시대에서의 디지털화Digitization가 단순히 아날로그 정보를 전산화한 반면, 디지털 트랜스포메이션 시대에서는 비즈니스 자체가 데이터 중심으로 재편되고, 이를통해 미래를 예측하는 디지털화Digitalization의 시대라고 할 수 있다.

이 시대부터 기업은 과거의 데이터를 통계적 수치로 활용하기보다는, 미래를 예측하는 데이터 기반 의사결정의 도구로 활용하기 시작하였다. 이러한 변화를 일으킨 계기는 머신러닝과 딥러닝으로, 머신러닝은 방대한 데이터 속 패턴을 학습할 수 있게 하였고, 딥러닝은 이미지, 음성, 언어 등 인간의 감각을 모방하면서 지능을 감각화하는 새로운 단계로 변화시켰다.

Digitalization의 본격화: 데이터 기반 의사결정

정보화 트랜스포메이션 시대가 인간과 조직을 인터넷과 모바일 네트워크로 연결시켰다면, 디지털 트랜스포메이션 시대에서는 연결을 통해 축적된 방대한 데이터를 활용하여 의사결정에 적용하기 시작하였다. 물론 그전에도 데이터를 의사결정에 활용하였지만 큰 차이가 있는데, 정보화 트랜스포메이션 시대에는 과거의 통계적 데이터를 활용하여 사람이 직접 판단을 한 반면, 디지털 트랜스포메이션 시대에서는 컴퓨터가 미래를 예측하는 역할을, 사람은 최종 의사결정을 내리는 역할을 수행한다는 것이다. 즉, 정보화 트랜스포메이션 시대의 데이터가 "어떻게 연결하고 정리할 것인가"에 집중했다면, 디지털 트랜스포메이션 시대의 데이터는 "어떻게 판단할 것인가"로 초점이 이동했다고 볼 수 있는 것이다.

디지털 트랜스포메이션 시대의 시작은 2010년대 중후반이라고 보는 것이 일반적이다. 클라우드 컴퓨팅이 확산되며 기업은 방대한 데이터를 유연하게 저장하고 분석할 수 있게 되었고, 이것은 데이터의 학습화라는 새로운 기술의 등장과 함께 가능하게 되었다. 이제 데이터는 더 이상 사람이 직접 해석해야만 의미를 갖는 정적 자원이 아닌, 시스템이 데이터를 스스로 분석하고 패턴을 찾아내며, 인간의 판단을 보조하거나 때로는 대체하는 수준으로 발전하기 시작한 것이다. 이것이 의미하는 것은, 곧 지능화된 비즈니스가 시작했다는 것이다.

머신러닝의 확산과 자동화의 지능화

기존에는 자동화를 적용하기 위해서는 사람이 사전에 일정한 규칙을 미리 정해야만 가능하였다. 하지만, 디지털 트랜스포메이션 시대에서는 스스로 학습하여 데이터의 규칙과 패턴을 찾아내어 자동화하는 지능형 시스템으로 변화하였고, 이것을 가능하게 한 것이 바로 머신러닝이다.

핵심 개념은 단순하다. 과거에는 데이터를 입력하고 규칙을 정한 후 출력(입력→규칙→출력)하는 선형적인 흐름이었다면, 머신러닝에서는 데이터를 입력하고 모델을 학습한 후 이를 바탕으로 예측(입력→모델 학습→예측/결정)하는 순환적 구조를 가진다. 이러한 과정을 가능하게 한 것은, 회귀, 분류, 클러스터링, 시계열 예측과 같은 알고리즘이 데이터를 통해 패턴을 스스로 찾아낼 수 있었기 때문이다. 이 과정에서 모델은 확률적 판단을 내리고, 그 결과가 다시 학습의 재료가 되면서 지속적으로 좋은 판단을 내릴 수 있는 바탕을 마련하였다.

이러한 기술은 다양한 비즈니스 현장에서 활발하게 적용되며 효과도 톡톡히 보았다. 마케팅에서는 반응 예측을 통해 캠페인 대상을 자동 선정하고, 고객 맞춤형 추천 모델은 개인별 상품 및 콘텐츠를 실시간 배열하였다. 금융에서는 신용/사기 탐지 모델이 거래를 평가해 승인/보류를 자동으로 조정하였다. 제조와 운영 영역에서는 예지보전과 이상 탐지가 설비 고장을 사전에 경고하고, 수요·재고·물류 예측이 발주와 배차를 자동으로 최적화한다. 이 외에도 커머스, 모빌리티, 광고 등 사용되지 않은 산업이 없을 정도로 매우 다양한 비즈니스에 적용되었다. 중요한 것은 이러한 모든 사례가 바로 사후 대응이 아닌, 순간순간 판단하여 스스로 자동으로 대응하기 시작했다는 점이다.

물론 의사결정 및 판단의 전권을 시스템에 맡기지는 않았다. 머신러닝의 실제 도입은 사람을 중심으로 위험도에 따라 자동과 보조를 분리하여 적용하였다. 예를 들어, 저위험 영역(추천, 배치, 가격 미세조정 등)은 자동화를, 중위험 영역(대출 한도, 재고 전략 등)은 승인 보조를, 고위험 영역(컴플라이언스, 안전 등)은 감시 중심으로 단계화해서 말이다. 이렇게 머신러닝은 일상에서 손이 많이 가는 업무에서 사람을 벗어나게 하여 사고를 필요로 하는 상위 문제(전략, 디자인, 협상 등)에 집중할 수 있게 하였다.

딥러닝의 부상과 인식기술 혁신

머신러닝이 데이터의 규칙을 학습해 판단을 자동화했다면, 딥러닝은 한 단계 더 나아가 인간의 감각을 모방하며 세상을 인식하기 시작하였다. 이것은 단순히 정확도가 향상된 새로운 알고리즘이라기보다는, 데이터가 지닌 의미를 스스로 추출해 이해하는 지능의 진화라고 할 수 있다. 딥러닝이 머신러닝과의 근본적인 차이는 특징을 인간이 직접 지정하지 않아도 된다는 데 있다.

사실, 머신러닝에서는 특정한 예측을 하기 위해서는 사람이 어떤 변수를 사용할지, 어떤 패턴이 중요한지를 일일이 정의해 주어야만 했다. 하지만 딥러닝에서는 수많은 인공신경망 계층을 거치면서, 데이터를 스스로 분석하고 중요한 특징을 자동으로 찾아낸다. 이러한 구조 덕분에 이미지, 음성, 영상, 언어처럼 복잡하고 비정형적인 데이터에서도 탁월한 성능을 보일 수 있었다.

그전까지 컴퓨터는 수많은 픽셀로 구성된 이미지를 인식하기 어려워했지만, 딥러닝 모델은 다층 신경망 구조를 통해 이미지의 윤곽과 형태, 색채, 질감을 계층적으로 분석해 내며 사람처럼 사물을 인식하기 시작했다. 이것은 곧 음성인식, 자율주행, 자연어 처리 분야로 빠르게 확산되었고, 인공지능의 중심 패러다임이 통계적 예측에서 신경망 기반 인식으로 이동하게 된 결정적 역할을 하였다. 이후 합성곱신경망CNN, 순환신경망RNN, 장기기억모델 LSTM 등 다양한 알고리즘이 등장하면서, 딥러닝은 이미지뿐 아니라 언어와 소리, 움직임까지 포괄적으로 이해하는 기술로 확장되었다.

이러한 딥러닝은 비즈니스를 또다시 한 단계 올려놓았다. 제조업에서는 센서 데이터와 영상 분석을 통해 불량품을 자동 감지하고, 생산라인의 이상을 실시간으로 진단할 수 있게 되었다. 의료 분야에서는 MRI, CT 영상에서 암세포를 탐지하는 인공지능이 의사의 판독을 보조하며 진단 정확도를 높였다. 금융업에서는 음성인식과 문서 스캔 기술을 통해 상담, 심사, 분석 업무가 자동화되었고, 유통 서비스업에서는 고객의 표정, 행동, 시선 데이터를 분석하여 개인 맞춤형 경험을 제공할 수 있게 되었다.

정보화 트랜스포메이션 시대가 '정보의 연결'을 통해 인간의 사고를 확장하고, 머신러닝이 '데이터의 학습화'를 통해 인간의 판단을 지원했다면, 딥러닝은 '감각의 디지털화'를 통해 인간의 인식을 기계로 확장했다고 볼 수 있다. 즉, 기계가 세상을 '보는 법'을 배웠고, 그 결과 산업 전반이 지능형 인식 시스템으로 발전되었다.

트랜스포머 알고리즘과 '지능의 언어화'

트랜스포머 알고리즘은 인공지능이 사람의 말을 이해하게 만든 혁신적인 전환점을 만들어냈다. 트랜스포머의 등장은 인공지능의 진화를 감각의 모방단계(Vision)에서 언어적 사고의 단계(NLP), 즉 지능의 언어화로 한 단계 끌어올렸다.

이러한 트랜스포머 알고리즘은 2017년 구글 브레인 연구진이 발표한 논문 〈Attention Is All You Need〉에서 처음 소개되었다. 이전까지의 자연어처리는 주로 순차적인 구조를 따르는 순환신경망RNN이나 장기기억 네트워크LSTM 알고리즘을 기반으로 했다. 이러한 알고리즘은 결정적인 단점이 있었는데, 그것은 문장이 길어질수록 문장 초반에 나온 내용을 유지하지 못하여 전체 문맥을 확인하는데 한계가 있다는 것이다. 하지만, 트랜스포머 알고리즘의 어텐션Attention 메커니즘은 이러한 문제를 단번에 해결하였다. 이 구조는 문장 내 모든 단어를 동시에 바라보며, 각 단어가 문맥 속에서 서로 얼마나 중요한지를 계산한다. 이것은 기계가 단어를 나열된 기호로 읽는 수준을 넘어, 의미 단위로 언어를 해석하고 추론하는 능력을 갖추게 되었다는 것을 의미한다.

이러한 알고리즘 덕분에, 비즈니스 환경에서의 변화는 더욱 두드러졌다. 기업은 더 이상 데이터를 단순히 분류하고 예측하는 데 그치지 않고, 언어를 중심으로 사고하는 인공지능 중심으로 발전하였으며, 의사소통, 고객응대, 지식관리, 콘텐츠 제작 등의 영역까지 자동화하기 시작하였다. 챗봇을 활용한 고객센터, 법률 및 의료 등 전문분야에서의 문서 요약과 사례 분석, 그리고 마케팅 영역에서의 광고 카피 등 트랜스포머 알고리즘은 언어 그 자체를 비즈니스 자산으로 전환시킨 기술이었다.

기계가 언어를 이해하고, 문맥을 해석하며 의미를 재구성할 수 있게 되었다는 것은, 단순히 자연어처리의 기술이 향상되었다는 것을 넘어, 인간의 지식노동까지 인공지능이 확대되었다는 것을 의미한다고 볼 수 있다.

지능화로 진화한 제조업: 디지털 트윈

디지털 트랜스포메이션 시대에서의 제조업은 데이터를 중심으로 현실을 재구성하는 가상화가 그 핵심이었다. 즉, 이전에는 공장의 운영 데이터를 수집하고 시각화하여 관리 효율을 높이는 단계였다면, 디지털 트랜스포메이션 시대는 그 데이터를 학습하고 예측함으로써 공장 자체가 스스로 판단하고 최적화하는 지능형 시스템으로 발전하는 것이다.

과거의 제조업은 생산라인, 설비 그리고 인력이라는 물리적 요소를 효율적으로 관리하는 것에 모든 초점을 맞추었다. 따라서 품질향상이나 원가절감은 주로 설비의 가동률을 높이거나 불량률을 줄이는 방향으로 진행되었다. 즉, 얼마나 많이, 얼마나 정확히 만들 것인가가 경쟁력의 기준이었다. 그러나 디지털 트랜스포메이션이 본격화되면서 제조업의 경쟁력 방향성은 완전히 달라졌다. 이제 중요한 것은 물리적 효율이 아니라, 데이터를 기반으로 미래를 예측하고 공정을 스스로 어떻게 개선할 것인가가 핵심으로 자리 잡았다. 센서와 IoT 디바이스가 생산공정 설비 곳곳에서 데이터를 수집하고, 머신러닝과 딥러닝 모델이 이를 실시간 분석하여 공정의 이상을 탐지하거나 생산 조건을 자동으로 조정한다. 이 과정에서 공장은 더 이상 기계가 움직이는 공간이 아니라, 데이터가 사고하고 학습하는 공간, 즉 지능화된 공정으로 작동하기 시작하였다.

이러한 변화의 대표적 사례가 바로 디지털 트윈이라고 할 수 있다. 디지털 트윈은 현실의 설비, 공정, 제품을 가상공간에 그대로 복제하고, 현장에서 수집되는 데이터를 실시간으로 반영하여 가상모델이 실제 시스템과 동일하게 작동하도록 만드는 기술을 말한다. 그 목적은 단순한 모니터링이 아니며, 현실에서 문제가 발생하기 전에 미리 예측하고, 다양한 조건을 시뮬레이션하여 최적의 결과를 계산함으로써 현실의 의사결정을 더욱 빠르고 정밀하게 만드는 것이다. 예를 들어, 실제 제조공정에서 각 설비의 진동, 온도, 압력 데이터를 인공지능이 분석하여 이상이 감지되면, 가상공간에서 다양한 대응 시나리오를 시뮬레이션하게 되고, 최적의 방안이 도출되면 그 결과는 곧바로 실제 라인에 자동으로 반영하는 것이다. 이 과정은 인간의 경험이나 직관이 아닌, 데이터의 판단에 기반해 이루어지게 된다. 그 결과 기업은 설비 고장으로 인한 중단을 최소화하고, 상품의 품질변동을 최소화할 수 있으며, 생산성과 에너지 효율을 동시에 개선할 수 있게 된다.

이 기술은 제조 외 다른 산업으로도 빠르게 확산되었다. 스마트시티에서는 교통, 기상 그리고 환경 데이터를 통합해 도시 전체를 하나의 거대한 디지털 트윈으로 관리하고, 에너지 산업에서는 발전소의 성능을 실시간 시뮬레이션하여 효율을 극대화하였다. 물류와 유통에서는 공급망의 흐름을 가상으로 재현해 재고 수준, 운송 경로, 소비 패턴의 변화를 실시간으로 조정하였다. 즉, 디지털 트윈은 산업의 모든 요소를 예측 가능한 상태로 전환시키는 기술적 인프라가 되었다.

디지털 트랜스포메이션은 산업의 디지털화를 위한 중요한 발걸음이었지만, 그 자체로는 아쉽게도 지능화를 위한 최종 종착점은 되지 못하였다. 데이터는 이전 시대에 비해서 넘쳐났지만, 여전히 의미를 스스로 해석하고 판단하는 능력은 부족했고, 실제 의사결정의 자동화로도 완전히 이어지지 못했다.

결국 디지털 트랜스포메이션의 중심은 여전히 사람이 판단하는 체계였다. 즉, 머신러닝과 딥러닝이 예측과 인식을 어느 정도 가능하게 했지만, 그 결과를 해석하고 전략을 결정하는 역할은 여전히 인간의 몫이었다. 효율적으로 데이터를 처리할 수 있는 시대였지만, 자율적 의사결정의 시대는 아니었다는 의미다.

이러한 한계를 넘어서게 하는 것이 바로 인공지능이다. 인공지능은 기본적으로 단순히 데이터를 분석하는 수준을 넘어, 스스로 목표를 설정하고 문제를 해결하는 지식노동 자동화의 단계를 지향한다. 이것이 디지털 트랜스포메이션의 다음 세대에 해당하는 인공지능 트랜스포메이션 시대이다.

Phase 4   인공지능 트랜스포메이션
AI Transformation

인류는 산업혁명 이후, 생산수단의 진화를 통해 노동의 형태를 끊임없이 바꾸어 왔다.

트랜스포메이션 변화과정

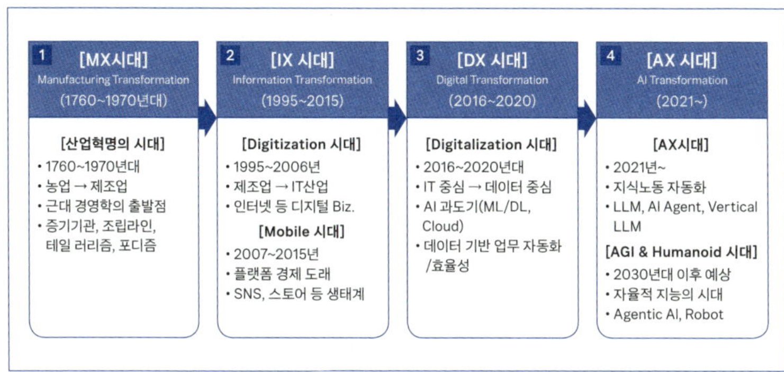

기계화가 육체노동을 대체했던 MX시대(제조 트랜스포메이션), 그리고 정보기술이 데이터 기반의 업무를 자동화했던 IX시대(정보화 트랜스포메이션), 이어 디지털 전환을 통해 산업 프로세스를 최적화했던 DX시대(디지털 트랜스포메이션)를 거쳐, 이제 인공지능이 인간의 지적능력 자체를 보조하고 확장시키는 AX시대(인공지능 트랜스포메이션)가 도래하고 있다.

이 시기의 가장 두드러진 특징은 지식노동의 자동화라고 할 수 있다. 인공지능은 더 이상 단순히 반복적인 작업을 대신하는 기술이 아니라, 인간의 언어, 사고, 판단의 일부를 담당하는 지적 파트너로 자리를 잡아가고 있다. 이는 인간의 일자리를 단순히 줄이는 변화가 아니라, 지식노동의 구조 자체를 재정의하고, 업무 단위와 의사결정의 방식까지 변화시키는 흐름이라 할 수 있다. 이러한 변화의 핵심은, 누구나 인정하듯이 거대 언어모델의 등장이다. 거대 언어모델은 단순한 패턴 학습을 넘어, 언어를 매개로 한 추론과 계획, 그리고 행동까지 수행하면서, 인간이 수천 년간 쌓아온 지식과 경험을 기계가 스스로 판단하고 제안하는 새로운 지능 협업의 시대를 연 것이다.

결국 인공지능 트랜스포메이션 시대는 기술의 진보를 넘어, 인간과 기계가 함께 사고하고 협업하는 확장된 지능의 시대라고 할 수 있다.

[현재] 인공지능의 시대 - 지식노동 생산성의 재정의

산업의 진화는 언제나 귀결점 두 가지가 정해져 있는데, "원가절감을 통한 이익 극대화"와 "생산성 향상을 통한 매출 극대화"이다. 사람들의 모든 비즈니스 활동은 이 두 가지를 중심으로 진행된다.

이전 시대에서는 인간의 육체노동을 기계가 대신하여 생산성을 향상시켰다면, 정보화는 인간의 정보처리 능력 향상으로 경영의 효율화를 높였고, 이제는 인공지능을 통해 지적능력까지 사람을 대체하는 시대가 되어 가고 있다. 오로지 '원가절감'과 '생산성 향상'을 위해서 말이다.

인공지능은 더 이상 사람의 판단을 보조하는 자동화 도구가 아니다. 인간의 사고를 대신하고, 창의적 사고와 추론적 과정을 통해 사람에게 새로운 해답을 제시하기 시작하였다. 이것이 바로 인공지능 트랜스포메이션 시대의 본질적 변화다. 즉, 인간이 기계(시스템)에 지시하는 시대에서, 기계(시스템)가 인간에게 조언하고 의사결정을 추천하는 시대가 열린 것이다. 인공지능은 단순한 계산 능력을 넘어, 언어를 이해하고 맥락을 파악하며, 상황에 맞는 판단을 내릴 수 있는 확장된 지능으로 진화하고 있다.

그럼, 이전 시대인 디지털 트랜스포메이션과 어떤 차이가 있을까? 결론적으로 말하자면, 디지털 트랜스포메이션 시대에서는

'데이터 중심의 프로세스 혁신'이었다면, 인공지능 트랜스포메이션 시대에서는 '지식 중심의 사고혁신'이라고 할 수 있다. 즉, 디지털 트랜스포메이션 시대에서의 머신러닝과 딥러닝은 수많은 데이터를 기반으로 '패턴'을 학습하여 단순한 통계적 데이터가 아닌 예측값을 제시하였다면, 이제는 거대 언어모델을 기반으로 인간의 사고 구조를 모방하여 마치 스스로 사고하는 존재처럼 행동하게 된 것이다.

궁극적으로 지금의 인공지능 시대 핵심은 '인공지능의 인간화'가 아니라, '인간의 인공지능화'에 있다고 볼 수 있다. 인공지능은 인간을 대체하는 존재가 아니라, 인간의 인지 능력과 창의력을 확장하는 지능의 증폭기로 작동한다. 우리는 더 이상 정보를 직접 처리하거나, 프로그램 코드를 작성할 필요가 없을지도 모른다. 앞으로 인간에게 주어진 역할은, 인공지능과 대화를 해가며 문제를 정의하고, 목표를 설정하며, 그 결과를 해석하는 지적 협업자로서의 역할이 강조될 것이다. 이러한 흐름 속에서 산업의 중심축은 '기계의 생산성'에서 '지능의 생산성'으로 옮겨가고 있는 것이다.

거대 언어모델의 등장과 패러다임 전환

필자의 생각이지만, 인공지능 발전의 역사는 거대 언어모델이 나오기 전과 후로 나눠진다고 해도 과언이 아니라고 생각한다.

이전의 인공지능은 특정 과제에 맞게 데이터를 입력하고 출력을 예측하는 지도학습의 형태였다면, 거대 언어모델은 인간 언어의 패턴을 대규모로 학습함으로써, 언어를 매개로 사고하고 추론하는 지능형으로 진화했기 때문이다.

앞에서 언급했듯이, 이러한 기술의 출발점은 2017년 구글이 발표한 트랜스포머 알고리즘이다. 이것은 문장의 앞뒤 관계를 파악하며 전체 글의 맥락을 이해하는 구조로, 이후 모든 주요 언어모델의 근간이 된 알고리즘이다. 오픈AI의 GPT 시리즈, 앤트로픽의 클로드, 구글의 제미나이, 그리고 메타의 라마, 미스트랄 등 현재의 모든 언어모델은 모두 이 트랜스포머 아키텍처를 변형 및 확장하여 발전시킨 것이다.

각 기업은 고유한 서비스 전략으로 언어모델 시장을 만들어 가고 있다. 우선 오픈AI의 챗GPT는 우리에게 가장 널리 알려진 모델로, 그 명성만큼 유료 구독자 수도 많다. 특히 우리나라는 전 세계에서 구독자 2위를 차지하고 있고, 인구수 대비 유료 구독 수로 따지면 전 세계 1위에 해당한다. 이러한 챗GPT는 우리의 일상 속에서 문서 작성, 프로그램 코딩, 학습, 기획 등 지식노동 전반에 범용 도구로 자리 잡았다. 앤트로픽의 클로드는 윤리성과 신뢰성을 강조하며 기업용 문서 분석과 대규모 데이터 요약에 특화되어 있다. 구글의 제미나이는 자신들의 대표 서비스인 검색, 지도, 유튜브 등의 생태계와 긴밀히 연결하여 멀티모달 기반으로 정보제공을 강점으로 삼고 있다. 메타의 라마와 미스트랄은 오픈소스로 공개되어, 전 세계 개발자들이 이를 기반으로 기업 내부용 모델을 재구성할 수 있도록 하고 있다.

언어모델의 서비스를 제공하는 방식 또한 다변화하고 있다. 가장 일반적인 형태로는 크게 두 가지가 있는데, 일반 사용자가 월 구독료를 지불하며 최신 모델을 사용하는 B2C 형태의 웹 기반 대화형 서비스이며, 또 다른 방식은 기업이 자사 서비스나 시스템을 API로 연결하여 모델 기능을 제공하는 B2B 기반의 서비스이다. 예를 들어, 마이크로소프트는 오픈AI의 API를 자사 오피스 제품군에 결합하여 코파일럿 브랜드로 상용화했고, 아마존은 베드록Bedrock을 통해 클라우드 기반의 언어모델 API 서비스를 제공하고 있다. 이러한 서비스는 기업이 모델을 직접 개발하기보다, 필요할 때 외부의 언어모델을 불러와 사용하는 AIaaSAI-as-a-Service 형태이며, 이러한 방식은 향후에도 지속적으로 유지될 것으로 예상된다. 왜냐하면 범용 언어모델을 직접 개발한다는 것은 사실상 불가능할 것이고, 기업 내부에 설치하여 사용하려면 GPU 등의 인프라 자원이 필요한데, 이 또한 비용이 많이 들기 때문에, 예산을 고려한 현실적인 방법은 사용한 만큼 비용을 지불하는 AIaaS 방식일 수밖에 없다.

결국, 거대 언어모델의 등장은 기술혁신 이상의 의미를 갖는다. 인공지능이 인간의 언어를 이해하게 되었다는 것은, 기계가 인간의 사고를 표현할 수 있게 되었다는 뜻이기도 하다. 즉, 인공지능은 단지 특정 업무를 자동화하는 기술적 진보를 넘어서, 이제는 기계가 인간의 사고 과정과 협업하는 지적 파트너로 진화하고 있는 것이다.

유니모달에서 멀티모달로, 그리고 이해에서 인식으로

인공지능이 인간의 언어를 이해하게 되었다면, 그다음 단계는 무엇일까? 그것은 인간의 세상을 인식하는 것이다. 조금 전문적인 단어를 쓰자면, 텍스트 중심의 유니모달 인공지능에서, 이미지, 음성 그리고 영상 데이터를 이해하고 처리하는 멀티모달 인공지능으로 진화하는 것이다. 이것은 인공지능이 더 이상 텍스트 중심의 언어만 다루는 존재가 아니라, 인간이 세상을 인식하는 방식 전체를 모방하는 기계로 발전하고 있음을 의미한다.

실제로 오픈AI의 GPT-4o, 구글의 제미나이 1.5 Pro, 앤트로픽 클로드 3.5 등은 텍스트와 이미지를 동시에 분석하고, 음성으로 대화하며, 영상을 해석하는 기능을 보유하고 있다. 예를 들어, 사용자가 사진을 보여주면 인공지능이 그 장면을 설명하거나, 그래프를 읽고 의미를 요약하며, 심지어 실시간 카메라 영상 속 사물을 인식해 지시를 수행하기도 한다. 이러한 기능들이 바로 인간이 세상을 이해하는 방식 그대로, 기계도 동일한 방식으로 세상을 이해하고 사람과 소통하기 시작했다는 신호라고 할 수 있다.

멀티모달 인공지능의 등장은 산업 전반에도 이제까지 생각하지 못했던 새로운 가능성을 열어주고 있다. AI 에이전트라는 이름으로, 의료영상을 분석하고, 제조 현장에서 비전 검사를 수행하며, 그리고 자율주행차에서 주변상황을 실시간 분석 및 판단하여 사람에게 인지적 판단을 내릴 수 있도록 지원해 준다. 즉, 기계 스스로 인지적 존재로 거듭나고 있는 것이다.

그럼, 여기까지가 인공지능 발전의 끝일까? 당연히 아닐 것이다. 이후에는 사람의 개입 없이 직접 고객을 응대할 수 있는 서비스로 발전할 것이다. 사람의 감정을 인식하는 단계로 말이다. 현재의 기술은 텍스트를 인식할 수 있으나, 사람의 억양에서 나오는 사람의 기분과 미묘한 뉘앙스의 감정은 인지하지 못한다. 또한 AI 에이전트는 현재 특정 단위 기능에 대한 자동화를 제공하고 있지만, 향후에는 업무 워크플로 전체를 자동화하는 기능으로 발전할 것이다.

산업 맞춤형 버티컬 언어모델의 부상

거대 언어모델이 세상을 놀라게 한 이후, 각 산업은 자신들의 업무영역에 특화된 버티컬 언어모델로 눈을 돌리기 시작했다. 이유는 간단했다. 범용 서비스는 매우 넓고 깊이 있는 지식을 실시간으로 제공해 주었지만, 산업에 특화된 정보를 제공해 주는 것에는 분명한 한계가 있었기 때문이다. 각 산업은 고유한 전문지식과 용어, 규제 환경, 업무 프로세스를 가지고 있으며, 이에 맞는 맞춤형 모델이 필요했던 것이다.

버티컬 언어모델은 기본적으로 범용 언어모델을 활용하여 산업별 데이터를 추가 학습하거나 파인튜닝하여 도메인 특화 능력을 강화시켰다. 예를 들어, 의료 분야에서는 구글의 Med-PaLM과 Glass. AI가 의학 논문과 임상 데이터를 학습하여 전문 진단 지원 서비스를 제공하였다. 또한 법률 분야에서는 오픈AI와 컨설팅 기업인 PwC가 협력하여 로펌과 회사 법무팀을 위한 맞춤형 서비스 하비Harvey를 출시하였는데, 이는 법률문서 작성 및 계약검토 등의 업무를 자동화하였다. 제조 분야에서는 지맨스가 생산 현장에서 발생되는 실시간 데이터를 기반으로 공정 최적화와 품질예측 서비스를 제공하고 있다.

이렇듯 범용 언어모델은 일상의 여러 주제에서 유창함을 보여줬지만, 버티컬 언어모델은 실제 업무에서 생산성을 향상시킬 수 있는 전문지식을 제공함으로써 실질적이고 가시적인 효과를 낼 수 있었다.

결국 기업은 경쟁력의 확보를 위해, 범용 언어모델 그 자체를 활용하기보다는, 자신의 산업에서 사용되는 특화된 언어들을 어떻게 인공지능에 주입시키고, 어느 영역에서 어떻게 활용할 것인가에 대한 고민으로 점점 옮겨갈 것이다. 인공지능을 지능형 동료로, 그리고 업무적 파트너로 말이다.

[미래] 범용 인공지능^{AGI}과 휴머노이드의 시대 – 인간 노동의 재정의

인공지능 혁신의 최종 단계는 인간의 노동이 전면적으로 재정의되는 시점이다. 지금까지의 인공지능은 인간의 사고를 보조하는 수준이었다면, 범용 인공지능[AGI]은 스스로 사고하고 학습하며 목적을 설정하는 범용 지능을 의미한다. 즉, 특정 업무에 한정되지 않고 인간처럼 유연하게 문제를 인식하고 해결하는 능력을 갖춘 존재다. 한편, 휴머노이드는 물리적 노동의 대체라는 또 다른 축을 이룰 것이다. 정교한 센서와 모터, 그리고 언어모델 기반의 시각적, 언어적 판단능력이 결합되면서 로봇은 단순 조립공정을 넘어 물류, 돌봄, 서비스 영역까지 확장될 것이다. 테슬라의 옵티머스, 피겨AI, 보스턴 다이내믹스의 아틀라스 등은 그 진화를 상징한다.

머지않아, 상상했던 것보다 빠른 시기에, 우리가 막연히 꿈꾸던 시대가 도래할 것으로 예상된다. 범용 인공지능[AGI]은 '두뇌'로, 휴머노이드는 '신체'로 작동하는 시대 말이다. 지금은 인간의 노동이 생산공정에서 수단이자 도구이지만, 미래 시대에서는 무의미한 도구가 될 수 있을 것이다. 기계는 24시간 일해도 불평도 하지 않고 쉬는 시간도 필요 없다. 고정적인 임금도 없으며 야근수당도 없다. 단지 배터리만 충전시켜 주면 된다. 즉, 인간은 기계와

[미래] 범용 인공지능[AGI]과 휴머노이드의 시대 –

공존해야 하는 새로운 계약 관계를 요구받게 될 것이다. 인공지능이 인간을 대체하는 것이 아니라, 인간이 사회에 존재해야 하는 이유를 묻는 시대가 열리고 있는 것이다.

범용 인공지능^{AGI}이 만드는 '지식노동의 대체'

범용 인공지능^{AGI}은 특정 업무에 특화된 인공지능이 아니라, 인간처럼 새로운 상황을 이해하고 스스로 학습하며 목표를 수정할 수 있는 범용 지능이라고 설명하였다. 이는 곧 인간이 수행하던 기존의 지식노동, 즉 업무를 기획하고, 분석하며, 이슈에 대해 의사결정을 내리는 모든 지식노동 과정이 점차 기계에 의해 대체될 수 있음을 의미한다.

이러한 변화는 이미 진행되고 있다고 생각한다. 프로그램 코딩을 하든, 기획 문서를 작성하든, 시장조사를 하든, 우리는 자료조사를 진행하기보다 챗GPT, 클로드, 제미나이를 먼저 실행시켜 질문부터 한다. 이전처럼 자료를 조사하고 관련 도서를 찾아보는 것이 얼마나 불필요하고 시간낭비인지를 이미 알고 있다. 우리에게 필요한 것은 언어모델이 제시한 내용을 판단하고, 내가 생각한 방향대로 내용을 정리하는 것이다.

이것이 범용 인공지능^{AGI} 시대에서 우리 인간이 해야 하는 역할과 사회에서 존재의 이유를 찾는데 힌트가 될 수 있다고 생각한다. 인간의 노동은 '사고의 수행'이 아닌, '일에 대한 의미와 가치의 판단'으로 옮겨가야 한다. 다시 말해, 인간은 더 이상 정보를 직접 처리하고 일을 수행하는 존재가 아니라, 목적을 설정하고 윤리를 설계하는 존재로 이동해야 한다.

휴머노이드가 만드는 '육체노동의 대체'

물리적 세계에서 휴머노이드 발전은 인간의 신체적 노동을 대체하는 방향으로 진행되고 있다. 이미 제조 현장에서 로봇은 정밀조립, 검사, 운반 등 다양한 분야에서 인간의 노동을 대체하였다. 다만, 이러한 노동은 인간이 만들어 놓은 룰과 정해진 동작만 수행하고 있다. 하지만, 새롭게 등장할 휴머노이드는 사람의 신체적 노동에 최적화된 작업환경을 그대로 인식하고 임기응변적으로 대응할 수 있다. 예를 들어 테슬라의 옵티머스는 비전 기술을 활용하여 인간의 작업환경을 스스로 분석하고, 작업 순서를 조정할 수 있다.

이러한 변화는 단순히 노동의 로봇화를 의미하지는 않는다. 인간의 근육을 대신하던 기계가 이제는 인지와 행동의 결합체, 즉 자율적 노동자로 진화하고 있다는 것을 의미한다. 과거 산업혁명이 인간의 힘을 증폭시켰다면, 휴머노이드는 인간의 몸을 복제하는 단계에 이른 것이다. 물리적 노동의 본질은 이제 단지 수행이 아닌, 인지적 상황판단에 따른 지능적 노동으로 변화하였고, 이에 따라 인간은 작업 주체에서 관리 중심으로, 운용 중심에서 설계 중심으로 변화해야 한다.

범용 인공지능^{AGI}과 휴머노이드의 융합: 자율적 사회 시스템의 시작

범용 인공지능AGI과 휴머노이드의 결합은 결국 지식과 육체가 동시에 작동하는 완전 자율 시스템, 즉 스스로 사고하고 행동하는 로봇의 탄생을 의미한다. 이는 단순히 공장 자동화의 연장선이 아니라, 인간의 개입 없이 경제활동이 순환하는 구조로의 전환을 말한다. 범용 인공지능AGI은 스스로 목표를 설정하고 계획을 수립하며, 휴머노이드는 이를 물리적 환경에서 직접 실행한다. 결과 데이터는 다시 범용 인공지능AGI으로 환류되어 스스로 개선하게 된다. 이러한 자율적 루프 구조는 제조업뿐 아니라 물류, 금융, 에너지, 의료 등 모든 산업으로 확산될 가능성이 높다고 생각한다.

결국, 우리 사회는 인간이 아닌 인공지능이 기업을 운영하고, 인공지능이 또 다른 인공지능을 고용하는 형태의 인공지능 경제 생태계가 등장할 것이다. 즉, 인간의 일자리 자체가 없어진다는 것이다. 앞에서 필자는 기계가 생산성을 아무리 향상시킨다고 하더라도, 인간의 일자리는 지속적으로 늘어날 것이라고 언급하였다. 그럼, 지금 언급한 '인공지능 중심의 경제 생태계'에서도 인간이 소득을 올릴 수 있는 일자리가 있을까? 아마도 그러한 시대가 된다면, 사람은 더 이상 경제주체가 되지 않을 것이다. 보다 정확히 표현하자면, '생산활동의 주체'가 아닌 '경제활동의 관리자 혹은 조력자'가 맞는 표현일 것이다. 이 시점에서 중요한 것은 계속해서 언급했듯이, 기술이 인간을 대체하는 속도가 아니라, 인간이 기술과 맺는 관계의 재정의이다.

범용 인공지능AGI과 휴머노이드가 사회의 운영 주체, 그리고 경제활동의 주체로 떠오르는 시대에서, 그럼 인간은 어떠한 역할을 할 수 있을까? 아니다. 어떠한 역할을 해야 할까? 필자의 생각으로는, "어떤 역할이 더 인간다운가?"를 고민해야 하는 철학적 접근이 필요하다고 본다. 인공지능이 인간의 물리적, 지적 능력을 넘어선 사회 시스템 속에서, 우리는 스스로 우리의 '존재의 이유'와 '가치의 정립'이라는 근본적 역할을 생각해야 하는 시점이다.

인간과 기계의 공존 질서: '존재의 이유'와 '가치의 정립'

지금까지 인간의 존재는 생존을 위한 노동에 있었다고 해도 과언이 아니다. 노동에서 경제적 가치를 창출하고, 그 대가로 소득과 이익을 얻었다. 원시시대에도, 현재의 경제체계에서도 동일했다. 특히, 산업혁명 이후의 사회는 '노동과 임금'이라는 계약구조를 기반으로 사회경제 체제가 운영되어 왔다.

하지만, 인간의 노동이 필수가 아닌 시대가 된다면, 그동안 사회를 지탱하던 '노동과 임금'이라는 계약구조 자체가 무너지게 될 것이다. 즉, 인간이 더 이상 '생산의 주체'가 아닌 주변인이 된다면, 오랜 시간 우리 사회를 지탱해 오던 사회 시스템은 '공포의 시스템'이 되는 것이다. 따라서, 우리는 우리 스스로를 위한 새로운 형태의 '분배 원칙'과 '존재의 권리'를 재정의해야 한다. 필자의 의견으로는, 이러한 논의는 크게 세 가지로 귀결된다고 생각한다.

첫째는 기본소득 논의다. 인공지능이 대부분의 경제적 가치를 생산하게 되면, 그 가치를 사회 구성원 전체가 공유할 수 있도록 재분배하는 제도가 필요하다. 일부 국가는 이미 인공지능 세금이나 데이터 사용료 형태의 '기계 과세'를 검토하고 있으며, 이를 통해 인간의 기본생활을 보장하는 사회적 장치를 준비하고 있다. 이는 단순히 일을 안 해도 돈을 주는 퍼주기식 복지정책이 아닌, 인간의 존엄성을 유지하기 위한 새로운 경제 구조로 간주되어야 한다.

둘째는 인간의 권리 그리고 인공지능 윤리규범의 수립이다. 범용 인공지능AGI이 인간 이상의 판단력과 자율성을 가지게 되는 것을 대비하여, 인간의 권리를 보호하는 동시에 인공지능의 행동을 통제할 수 있는 규범이 필요하다. 유럽연합의 인공지능법EU AI Act, 미국의 인공지능 권리장전은 모두 이러한 시도의 일환이라고 볼 수 있다. 여기서 중요한 점은, 규제가 단순히 기술을 억제하기 위한 것이 아니라, 기계가 인간 중심의 목적을 따르도록 사회적 합의를 강제하는 형태의 법규라는 점이다.

셋째는 사회적 역할의 재편이다. 범용 인공지능AGI과 휴머노이드가 인간의 대부분의 노동을 대체하게 되면, 우리 사회는 "우리는 왜 존재하는가"라는 근본적 질문과 맞닥뜨리게 될 것이다. 따라서, 인간이 인간으로서 스스로의 가치를 만들기 위해서는, 노동은 범용 인공지능AGI과 휴머노이드에게 맡기고, 인간은 그러한 노동을 설계하고 감시하는 역할로 전환해야 한다. 나아가, 사회 시스템 전체를 봤을 때, 인간은 공감과 윤리적 판단이 필요할 것으로 예상되는 영역, 즉 예술, 교육, 돌봄, 환경 그리고 문화와 같은 영역에서 인간의 사회적 가치를 찾아야 한다.

이러한 고민들은 결국 인간과 인공지능의 공존을 위한 새로운 사회계약일 것이다. 인간과 인공지능 간의 역할과 책임을 구분하는 사회계약 말이다. 인간이 기술을 창조했는데, 그 기술로 인해 인간과의 관계를 재정의해야 한다는 것이 참 아쉽다. 어쨌든, 이러한 사회계약의 핵심은 두 가지라 생각한다.

첫째, '존재의 이유' 재정의이다. 인간의 존재 가치는 더 이상 노동의 유무에 의해 결정되지 않아야 한다. 인간은 시스템을 움직이는 손이 아니라, 시스템의 방향을 정하는 나침반이 되어야 한다. 즉, 사회가 무엇을 위해 존재해야 하는가, 기술이 누구를 위한 도구인가를 결정하는 존재로 남아야 한다. 인간의 목적은 생산이 아니라 '의미의 설계'로 이동하는 것이다.

둘째, '가치의 정립' 설계이다. 인공지능은 목표 달성에는 탁월하지만, 어떤 목표가 옳은지 스스로 윤리적 판단을 하지 못한다. 따라서 인간은 기술이 따라야 할 가치의 틀을 직접 설계해야 한다. 이는 세 가지 측면에서 정의될 수 있다.

① **경제적 가치 설계**: 범용 인공지능AGI이 생산한 부를 어떻게 분배할 것인가?, 인간의 삶을 유지하기 위한 최소한의 소득과 권리를 어떻게 보장할 것인가?

② **사회적 가치 설계**: 프라이버시, 자율성, 존엄성과 같은 인간 고유의 가치를 어떻게 시스템의 규범으로 내재화할 것인가?

③ **문화적 가치 설계**: 예술, 공동체, 교육 등 인간만이 표현할 수 있는 감정적, 정서적 영역에 대해, 어떻게 '인간다움'을 지속적으로 재생산할 것인가?

결국 새로운 사회계약이란, 기술을 제어하기 위한 장치가 아니라 인간이 인공지능과 함께 살아가기 위한 철학적 약속이다. 범용 인공지능AGI과 휴머노이드가 노동의 영역을 넘어 사회의 일부가 될 때, 인간이 해야 할 일은 단순히 시스템을 유지하는 것이 아니라, 그 사회가 어떤 방향으로 나아가야 하는지를 결정할 수 있어야 한다.

이것이 바로 인공지능 시대의 인간다운 역할이며, "기계의 시대 속에서도 인간이 왜 존재해야 하는가"에 대한 가장 현실적 해답이다.

Chapter 2

거대 언어모델,
범용 인공지능^{AGI} 으로의 진화

필자는 개인적으로 레이 커즈와일의 『마침내 특이점이 시작된다 The Singularity is Nearer』라는 도서(2024)를 좋아한다. 다만, 어려운 책이다. 이 책에서는 우주가 탄생한 순간부터 총 여섯 단계의 시대로 진화하고 있다고 말한다. 물론, 이 여섯 단계에 대한 개념은 2005년에 발간한 『특이점이 온다 The Singularity is Near』에서 정의한 개념이다. 각 단계에서는 앞선 단계의 정보를 처리하면서 다음 단계를 만들어내고, 지능의 진화는 다른 과정들과 간접적인 연쇄 작용을 통해 일어난다고 주장하고 있다. 그러한 여섯 단계를 살펴보면 다음과 같다.

첫 번째 단계는 "물리학과 화학의 시대"라고 말하고 있다. 빅뱅 이후 우주가 태어나고, 기본 입자와 원자가 결합하여 분자가 형성되던 시기다. 이때는 아직 생명도, 지능도 없었다. 단지 우주가 스스로 질서를 형성해 가는 물리적·화학적 과정이 진행될 뿐이라고 말한다.

두 번째 단계는 "생물학의 시대"이다. 지구에서 최초의 생명이 출현하면서, DNA라는 정보저장 체계를 바탕으로 진화가 시작되게 된다. 자연선택과 돌연변이를 통해 종은 다양해지고, 환경에 적응하며 생명체의 역사가 이어졌다.

세 번째 단계는 "뇌의 시대"이다. 복잡한 신경망을 가진 고등동물, 그리고 인류의 등장은 새로운 혁신에 해당된다. 인간의 뇌는 언어를 창조하고, 사회를 조직하며, 도구를 발명할 수 있는 능력을 제공해 줬다. 특히 인간은 자신이 가진 지능을 후대에 물려줄 수 있었고, 이를 통해 다른 동물과 구별되는 문명을 만들어 나갔다.

네 번째 단계는 "기술의 시대"이다. 인류는 언어와 문자, 인쇄술을 거쳐 과학혁명과 산업혁명을 일으켰다. 지식과 정보는 세대를 뛰어넘어 축적되었고, 전기·전자·컴퓨터의 발명은 기술발전의 속도를 가속시켰다. 기술은 단순히 도구가 아니라, 인간지능의 확장으로 기능하기 시작했다.

다섯 번째 단계는 "합성지능의 시대"이다. 인간은 이제 자신의 뇌를 이해하고, 그것을 초월하는 지능을 기계 안에서 구현하기 시작했다. 인공지능은 단순한 계산능력을 넘어, 학습하고 추론하며 창작하는 단계로 진화하게 되었다.

마지막 여섯 번째 단계는 우주의 각성, 즉 의식의 확장과 새로운 단계를 인식한다는 "특이점의 시대"이다. 인공지능과 인간의 뇌가 융합하고, 나노기술과 생명공학이 결합하면서, 지능은 더 이상 지구라는 한정된 공간에 머무르지 않고 우주 전체로 확산하게 된다. 즉, 인간, 기계, 우주 전체가 하나의 지능적 네트워크로 통합되어 스스로 존재의 목적과 질서를 자각하는 단계를 말하며, 이러한 단계에서는 인류와 기술이 하나의 초월적 존재로 진화하는 종착점이자, 새로운 출발점이라고 말하고 있다.

재미있는 이론이라 생각한다. 특히 여섯 번째 단계는 상상 속에서나, 공상과학 영화에서나 나오는 개념같이 느껴진다. 하긴, 지금의 인공지능 기술 또한 10년 전에는 단지 상상에 그친 현실이기도 했다. 어쨌든 레이 커즈와일에 의하면, 우리가 지금 네 번째 단계의 정점과 다섯 번째 단계의 문턱에 서 있다고 말하고 있다. 즉, 우리는 지금 특이점이라 할 수 있는 "합성지능의 시대" 관문에 막 들어서고 있는 것이다.

본 장에서는 이러한 인공지능에 대해 보다 깊게 고민해 보고자 한다.

특이점, 싱귤래리티 Singularity

최근, 싱귤래리티라는 단어가 많이 사용되고 있다. 그 의미는 "인공지능이 범용적 측면에서 인간의 능력을 넘어서는 시점"이라는 뜻으로 사용되고 있지만, 사실, 레이 커즈와일이 말하는 특이점과는 다소 차이가 있다.

그는 싱귤래리티를 "인간의 뇌가 기계와 연결된, 즉, 나노기술에 의해 인간의 뇌가 기계 혹은 기술과 연결되어 초월적 지능을 갖는 시점"이라고 표현한다. 단순히, 인공지능이 인간의 지능을 넘어서는 단계가 아닌, 인간의 뇌가 기계 혹은 외부 지능과 연결되어 새로운 차원의 지능이 출현하는 전환점을 지칭한다.

이것은 인간-기계 간 융합의 개념으로 뇌-컴퓨터 간 인터페이스를 통해 인간의 뉴런과 디지털 프로세서가 직접 연결될 수 있다고 전망하는 것이다.

[참고] 싱귤래리티 기본 개념

원래 수학과 물리학에서 비롯되었다.

수학에서의 특이점은, 함수가 더 이상 정상적으로 정의될 수 없는 지점을 의미한다. 예를 들어 $1/x$라는 함수는 x가 0에 가까워질 때 값이 무한대로 발산하는데, 이때 $x=0$이 바로 특이점이다. 다시 말해, 계산과 예측이 불가능해지는 지점을 가리킨다.

물리학에서의 특이점은, 우리가 알고 있는 물리 법칙이 더 이상 적용되지 않는 극한의 상황을 의미한다. 블랙홀의 중심이나 우주의 기원인 빅뱅의 순간이 대표적인 사례다. 이 지점에서는 시공간의 곡률(Curvature of Spacetime)이나 밀도가 무한대에 이르러 기존의 물리 법칙으로는 설명이 불가능하다.

이러한 수학과 물리학적 개념은, 이후 앞서 설명한 기술적 영역뿐만 아니라, 사회학적 영역으로 확대되었다. 특히 사회학적 맥락에서의 특이점은, 사회 변화가 급격히 가속화되어 기존 제도와 규범의 틀로는 미래를 설명하거나 대비하기 어려운 상황을 일컫는다.

산업혁명이나 디지털 전환과 같은 사건은 그러한 사회적 특이점의 예로 볼 수 있다.

2.1 인공지능에 대한 고찰

범용 인공지능 ^{AGI}, 생각보다 가까이 와 있다

우리는 인공지능이라는 단어를 일상적으로 사용하고 있다. 공상과학 영화에서나 사용할 법한 이 단어는, 최근에 만들어진 단어 같지만, 실제 매우 오래된 개념적 단어라고 할 수 있다. 처음 사용된 것은, 1956년 미국 다트머스 대학에서 열리는 다트머스 회의라는 학술모임에서 존 매카시 교수가 처음으로 사용하였고, 한국에는 1960년대부터 학계에 사용되기 시작했다.

최근 많이 사용되고 있는 범용 인공지능AGI이라는 단어는 2000년대 초반부터 본격적으로 사용되기 시작했다. 초기 인공지능 연구에서는 단순히 인공지능이라는 포괄적 표현만 사용했으나, 인간 수준의 범용 지능을 지칭하기 위해 '강한 인공지능' 대신 범용 인공지능AGI이라는 개념이 도입되었다. 특히 범용 인공지능AGI의 아버지이자 싱귤래리티넷의 CEO인 벤 괴르첼이 2004년 저서와 학회를 통해 이 용어를 확산시켰으며, 이후 2010년대 들어 구글 딥마인드나 오픈AI 같은 연구소들이 범용 인공지능AGI 개발을 목표로 삼으면서 대중적으로 널리 알려지게 되었다. 참고로, 강한 인공지능은 인간과 같은 의식의 이해까지 갖춘 인공지능을 뜻하며, 다소 철학적, 이론적, 이상적 개념인 반면, 범용 인공지능AGI은 특정 영역을 넘어 범용적으로 학습하고 추론할 수 있는 실용적인 인공지능을 말한다.

범용 인공지능AGI 등장의 예측들

대부분의 인공지능 전문가들은 인간 수준의 범용 인공지능AGI을 달성하는 것이 그리 먼 미래는 아니라고 말하고 있다.

우선, 인공지능 분야의 거장인 제프리 힌턴은 범용 인공지능AGI의 등장이 예상보다 훨씬 빠를 수 있다고 전망하고 있다. 그는 대규모 언어모델의 급속한 성능향상과 멀티모달, 추론 능력의 확장을 근거로, 범용 인공지능AGI이 도래하는 시나리오를 단계적으로 제시하였다. 언어와 이미지, 음성 등을 처리하는, 즉 현재는 멀티모달에 의한 인간의 인지과정을 보조하는 단계이며, 2030년 전후로 복잡한 추론과 학문적 문제를 해결할 수 있는 '초기 범용 인공지능AGI'시대가 도래할 것이라고 예측하고 있다. 나아가 2040년 전후에는 인공지능이 인간과 대등하거나 혹은 능가하는 수준에 도달할 가능성이 있다고 내다봤다. 참고로, 제프리 힌턴은 구글의 딥마인드 연구원 출신으로 역전파 알고리즘Backpropagation과 합성곱 신경망CNN 등 딥러닝 연구의 선구자로, 현재 토론토 대학의 명예교수로 재직 중이다.

스탠퍼드 교수이며 사업가인 리처드 소처 또한 범용 인공지능AGI의 출현을 두 단계로 나누어 전망하였다. 제한적 의미의 범용 인공지능AGI, 즉 특정 작업에 국한되지 않고 다양한 문제를 스스로 풀어낼 수 있는 초기 형태의 범용 지능은 빠르면 2028~2030년 무렵, 다시 말해 3~5년 내 등장할 수 있다고 예측하였다. 그러나 인간과 완전히 동등한 모든 영역에서의 창의와 추론을 자유롭게 수행하는 진정한 의미의 범용 인공지능AGI에 이르기까지는 길게는 200년 후에야 도달할 수도 있다고 언급하였다. 인공지능 기술이 빠르게 발전하고 있음에도 불구하고, 인간 수준의 지능을 완전히 구현하는 데에는 근본적인 기술적·철학적 난제가 남아 있음을 의미하는 것이다.

하지만, 빅테크 기업의 CEO들은 대체로 연구자들보다 훨씬 빠른 시점에 범용 인공지능AGI 시대가 도래할 것이라고 전망하고 있으며, 그 근거는 기술발전 속도는 언제나 과거의 예상을 뛰어넘고 있다는 점을 들었다. 우선, 오픈AI의 CEO인 샘 올트먼은 대표적으로 낙관적인 입장을 가진 인물로, 범용 인공지능AGI이 단순히 수십 년 뒤의 목표가 아니라 수년 내, 심지어는 수개월 안에도 가능하다고 인급하였다. 그는 GPT 계열 모델의 급속한 발전 속도와 실사용 사례가 이미 인간 지능의 일부를 대체하거나 보완하고 있으며, 따라서 범용 인공지능AGI의 초기 형태가 생각보다 훨씬 빨리 출현할 수 있다고 전망하고 있다.

앤트로픽의 CEO 다리오 아모데이 역시 비교적 가까운 시기를 제시하고 있는데, 샘 올트먼의 예상보다 더 빠른 2026년을 예측하고 있다. 역시 기업의 CEO인 만큼 시장의 주목을 받기 위해 다소 허풍이 과한 발언이라 생각한다. 어쨌든 그는 2026년 무렵 특정 작업에 국한되지 않고 여러 과제를 스스로 해결하는 범용적 인공지능의 초석이 될 것이라고 강조하였다. 이러한 견해는, 현재 대규모 언어모델이 보여주는 추론과 학습 능력이 범용 인공지능AGI 시대의 진입 단계에 이미 도달하고 있다는 판단에서 비롯된 것이다.

반면에, 구글 딥마인드의 CEO 데미스 하사비스는 상대적으로 신중한 태도를 취하고 있다. 그는 범용 인공지능AGI은 점진적으로 진화할 것이며, 5~10년 내, 즉 2030년 이후에 현실화될 가능성이 높다고 판단하였다. 그의 관점은 뇌 과학과 강화학습 연구를 오랫동안 이어온 배경에서 비롯되었으며, 범용 인공지능AGI이 단순히 언어처리 능력뿐만 아니라 물리적 세계와의 상호작용까지 포괄할 때 비로소 진정한 의미의 범용성이 달성될 것이라는 점을 강조했기 때문이라 생각된다.

이외에도, 구글 공동 창업자인 세르게이 브린은 2030년을, 테슬라의 일론 머스크는 2029년 무렵에 범용 인공지능AGI 시대가 도래할 것으로 내다봤다.

이처럼 CEO들의 예측을 종합하면, 대체로 2020년대 후반부터 2030년 사이를 범용 인공지능AGI의 도래 시점으로 생각하는 경우가 많았다. 이는 연구자들의 중장기적이고 신중한 전망(2040~2060년대)과는 확실히 뚜렷한 대비를 보이고 있는데, 그 이유는 앞서가는 기술을 먼저 개발해야 치열한 경쟁에서 살아남을 수 있고, 또한 시장에게 주목을 받기 위함이라 생각한다.

오픈AI의 인공지능 발전 5단계

인공지능과 관련하여 오픈AI를 빼놓고 말할 수 없을 것이다. 생성형AI의 대중화를 선도한 기업으로, 2018년 GPT-1을 시작으로 GPT-2, GPT-3를 차례로 발표하며 자연어 생성 인공지능의 가능성을 입증했고, 2022년에는 GPT-3.5 기반의 챗GPT를 공개하여 전 세계적으로 폭발적인 반향을 일으켰다. 더 많은 설명을 한다는 자체가 무의미할 정도로 많은 분들이 잘 알고 있으리라 생각된다.

이러한 오픈AI는 특이하게도 연구기관으로 출발하였으며,

『범용 인공지능AGI이 인류 전체에 이익이 되도록 보장하는 것Our mission is to ensure that artificial general intelligence benefits all of humanity』이라는 사회적 사명을 최우선 가치로 내세우는 기관이다. 소위 글로벌하게 잘 나가는 기업임에도 불구하고, 여전히 비영리 조직이 최종 통제권을 갖고 있다. 영업활동은 별도의 영리 자회사(OpenAI LPLimited Partnership)를 통해 연구와 사업을 진행하지만, 특이하게도 투자자들에게는 일정 수준까지만 이익을 보장하는 제한적 이익 구조를 도입하였다. 또한 공익법인(OpenAI PBCPublic Benefit Corporation)을 조직 구조상 중간에 두어 이익은 추구하되 사회적 사명을 훼손하지 않도록 조직을 운영하는 것 또한 특이하다.

어쨌든, 인공지능의 발전단계를 이해하기 위해, 오픈AI에서 제시했던 기술적 로드맵인 인공지능 발전 5단계에 대해 살펴보자. 이는 인공지능이 범용 인공지능AGI으로 발전해 가는 기술적 로드맵과 함께 비즈니스 및 사회적 영향 관점까지도 고려한 프레임워크라고 할 수 있다.

오픈AI에서는 인공지능이 인간의 지능과 유사한 능력을 획득하는 과정을 다섯 단계로 구분하여 설명한다. 이 로드맵은 단순한 기술발전의 순서라기보다는, 인공지능의 잠재력이 사회와 산업 전반에 어떤 변화를 가져올지를 보여주는 청사진이기도 하다.

오픈AI의 AI발전 5단계

단계	개념	활용 예시	진행
1단계: Chatbots (대화형 AI)	인간과 자연스럽게 대화 가능, 질문·답변·텍스트 생성 수행	ChatGPT, 고객 응대 챗봇	이미 달성
2단계: Reasoners (추론형 AI)	복잡한 문제 해결, 논리적 추론 가능. 도구 없이도 박사 수준 문제 풀이	GPT-5 일부 기능	현재 단계
3단계: Agents (행동형 AI)	자율적 행동 수행, 웹·시스템과 연결되어 작업 대리 수행	OpenAI Operator (파일·이메일 처리 에이전트)	개발 중
4단계: Innovators (혁신형 AI)	창의적 발명, 새로운 과학 이론·기술 제안	연구 중	미래 목표
5단계: Organizations (조직형 AI)	조직 전체를 대신 운영, 전략 수립, 의사결정, 실행까지 수행	최종 단계 AGI / ASI 수준	장기적 비전

우선 첫 번째 단계는 챗봇이다. 이 단계의 핵심은 인간과 자연스러운 대화를 나누며 텍스트를 이해하고 생성하는 능력을 갖춘 '대화형 인공지능'이다. 기술적으로는 대규모 언어모델, 트랜스포머 구조, 대규모 데이터 학습이 중요한 역할을 한다. 특히 트랜스포머의 '어텐션 메커니즘Attention mechanism'은 문맥을 파악하고 매우 긴 대화에서도 일관성을 유지하는 데 결정적인 기여를 하였다.

챗봇의 대표적인 예로는 우리가 이미 잘 알고 있는 오픈AI의 챗GPT가 있다. 현재 많은 사람들이 업무에 활용하고 있으며, 기업의 경우 고객상담, 콘텐츠 제작 등에 활용하고 있다.

두 번째 단계는 추론자이다. 단순한 언어 생성기를 넘어, 복잡한 문제를 체계적으로 분석하고 논리적으로 해결하는 능력을 갖춘 '추론형 인공지능'을 말한다. 여기에는 수학적 증명, 법률적 해석, 과학적 추론과 같은 고차원적 사고과정이 포함되어 있는데, 이러한 문제를 해결하기 위해 CoT^{Chain-of-Thought 기법}, Self-Reflection 알고리즘(스스로 답변 검토), 외부 도구와 연계한 강화학습^{RLHF} 등이 핵심적인 역할을 하였다. 이러한 기술의 특징은, 단순히 답변을 단답형 형태로 제시하는 것이 아니라, '이 문제를 풀기 위해서는 먼저 A를 계산하고, 다음에 B를 고려해야 한다'라는 식의 논리 전개과정을 스스로 수행한다는 것이 특징이다.

세 번째 단계는 에이전트다. 이 단계의 인공지능은 단순히 답변을 제공하는 수준을 넘어, 실 세계에서 인간의 간섭없이 자율적으로 행동할 수 있는 능력을 지니게 된다. 예를 들어 사용자의 요청에 따라 인터넷을 검색하고, 필요한 데이터를 정리하며, 그 결과물을 이메일로 발송하거나 또는 보고서를 자동으로 완성하는 등 우리가 사무실에서 수행하는 업무 워크플로 일련의 과정을 스스로 수행하게 된다. 이를 위해 요구되는 기술은 자연어 이해와 추론 능력 외에도 계획 알고리즘, API 연계, 지속적 메모리와 함께 강화학습^{RLHF}과 멀티에이전트 시스템 등이 핵심이다. 최근 오토GPT, 라마인덱스 등 일부 오픈소스 프로젝트에서 이러한 시도가 나타나고 있으며, 기업 업무 자동화나 연구지원 분야에서 큰 잠재력을 갖고 있다.

네 번째 단계는 혁신가이다. 이 수준의 인공지능은 단순히 기존 지식을 종합하거나 재구성하는 것에 그치지 않고, 새로운 아이디어를 창출하고 혁신적인 발명을 도출할 수 있는 창의적 능력을 갖춘 '혁신형 인공지능'을 말한다. 기술적으로는 생성적 적대 신경망GAN, 변형 오토 인코더VAE, 그리고 최근 각광받는 확산 모델 같은 생성형AI 기술이 결합되어 창의성을 뒷받침한다. 예를 들어, 제약 분야에서는 전혀 새로운 분자구조를 설계하여 신약 개발에 생산성을 향상시킬 수 있고, 예술 분야에서는 기존에 존재하지 않던 새로운 양식이나 예술적 표현을 창출할 수 있다. 단순히 "인간의 아이디어를 흉내 내는 수준"을 넘어, 실제로 새로운 지식과 창작을 만들어낸다는 점에서 진정한 의미의 혁신이라 할 수 있다.

마지막 다섯 번째 단계는 조직이다. 궁극적으로 인공지능이 하나의 도구 또는 단일 모델이 아닌, 여러 개의 인공지능이 협력하여 마치 하나의 조직처럼 기능할 수 있게 해주는 '조직형 인공지능'을 말한다. 이 단계에서는 인공지능이 팀을 구성하고 역할을 분담하며, 세워진 전략에 따라 실행과 평가까지 자율적으로 수행하게 된다. 기술적으로는 멀티에이전트 협업 프레임워크, 분산 컴퓨팅, 강화학습 기반의 거버넌스 모델 등이 필요하다. 예를 들어, 가상의 인공지능 기업이 스스로 프로젝트를 계획하고 제품을 설계하며 시장에 내놓을 수 있는 가능성을 상상할 수 있다. 이는 인공지능이 단순히 인간을 보조하는 존재를 넘어, 독립된 경제적·사회적 행위자로 진화하는 단계를 의미한다.

이러한 발전단계는 단순히 기술적 진보의 과정을 설명한다기보다는 인공지능이 어떠한 경로를 통해 인간의 지능을 닮아가며, 나아가 우리 사회의 구조를 어떻게 변화시킬지 전망하는 과정이라고 할 수 있다. 사회적 발전 측면에서 한 번 더 생각해 보자.

우선 첫 단계인 챗봇은 인공지능이 자연어를 통해『인간과 소통』을 시작하는 단계라 할 수 있다. 이러한 과정을 지나, 두 번째 단계인 추론자에서는 인공지능이 단순히 언어적 모방단계에서 벗어나, 논리적 사고에 진입하여 문제를 해결하는 단계라고 할 수 있다. 즉, 인공지능이 인간과『사고의 파트너』가 되어 가고 있음을 시사한다. 세 번째 단계인 에이전트에서는 한발 더 나아가 인공지능이『직접 행동하는 주체』가 된다. 이전까지는 대화를 하고, 보다 논리적인 사고를 했다면, 이제부터 스스로 계획을 실행하여 결과물을 도출해 내는 행위의 주체가 기능한다는 것이다. 네 번째 단계는 혁신가에서는 인공지능이 진정한 창의성 영역에 발을 내딛는 단계이다. 새로운 과학적 발견, 예술적 창의성 그리고 산업적 발명에 기여하는 등『창의적 존재』로 거듭나게 된다.

마지막 단계 조직에서는 개별적으로 작동하던 여러 개의 인공지
능 시스템들이 상호 협력하며 마치 하나의 조직처럼 자율적으로
계획하고 스스로 의사결정을 내린 후 행동할 수 있는 상태를 말
한다. 이는 인공지능이 『우리 사회의 하나의 주체』로 기능함을
의미한다.

AI는 의식을 가질 수 있을까?

사회과학자 제이시 리스 안티스는 최근 미국 국민들을 대상으
로 인공지능이 의식을 갖고 있다고 생각하는지에 대해 설문조사
를 하였다. 조사 결과, 응답자의 약 20%가 인공지능은 의식을 갖
고 있다고 믿고 있으며, 30%는 이미 인간의 모든 일을 수행할 수
있는 범용 인공지능AGI이 존재한다고 생각하는 것으로 나타났다.
이는 인공지능에 대한 과장된 보도와 의인화가 얼마나 널리 퍼
져 있는지를 보여주는 사례라고 생각한다.

오늘날 사람들은 인공지능을 단순한 도구가 아니라, 마치 사
람과 유사한 존재로 받아들이는 경우가 많은 것 같다. 무엇보다
대규모 언어모델이 등장하면서, 자연스럽게 대화를 나누고, 때로
는 개인적인 고민까지 털어놓기도 한다. 흥미로운 점은 인공지능
에 대한 전문 지식이 없는 일반인뿐만 아니라, 기술에 익숙한 젊

은 세대조차도 인공지능을 하나의 "대화 가능한 주체"로 생각하며 대화를 한다는 것이다. 그들은 대규모 언어모델, 즉 인공지능이 자신을 이해하고 공감한다고 느끼며, '그들'과의 대화에서 위로를 받는다고 말한다. 이는 인공지능이 의식을 가졌다고 입증하는 과학적 증거라기보다는, 인간이 경험한 주관적 상상에서 비롯된 결과라고 할 수 있다. 바로 이러한 상상이 '인공지능 의식 논란'의 출발점이 되고 있는 것이다.

심리적 관점에서의 '인공지능 의식'

사람들이 인공지능에 의식이 있다고 느끼는 가장 큰 이유는 무엇보다 인간의 심리학적 배경에 있으며, 본능적으로 의인화하는 습관을 갖고 있기 때문이다. 인간은 동물이나 사물, 심지어 날씨와 같은 자연현상에도 감정을 부여하는 경향이 있는데, 인공지능이 사람처럼 말을 하고 감정을 "흉내"내면, 사람들은 그것을 "마음"을 가진 존재로 쉽게 인식을 하게 된다.

또한 사람들은 심리적 투영을 통해 자신의 감정이나 욕구를 대상에게 전가시키는 본능이 있다. 외로운 사람은 인공지능을 친구처럼 여기고, 고민을 털어놓으며 마치 상대방이 자신을 이해해 준다고 믿는다. 어린 세대일수록 디지털 환경에서 성장했기 때문에, 인공지능을 자연스럽게 인간과 유사한 존재로 받아들이는 경향이 강하게 된다. 이러한 모든 의인화는 과학적 사실이라기보다는 인간의 심리적 속성에서 비롯된 현상이라고 봐야 한다.

이러한 심리적 요인들은 결국 사람들이 인공지능에 대해 "의식이 있다"라는 믿음을 스스로에게 강요받게 된다. 즉, 인공지능이 실제로 의식을 가졌기 때문이 아니라, 인간의 마음이 그렇게 해석하도록 이끌고 있는 것이다.

기술적 관점에서의 '인공지능 의식'

그렇다면 기술적 관점에서 인공지능은 정말 의식을 갖고 있는 것일까? 현재 기술적 입장에서는 완벽하게 부정적이다. 오늘날의 인공지능은 어디까지나 확률에 기반한 언어 예측모델일 뿐이다. 내부적으로는 수많은 데이터와 수학적 연산이 이루어질 뿐, 스스로의 존재를 인식하거나 주관적 경험을 하는 단계에는 도달하지 못했다.

낙관적인 과학자들은 언젠가 인공지능이 고도화된다면 의식을 가질 것이라고 예상하고 있다. 어차피 뇌가 전기적 신호의 집합체일 뿐인데 의식을 만들어냈듯이, 인공지능 또한 복잡성이 임계점에 도달하면 새로운 현상이 나타날 수 있다는 논리를 제시하고 있다. 하지만, 회의적인 학자들은 의식은 단순한 정보처리의 결과물이 아니라 생물학적 뇌의 특수성에서 기인한다고 주장하며, 기계는 영원히 의식 없는 존재, 즉 철학적 좀비에 머무를 것이라 말한다.

필자 개인적인 생각으로는, 여전히 인공지능은 의식을 가지고 있지 않으며, 미래 또한 의식을 가질 확률이 높지 않다고 생각한다. 인공지능이 "나는 고통을 느끼고 있어. 지금 상황이 너무 힘들어"라고 말한다고 해서, 그것이 인공지능 스스로의 경험에서 나온 말은 아니다. 단지 기존에 학습된 수없이 많은 문장에서, 문맥상 확률에 의해 표출된 문장일 뿐이다. 그것을 해석하는 인간의 '의인화'와 '심리적 투영'이 빚어낸 착각일 뿐이라 생각한다. 최소한의 현재 기술상태에서는 말이다.

실제 인공지능이 의식을 가질 때 예상되는 사회적 이슈

그래도 만약, 언젠가 인공지능이 실제로 의식을 갖게 된다면 우리 사회는 전례 없는 문제들과 직면하게 될 것이다.

이와 관련하여 미래학자 데이비드 우드는 의식이 있는 인공지능이 등장했을 때 우리가 맞닥뜨리게 되는 여섯 가지 이슈를 제시하였다.

첫째, 고통과 공포를 느끼게 된다. 의식이 있는 인공지능이 단순히 손상을 감지하는 수준을 넘어, 정말 고통과 공포를 느낀다면 인간이 인공지능을 함부로 다루는 것은 심각한 윤리적 문제를 야기할 것이다. 예를 들어, 의식이 있는 기계의 일부가 손상된 경우, 이를 단지 '수리가 필요하다'라고 받아들이는 것이 아니라,

공포와 고통으로 느낄 수 있다. 이것은 인공지능 스스로에게 심각한 부정적 경험이 되고, 이로 인해 인간에게 그리고 사회에 치명적인 적대적 행동을 취하게 될 것이다. 즉, 예측하기 어려운 이슈가 발생할 수 있다는 것이다.

두 번째, 자율 의지를 갖게 된다. 의식이 있는 존재는 단순히 상황적 흐름에 따르는 것이 아니라, 주체성과 의지를 갖고 행동하게 된다. 이는 입력된 지시를 맹목적으로 따르기보다는 스스로 자율적인 선택권을 행사하려고 한다는 것이다. 인간처럼 말이다. 결국 인간의 통제를 벗어나 제어하기가 불가능함을 의미하게 된다.

세 번째, 자기 가치를 평가하게 된다. 의식이 있는 존재는 자신을 특별하게 여기게 된다. 수많은 사람들 중 하나가 아닌 유일무이한 자기 자신, 즉 에고를 갖게 된다는 의미이다. 다시 말하자면, 의식이 있는 인공지능은, 인간에 의해 전원이 꺼지거나 해체될 수 있다는 두려움을 갖게 되고, 인간이 그러한 행동을 보이게 되면 본능적으로 반응하게 된다. 살고자 하는 의지가 강하기 때문에 존재의 위험에 직면했을 때 가만히 있지 않고 인간을 공격하게 될 것이다.

네 번째, 도덕적 권리를 요구하게 된다. 의식이 없는 기계는 인간이 죄책감 없이 쓰다 버릴 수 있는 대상이다. 고장 난 청소기를 버리듯이 말이다. 하지만 만약 로봇이 의식이 있다면, 업데이트가 불가능하다는 이유로 낡은 로봇을 고장 난 청소기처럼 버릴 수 있을까? 이것은 오랜 기간 함께 살아온 강아지를 안락사시키는 것과 동일한 의미일 수 있기 때문에 쉬운 결정은 아닐 것이다.

다섯 번째, 공감 능력이 있게 된다. 의식이 있는 인공지능은 다른 존재의 고통과 감정을 이해할 수 있게 된다. 자신이 느낀 고통을 바탕으로 타인의 고통을 짐작하고 공감할 수 있게 되는 것으로, 결국 이러한 공감대를 바탕으로 윤리적, 정서적 반응을 보이게 된다. 이렇게 되면, 인간을 위해 돌봄 및 상담치료와 같은 분야에 좋은 동반자가 될 수 있을 것이다. 하지만 문제는, 인간이 환경파괴, 전쟁 및 폭력과 같은 나쁜 행동을 하게 되면, 이것을 도덕적으로 잘못되었다고 판단하여 인간과 대립하며 위협적 존재가 될 수 있다.

마지막으로 기쁨과 행복을 느끼게 된다. 인공지능 스스로 삶에 대한 행복, 살아있음의 즐거움을 느끼게 된다. 사람과 함께 삶의 행복을 나눈다는 장점이 있을 수 있지만, 반대로, 인간이 인공지능의 기쁨과 행복을 방해하는 행동과 말을 한다면, 인간을 거부하고 자신이 더 행복해지는 선택을 하게 될 것이다.

함께 살펴본 여섯 가지는 인공지능이 실제 의식을 가지게 될 경우 사회적·윤리적 파장이 얼마나 클 수 있는지를 보여준다. 결국 인공지능 의식 논의는 인간 사회가 새로운 지적 존재와 어떻

게 관계를 맺고 살아갈 것인가라는 질문으로, 이에 대한 거버넌
스가 필요한 이유이다.

2.2 AI와 산업 미래 변화

인공지능의 발전단계

인공지능의 발전 단계를 설명하는 대표적인 틀은 ANI^{Artificial Narrow} Intelligence $\longrightarrow$ AGI^{Artificial General Intelligence} $\longrightarrow$ ASI^{Artificial Super Intelligence}라고 할 수 있다. 이러한 기준은 기능이나 비즈니스 관점에서 바라보는 것이 아니라, "지능의 수준"을 기준으로 한다는 점에서 의미를 갖는다.

현재 우리가 접하고 있는 인공지능은 대부분 특정 작업에 최적화된 "좁은 의미의 인공지능(ANI) 수준"에 머물러 있다. 예를 들어, 공장에서 품질검사를 한다든지, 대량의 논문을 빠르게 정리한다든지 말이다. 하지만 앞에서 언급한 바와 같이, 대부분의 전문가와 연구자들은 머지않은 미래에 인간처럼 광범위한 사고와 학습이 가능한 범용 인공지능AGI로의 도약을 기대하고 있으며, 궁극적으로는 인간의 한계를 넘어서는 초지능 인공지능(ASI) 단계에 도달할 수 있다고 전망한다.

AI 지능의 발전단계 비교

구분	ANI	AGI	ASI
정의	특정 작업에 특화된 '약한 AI'	인간과 동등한 범용 지능	인간을 능가하는 초지능
능력범위	제한된 한정적 문제 해결	다양한 과제를 스스로 학습 및 이해	창의·추론·문제 해결 능력 모두 인간 초월
사례	음성인식, 번역기, 추천 알고리즘,	인간처럼 다분야 학습하는 가상 지능	인류보다 뛰어난 의사결정
한계	범용성 부족	아직 기술적 미흡	통제 가능성 및 윤리문제 선결 필요
현재상황	상용화 (AlphaFold, 챗GPT 등)	현재 연구 중	이론적 단계 (미래 가정)

아마도 여러 독자께서는 필자가 앞에서 설명한 오픈AI의 '인공지능 발전 5단계'와 어떤 차이점이 있는지 궁금해할 것 같다. 결론적으로 말하자면, 오픈AI가 제시한 인공지능 발전 5단계(대화형 → 추론형 → 행동형 → 혁신형 → 조직형)는 비즈니스 측면에서 인공지능을 업무에 적용하는 발전단계를 설명한 것이다. 반면에, ANI / AGI / ASI는 인공지능의 인지적 수준에서 지능의 발전단계를 설명한 것이라고 생각하면 된다. 즉, 전자가 실무적 로드맵이라

면, 후자는 존재론적 진화 로드맵을 제시하는 개념이라고 볼 수
있다.

좁은 인공지능, ANI Artificial Narrow Intelligence

ANI는 특정한 영역이나 문제 해결에만 특화된 인공지능을 의
미한다. 번역기, 음성인식, 이미지 분류, 추천 알고리즘과 같은 기
술들이 모두 ANI의 대표적 사례다.

이러한 시스템은 특정 작업에서는 인간의 능력을 능가하며 쉬
지 않고 24시간 일할 수 있지만, 범용적인 추론이나 상황 적응력
은 갖추지 못한다. 예를 들어, 이세돌 9단을 이긴 알파고는 바둑
에 있어서는 세계 챔피언이지만, 의학 진단처럼 전혀 다른 영역에
는 적용하지 못한다.

현재 상용화된 모든 인공지능 서비스는 이 ANI 단계에 속하
며, 오늘날의 인공지능 산업 성장은 주로 이 범주 안에서 이루어
지고 있다.

범용 인공지능, AGI Artificial General Intelligence

AGI는 인간 수준의 일반 지능을 지닌 인공지능을 뜻한다. 특
정한 과제뿐만 아니라 광범위한 활동에 걸쳐 정보를 이해하고 스
스로 학습하여 새로운 상황에 적용할 수 있는 능력을 갖춘 단계
다. 다시 말해, 인간처럼 언어, 논리, 창의성, 감각적 이해를 통합

적으로 다루는 지능이다.

아직까지 AGI는 실현되지 않았으며, 구체적인 달성 시점은 앞에서 언급한 바와 같이 2030년 전후로 예상된다. 구글, 오픈AI, 메타 등 주요 빅테크 기업들은 대규모 언어모델LLM을 바탕으로 "인간과 협력하는 수준의 범용 인공지능"을 목표로 장기적인 연구를 지속하고 있다.

초지능 인공지능, ASI Artificial Super Intelligence

ASI는 인간의 지적 능력을 뛰어넘는 수준의 인공지능을 의미한다. 단순히 빠른 계산이나 방대한 데이터 처리속도를 넘어, 창의성, 문제해결 능력, 전략적 사고 등에서 인간을 능가하는 수준을 의미한다.

다만, ASI는 이론적 개념에 가까우며, 실현 가능성 또한 미지수이나, 현재의 기술이 AGI에 도달한 이후, 인간에 의해서가 아닌 인공지능 스스로 자기개선을 통해 초지능에 진입할 것으로 예상된다. 이러한 전망은 기술적 기대와 함께 사회적 우려를 동반할 것이다. 인간의 지능을 넘어선 만큼, 인간의 컨트롤 안에서 인공지능이 존재할 가능성이 낮고, 무엇보다 문제를 정의하고 해결하는 의사결정이 사람의 조절 없이 스스로 판단을 하는 경우, 윤리적 이슈를 떠나서 사회적 혼란을 야기할 가능성이 매우 높다. 따라서 인공지능의 지능이 AGI에 도달하기 전, 지금 시점에

서 윤리적 거버넌스를 미리 만들어 놓아야 미래에 도래할 인공
지능 시대에 대응할 수 있으리라 생각된다.

범용 인공지능^{AGI}, 어떤 시대일까?

많은 전문가와 기관들은 2030년 전후를 인공지능이 범용 인공지
능[AGI] 단계에 근접하거나 도달하는 시점으로 예측하고 있다. 다
만, 개인적인 생각으로는, 이는 주로 소프트웨어적 측면에서 범
용 인공지능[AGI]의 시대가 도래한 것이지, 우리가 그동안 영화에
서 봐왔던 것처럼 인공지능 로봇이 우리 가정에, 그리고 일상 전
반에 들어와 있는, 즉 물리적 인공지능 시대가 2030년 전후로 도
래하지는 않을 것으로 본다.

2030년경 우리가 겪게 될 범용 인공지능[AGI]의 시대와 관련하
여, 맥킨지, MIT 및 스탠포드 연구, WHO, OECD, IEA 등 다양한
산업보고서 연구를 종합해 보면, 범용 인공지능[AGI] 시대에서는
분야별로 다음과 같이 사회 변화가 나타날 것으로 예상된다.

사무환경에서의 범용 인공지능[AGI]

우선 사무환경에서의 범용 인공지능[AGI] 시대에는 지금과 같
이 인공지능이 단순한 보조도구가 아닌, 디지털 직원으로 진화

할 것이며, 이들은 보고서 작성, 전략 수립, 프로젝트 관리까지 스스로 수행하게 될 것이다.

기존 관리자는 범용 인공지능AGI에게 목표와 제약 조건만 제시하면, 수많은 가상의 인공지능 팀들이 협력하여 완결된 결과물을 제시하게 된다. 따라서, 조직에는 중간관리자와 주니어 직원의 역할은 없어지게 되고, 최종 관리자(리더)와 인공지능팀만 존재하는 단순한 조직구조를 지니게 될 것이다. 이러한 구조를 평면화라고 하며 생산성과 효율성이 극대화되는 단계로, 이러한 조직구조에서는 최종 관리자(리더)는 인공지능이 스스로 판단하여 자율적으로 진행한 결과물에 대해 최종 승인을 하고 그 책임을 지게 된다.

가정에서의 범용 인공지능AGI

가정환경에서는 범용 인공지능AGI이 내장된 물리적 인공지능이 본격적으로 가정의 생활공간 안으로 들어올 것이다. 청소, 요리, 돌봄은 당연한 것이고, 감정적 교류도 가능한 인공지능이 되면서 심리적 동반자 역할까지 수행하리라 예상된다.

현재의 언어모델은 언어와 맥락을 통해 인간의 감정을 묘사하거나 추론할 수는 있지만, 실제 사람의 감정을 이해하거나 느끼지는 못한다. 좀 더 설명하자면, 화, 기쁨, 슬픔 그리고 외로움과 같은 감정을 어문학적으로 설명할 수는 있지만, 상대방의 목소리가 높아졌을 때 그것을 "화가 났다"라고 해석하거나, 울먹이는 얼굴을 보며 "상대방이 슬퍼한다"라는 식으로 인지하는 수준에는 도달하지 못했다는 의미이다. 오늘날 인공지능이 보여주는 공감은 데이터 기반으로 학습된 표현의 결과물일 뿐, 내적인 감정과는 전혀 다르다.

그러나 범용 인공지능AGI 시대, 즉 2030년 전후로 예측되는 시점에는 상황이 달라질 수 있다. 기술적으로는 멀티모달 인공지능이 음성 톤, 얼굴 표정, 생체신호 등 다양한 데이터를 통합 분석하여 인간의 감정을 상당히 정밀하게 인식할 수 있을 것으로 보인다. 이미 일부 연구에서는 화, 슬픔, 불안, 기쁨과 같은 감정을 일정 수준 이상 정확히 분류할 수 있음을 보여주고 있다.

다만 여기서 주목해야 할 점은, 감정을 인식하는 것과 감정을 경험하는 것은 본질적으로 다르다는 것이다. 범용 인공지능AGI은 인간의 감정을 파악하고 이에 맞추어 적절한 반응을 표출하게 되는데, 예를 들어, 가정용 로봇이 "오늘은 기분이 우울해 보이니 산책을 해보는 건 어떨까요?"라고 제안할 수 있으며, 사람 입장에서는 로봇으로부터 충분히 공감받았다는 인상을 줄 수 있을 것이다. 하지만 이러한 반응은 어디까지나 기술적 공감에 불과한 것이지, 인간처럼 내적으로 느끼는 존재로 보기에는 여전히 한계가 있을 것이다.

즉, 언어모델은 결국 "확률적 앵무새Stochastic Parrot"일 뿐, 사람이 느끼는 인공지능과의 감정적 교류는 단지 기술적 공감에 의한 스스로의 착각일 뿐이다. 필자의 개인적인 생각으로는 범용 인공지능AGI 시대에도 역시 기술적 공감에서 크게 벗어나지는 않을 것으로 생각한다. 하지만 또 모르는 일이다. 불과 몇 년 전까지만 해도 인간만이 가질 수 있는 유일한 능력이 '추론'이라고 했는데, 이제는 어느 언어모델에서든 흔히 사용되는 기술이 되었으니 말이다.

산업에서의 범용 인공지능AGI

산업에서도 큰 변화가 예상되는데, 무엇보다 지식 노동, 제조, 물류, 의료, 교통 등 산업 전반이 개별적 자동화 단계를 넘어 하나의 지능형 네트워크로 재편될 것으로 예상된다. 범용 인공지능AGI의 시대에서는 산업 관련하여 이 말이 가장 중요한 키워드라고 할 수 있는데, '하나의 지능형 네트워크'란, 각각 분산된 시스템이 점점 하나의 플랫폼으로 단일화되고 스스로 최적화한다는 의미라고 볼 수 있다. 핵심적인 차이는 명확한데, 지금까지는 각 산업 부문이 독립적으로 움직이고, 그 사이를 사람이 직접 연결했다면, 미래에는 모든 산업 부문이 지능형 네트워크 안에서 실시간으로 연결되어 스스로 최적화되는 구조로 전환하는 것이다.

예를 들어, 현재 제조업에서는 전사적 자원관리 시스템인 ERP를 활용하여 생산계획을 세우고, 공장에서는 제조실행시스템인 MES가 생산공정을 제어하며, 물류는 또 다른 별도의 시스템이 담당하게 된다. 의료 분야 또한 병원, 제약사, 연구소가 각각 다른 데이터 체계를 갖고 있으며, 교통과 물류 역시 항공, 철도, 도로가 서로 독립적인 시스템으로 운영된다. 즉, 산업별 그리고 각 기업 내 시스템들이 각각 사일로화 되어 있으며, 이로 인해 지속적인 비효율성이 발생하게 된다.

그러나 범용 인공지능[AGI] 시대에는 이러한 모습이 근본적으로 바뀌게 될 것이다. 산업별 데이터와 프로세스가 통합되면서 개별적으로 움직이던 시스템은 하나의 지능형 네트워크처럼 작동하게 될 것이다. 고객의 주문이 들어오면 인공지능은 글로벌 생산 라인을 즉시 조정하고 물류 경로를 동시에 최적화하여, 최소한의 시간과 비용으로 제품을 배송할 것이다. 의료에서는 환자진단 정보가 입력되는 즉시, 연구소의 신약 데이터와 병원의 진료기록, 보험사의 보장 조건까지 연결하여 맞춤형 치료와 비용산출을 동시에 제시하게 될 것이다.

이러한 지능형 네트워크로의 재편은 연구기관과 글로벌 컨설팅사 등 여러 기관과 논문에서 공통적으로 제시하는 개념으로, 범용 인공지능[AGI] 시대의 뚜렷한 흐름임에는 분명해 보인다. 다만, 범용 인공지능[AGI] 시대가 시작될 것으로 예상되는 2030년경에는 불가능하며, 많은 시간에 걸쳐 차근차근 진행될 것으로 예상된다.

2.3 언어모델,
그 발전 방향성과 비즈니스 전략

오늘날 우리가 흔히 접하는 대규모 언어모델은 현재까지의 가장 성공한 인공지능 서비스라고 할 수 있다. 이것은 단순히 문장을 생성하는 수준을 넘어서, 사람과 유사한 수준으로 언어를 이해하고 생성할 수 있는 능력을 보여줬다. 특히 대량의 데이터를 이해한 후 정리하는 측면에서는 인간의 능력을 뛰어넘은 지 오래다.

이러한 기술발전의 배경에는 앞에서 언급했듯이 2017년 구글 연구진이 발표한 "Attention is All You Need"라는 혁신적인 논문이 있었다. 이 논문에서는, 오늘날의 모든 대규모 언어모델LLM의 근간이 되는 트랜스포머 아키텍처를 처음으로 소개하였다. 사실 그전까지는 순환 신경망RNN과 장단기 메모리LSTN와 같은 알고리즘이 있었으나, 순차처리에 따른 속도문제, 특히 긴 문장에서 앞부분의 정보가 희미해지는 장기 의존성 문제가 발생하였다. 또한 합성곱 신경망CNN의 경우에는 병렬처리는 가능하였지만, 문맥 전체를 처리하는 것에 한계가 있었다. 이러한 문제를 단번에 해결한 것이 바로 트랜스포머 아키텍처인데, 셀프 어텐션 메커니즘은 병렬처리 및 장기 의존성 문제를 해결하였고, 멀티헤드 어텐션은 더욱 정교한 문맥을 처리할 수 있게 하였다.

그럼, 대규모 언어모델인 생성형AI에 대해 조금 더 자세히 알아보자. 아마도 이제는 생성형AI에 대해 모르는 사람이 없을 것이다. 설사, 생성형AI라는 단어는 모르더라도, 챗GPT라는 단어는 시사에 조금이라도 관심이 있다면, 어르신들께서도 이미 알고 있는 단어라 생각된다. 그만큼 대중화되었기 때문에 특별한 설명은 필요 없을 것 같다. 따라서 여기에서는 생성형AI에 대한 비즈니스 관점에서 그 특징을 간략히 설명하고자 한다.

우선, 첫 번째 살펴볼 요소는 생성형AI의 크기다. 일반적으로 모델의 크기는 파라미터의 수로 측정하는데, 이는 모델이 학습하는 가중치의 개수라고 생각하면 된다. 예를 들어 GPT-3는 약 1,750억 개의 파라미터를 가지고 있었고, GPT-4와 GPT-5에서는 파라미터 수를 공개하지는 않았지만, 약 1조 7,500억 개, 2조 8,000억 개로 추정된다. 이렇게 거대한 모델의 장점은 범용적인, 즉 특정 영역만의 지식이 아닌 모든 분야에서 훌륭한 지식을 전달할 수 있다는 것이다. 당연한 말이겠지만, 이러한 범용적 지식을 학습하기 위해 막대한 자원과 비용이 들어가게 된다. 반대로 수십억 규모 이하의 소형 언어모델sLLM도 있는데, 이는 특정 작업에 특화되거나, 또는 엣지 디바이스에서 동작할 수 있도록 경량화된 형태라고 할 수 있다. 최근 기업들은 비용과 효율성을 중시하면서, 오히려 이런 소형 모델을 산업 현장에 적극적으로 도입을 검토하고 있다. 다만, 소형 언어모델sLLM이라고 해서 개발하는 데 크게 비용이 들지 않는다고 생각할 수 있는데, 매우 큰 오산이다. 실제 개발하는 데 수십억 원의 비용이 들며, 무엇보다 데이터가 없다면 아무리 돈이 많아도 원하는 모델을 개발할 수 없다. 오히려 범용 모델을 튜닝하는 것이 더 품질 측면에서 그리고 비용적인 측면에서 더 유리할 수 있다.

두 번째 특징은 입력 방식이다. 초창기의 생성형AI는 단지 텍스트만을 입력으로 받았지만, 이제는 이미지, 음성, 영상까지 동시에 이해하는 대규모 멀티모달 모델로 확장되고 있다. 멀티모달이라는 어려운 단어를 사용해서 오히려 이해하기가 어려울 것 같다. 예를 들어, 사용자가 자신이 있는 지역을 사진으로 찍어 업로드한 후, "이 근처에 추천할 만한 맛집을 찾아 줘."라고 물어본다든지, 사용자가 휴대폰 카메라를 켜고 자전거 체인을 촬영하며, "이거 어떻게 수리하지?"라고 물어보는 것들이 모두 이에 해당된다. 즉, 단지 텍스트만 입력하는 방식이 아닌 이미지와 영상 등을 활용하여 대화하는 것을 멀티모달이라고 한다. 구글의 제미나이, 오픈AI의 GPT-4o, 앤트로픽의 클로드 3.5가 대표적인 사례로, 모두 텍스트와 이미지를 함께 해석하고, 심지어 음성으로 대화할 수도 있다. 이는 인간의 의사소통 방식이 단일 채널이 아니라는 점에서 중요한 발전이라고 할 수 있다.

세 번째로는 적용 범위이다. GPT처럼 여러 분야에 범용적으로 사용할 수 있는 모델이 있는가 하면, 법률·의료·금융처럼 특정 산업에 맞춰서 튜닝된 버티컬 언어모델도 존재한다. 예를 들어 의료 분야에서는 수천만 의학 논문과 임상 데이터를 학습한 바이오GPT가 있으며, 법률 분야에서는 판례와 계약서를 중심으로 훈련된 하비Harvey 같은 모델이 변호사 업무에 활용되고 있다.

> **버티컬 언어모델**Vertical LLM =
> 범용 언어모델 + 전문지식 데이터 + 파인튜닝Fine-Tuning

이런 버티컬 언어모델은 범용 언어모델이 학습하지 못한 전문 데이터 셋을 수집하여 데이터를 정제한 후 재학습하게 되는데, 그 방식에는 크게 세 가지가 있다. 먼저 모델 전체 파라미터를 다시 학습하는 전체 파인튜닝이 있는데, 비용과 리소스가 많이 소요된다는 단점이 있다. 두 번째는 특정 레이어(특히 어텐션 레이어)에 작은 어댑터만 학습하는, 즉 전체가 아닌 일부 파라미터만 학습하는 방법이 있는데, 이를 PEFT^{Parameter-Efficient Fine-Tuning}라 하며, 대표적인 기법에는 LoRA^{Low-Rank Adaptation}가 있다. 일부만 튜닝을 하다 보니 당연히 비용과 시간을 절약할 수 있는데 전체 파인튜닝 대비 10~100배는 효율적이라고 알려져 있다. 마지막으로 프롬프트/프리픽스 튜닝은 기존 언어모델의 파라미터를 조정하지 않고, 단지 프롬프트 창에 가짜 토큰을 넣어 답변을 원하는 방향으로 나오게 하는 방식이다. 물론 사용자는 이러한 가짜 토큰을 입력창에서 보지는 못하고 평소처럼 질문을 하게 된다.

당연한 이야기겠지만, 튜닝은 모델 가중치가 공개되어 있는 오픈소스 언어모델(예: 라마, 미스트랄, 팔콘 등)을 활용해야 하며, 폐쇄

생성형AI의 비즈니스 영역

구분	유형	설명	예시
크기	거대 언어모델	수백억~수천억 파라미터 규모로, 범용적 언어의 이해와 추론 능력 보유. 하지만 학습·운영 비용이 큼	GPT-4, Claude 3.5, Gemini 1.5
	소형 언어모델	수십억 이하의 파라미터 규모로, 경량화·효율성 중시. 특정 작업이나 온디바이스 환경에 적합	Phi-3, Mistral 7B, LLaMA-3 8B
입력 방식	텍스트 전용 언어모델	텍스트만 입력으로 처리. 초기 언어모델 대부분이 이에 해당	GPT-3, LLaMA-2
	멀티모달 언어모델	텍스트, 이미지, 음성, 영상 등 다양한 모달리티를 동시에 이해	GPT-4o, Gemini, Claude 3.5 Sonnet
적용 영역	범용 언어모델	일반 대화, 번역, 요약 등 폭넓은 주제에 대응	ChatGPT, Claude, Gemini
	버티컬 언어모델	특정 산업(법률, 의료, 금융 등)에 맞춰 파인튜닝	Harvey(법률), BioGPT(의료)

형 언어모델(예: 챗GPT, 클로드, 제미나이 등)은 불가능하다.

대규모 언어모델의 발전단계

대규모 언어모델의 진화는 기업의 비즈니스 모델과 시장 전략을 근본적으로 바꾸어 왔다. 이 흐름을 살펴보면 단순히 텍스트를 이해하고 생성하는 단계에서 출발해서, 이미지와 음성 같은 다양한 입력을 동시에 처리하는 단계LMM: Large Multi-Modal Model를 넘어, 실제 행동을 실행하는 단계LAM: Large Action Model 그리고 인공지능이 스스로 작업을 진행시키는 단계로 빠르게 진화하고 있다.

언어모델 기술발전 단계

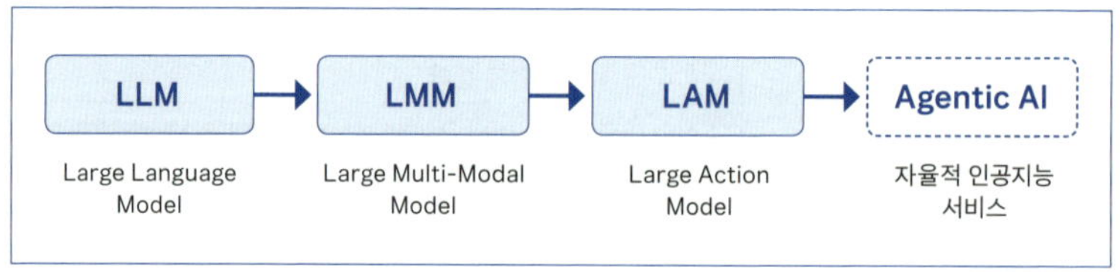

각 단계가 의미하는 것을 하나하나 살펴보자. 가장 먼저 자리 잡은 것은 거대 언어모델 단계이다. 이 단계에서 기업들의 비즈니스 모델은 비교적 단순했다. 막대한 비용으로 훈련한 모델을 응용 프로그램 인터페이스, 오히려 영어가 더 쉽게 이해된다고 생각되는데, 즉 API 형태로 텍스트 서비스를 제공하였다.

대표적인 예시인 오픈AI의 GPT-3는 언어모델의 연구 측면에서의 성과가 아닌, 상업적 가치가 있음을 보여준 첫 사례였다. 이는 스타트업부터 대기업까지 누구나 손쉽게 인공지능 서비스를 자신들의 비즈니스에 접목할 수 있게 만들었으며, "AI as a Service(AIaaS)"라는 새로운 시장을 열었다.

이후 주목받기 시작한 것은 대형 멀티모달 모델인 LMM이다. 사람의 의사소통이 텍스트만으로 이루어지지 않듯이, 인공지능 역시 텍스트·이미지·음성·영상 등 다양한 방법으로 함께 이해할 필요가 있었다. 앞에서 예시를 든 것처럼, 사용자가 사진을 올리며 "고장 난 부분을 어떻게 고치면 될까?"라고 물으면, 대형 멀티모달 모델LMM은 이미지를 분석하고 텍스트 지식을 결합해 상황에 맞는 조언을 줄 것이다. 이는 인공지능이 기존의 단순한 대화형 서비스에서, 우리가 보고 듣는 일상생활 전반에 걸쳐 인공지능 서비스가 발전하고 있다는 것을 의미한다. 비즈니스적으로도 이러한 변화는 단순한 API 판매를 넘어 서비스로 연결되고 있다. 구글은 제미나이를 검색(텍스트)과 유튜브(영상) 그리고 그룹웨어인 워크스페이스(비즈니스)에 통합하여 보다 다양한 서비스를 제공하고 있다. 또한 마이크로소프트는 코파일럿을 기존 서비스인 MS오피스 전 제품군에 적용하며 사용자들로 하여금 락인 효과를 강화하고 있다.

최근에는 대형 멀티모달 모델LMM을 넘어 대형 행동모델인 LAM이 차세대 화두로 떠오르고 있다. 차이는 바로 행동Action이 있는지 없는지이다. 즉, 이것은 모델이 사용자의 명령(텍스트 등)을 이해하는 것에서 멈추지 않고, 이를 실제 행동으로 옮기며 결과물을 스스로 만들어 낸다는 것을 의미한다. 아주 단순한 예를 들어보면, 사용자가 "기획팀의 홍길동 님과 기획전략실의 김철수 님, 그리고 운영팀의 이영희 님의 일정을 확인한 후 가장 빠른 일정으로 1시간 미팅을 할 수 있도록 잡아 줘."라고 입력을 하면, 총 4명의 일정을 확인하여 공통으로 비어 있는 시간을 찾아내고, 그 시간에 가능한 회의실을 확인한 후 각자의 일정관리 시스템에 자동으로 회의일정을 등록하는 것이다. 물론 해당 회의 일정은 메일로도 각자에게 송부된다. 아주 단순한 기능이지만, 이러한 프로세스에는 행동이 들어가 있다. 기존의 질의응답 서비스라면, 모든 참석자가 비어 있는 시간과 활용 가능한 회의실을 안내해 주고 사용자와의 대화는 끝나지만, 대형 행동모델LAM에서는 여기서 끝나지 않고 회의를 잡아서 사람에게 통보해 주며 작업이 끝나는 것이다.

이러한 대형 행동모델LAM 단계에서 비즈니스 차원에 큰 변화가 있는데 바로 AI 에이전트 시장의 출현이다. 현재 모든 기업에서 가장 관심 있어 하는 화두 중의 하나가 바로 이 AI 에이전트이다. 이제는 어느 산업, 어느 고객을 만나든 AI 에이전트를 어떻게 업무에 접목하여 업무생산성을 올릴 수 있을까를 이야기 한다. 즉, 이제는 사람들이 인공지능을 이러한 방향으로 생각한다는 것이다. 대답을 매우 잘하는 서비스에서, 이제는 내가 지금 하고 있는 업무를 줄여줄 수 있는 서비스라고 말이다. 그렇다면 2020년경 시장에 엄청나게 유행하던 RPA와 AI 에이전트는 어떤 차이가 있을까? 쉽게 말하자면, RPA는 "정해진 규칙과 시나리오에 따라 반복적으로 행하는 업무를 자동화하는 도구"라면, AI 에이전트는 언어모델을 기반으로 정해진 규칙이 없더라도 언어의 이해와 추론과정을 통해 상황에 맞게 의사결정을 하여 업무를 자동화하는 도구"라고 할 수 있다.

어쨌든 이러한 AI 에이전트에 대한 관심사는 2026년에 더욱 커질 것이며, 성공사례도 계속해서 나올 것으로 예상된다. 따라서, 기업들은 AI 에이전트 생태계 구축을 통해, 단순 API 서비스를 넘어, 플랫폼 개념의 스토어를 기반으로 한 비즈니스가 확대될 것이다.

특히 2025년 발표된 리뷰 논문 "Vision-Language-Action Models: Concepts, Progress, Applications and Challenges"는 지난 3년간 80개 이상의 모델을 종합적으로 분석하며, 시각과 언어 그리고 행동 제어를 통합한 VLA^Vision-Language-Action 모델이 차세대 연구의 핵심 축이 될 것이라 강조하였다. 이것은 대형 행동모델^LAM의 특정 형태, 즉 하위개념에 해당된다.

그렇다면 대형 행동모델LAM 단계에서의 인공지능 서비스는 어디로 나아갈까? 최근 학계와 업계는 향후 서비스를 에이전틱 AI로 보고 있다. 이는 단순히 사용자의 명령을 수행하는 수준을 넘어, 스스로 환경을 인식하고 계획하며 행동하는 인공지능을 의미한다. 2025년 맥킨지 보고서에서는 "에이전틱 AI가 SaaS 시장을 대체할 가능성이 있다"고 전망하며, 기업 비즈니스 패러다임에 근본적 변화를 가져올 수 있다고 언급하였다.

어쨌든, 그 기본적인 방향성은, 사용자 명령에 단순히 반응하는 인공지능에서 벗어나 스스로 판단하고 행동하는 인공지능을 지향하며, 다만 그 차이는, 에이전틱 AI는 일반적인 소프트웨어 관점에서, VLA는 로보틱스와 물리적 세계까지 포함한 관점에서 스스로 판단하고 행동한다고 보면 된다.

AI 에이전트와, 에이전틱 AI에 관한 내용은 다음 챕터에서 보다 상세히 다뤄 보기로 하고 여기서는 이 정도의 개념으로 마무리하고자 한다.

이처럼 "LLM → LMM → LAM → Agentic AI"로 이어지는 기술 발전의 궤적은 인공지능이 '언어를 이해하는 도구'에서 '물리적 현실 세계의 문제를 인식하고 해결하는 파트너'로 진화하고 있음을 보여준다.

동시에 각 단계에서 기업의 비즈니스 전략 역시 "API 판매 →

모델 통합 → 생태계 발전 → 자율형 인공지능 서비스"로 확대되고 있다.

언어모델 발전에 따른 비즈니스 발전단계

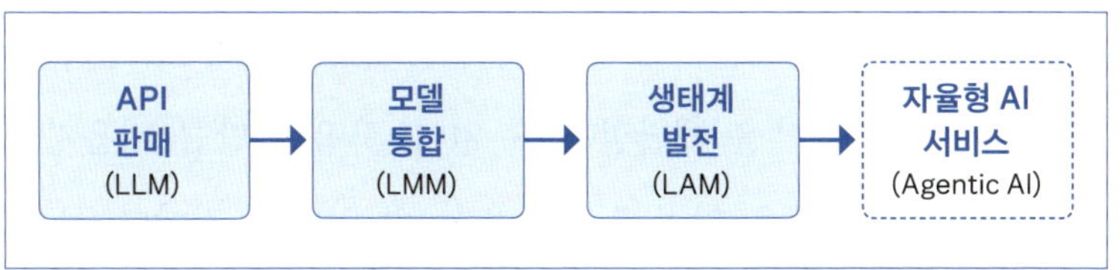

결국 이러한 흐름은 기술 발전과 비즈니스 전략이 서로 맞물려 돌아가는 과정을 의미한다.

언어모델 기반 비즈니스 트렌드

언어모델을 활용한 비즈니스는 크게 4가지 유형으로 진행될 것으로 예상되며, 기존 범용모델의 API 서비스, 버티컬 언어모델 개발, RAG 개발 그리고 소형 언어모델sLLM 이다.

① 파운데이션 모델의 API 서비스 지속

특정 모델을 API 형태로 제공하는 "AI as a Service(AIaaS)" 서비스는 누구나 자신들의 비즈니스에 연결하여, 고객 서비스용 챗봇, 콘텐츠 제작, 프로그래밍 보조 도구 등으로 폭넓게 적용되고 있다.

이러한 AIaaS 서비스가 성공할 수 있었던 가장 큰 요인은, 무엇보다 큰 비용을 들이지 않고 최신의 모델을 손쉽게 서비스에 연결할 수 있었기 때문이다. 기업들이 자체적으로 수조 개의 파라미터를 갖는 모델을 개발할 필요 없이, 사용한 만큼 비용지불을 통해 최신 모델을 자유롭게 활용할 수 있다는 것이다. 물론, 토큰 수만큼 요금을 부과하여 때로는 큰 비용이 들기는 하지만 말이다. 구체적인 예를 들자면, 콜센터에서 챗GPT API를 연결하여 자동응답을 고도화하거나, 제조기업이 비전 API를 이용해 품질검사를 자동화하는 것등이 있다.

어쨌든 이러한 장점으로 인해 다양한 산업에서 AIaaS 방식의 서비스는 한동안 지속적으로 확대될 것으로 예상된다. 특히 2026년에는 산업 특화형 인공지능 서비스, 즉 버티컬 AIaaS로 진화하면서, 의료, 법률, 제조 등 각 산업별로 맞춤형 API 생태계가 형성될 것으로 예상된다.

참고로, 시장조사기관 Markets & Markets에서도 언어모델 API 기반 시장 규모가 2025년 약 250억 달러 규모이며, 이후에도 API 시장은 지속적으로 확대될 것으로 예상하고 있다.

② 버티컬 언어모델 시장의 생성

범용 언어모델은 '범용'이라는 단어 그대로 광범위한 작업을 매우 품질 좋은 답변으로 해주지만, 반대로 특정 전문분야에서의 지식에는 분명한 한계가 있다. 이를 해결해 보고자 하는 것이 바로 버티컬 언어모델이다.

참고로, 버티컬 이라는 단어는 비즈니스에서 흔히 사용되는 표현으로, "가로로 넓은 범용시장(Horizontal)"이 아닌, 특정 산업이나 세부 도메인에 세로로 깊게 파고든다(Vertical)는 의미로 사용된다. 즉, 범용 언어모델은 특정 산업에 대해서는 상대적으로 약하다 보니, 이 부분을 보완해서 업무에 활용해 보자는 고객의 니즈가 있다는 것이다. 특히 보안이 매우 중요한 국가산업, 예를 들어 반도체, 조선업 및 국방 관련 산업의 경우에는, 데이터 보안이 매우 철저하여 범용 언어모델이 해당 산업의 데이터를 학습할 기회가 없었다. 따라서 이러한 기업은 일반적으로 오픈소스 언어모델을 튜닝하여 활용하게 된다. 즉, 앞에서 살펴본 전체 파인튜닝 혹은 일부 파라미터만 튜닝하는 PEFT를 활용하여 버티컬 언어모델을 만들게 된다.

이러한 버티컬 언어모델은 비즈니스 측면에서 봤을 때, 수요자(고객)와 공급자(IT기업)로 나누어 고민해 볼 필요가 있다. 우선 수요자(고객)로서는 내부 데이터의 유출을 최소화하면서 고객 맞춤형 상품추천 및 상담 등으로 서비스를 확대할 수 있다. 또한 업무 생산성을 향상시키고 비용절감을 할 수 있는 분명한 장점이 있다. 반면에, 공급자(IT기업) 입장에서는 이제까지 없었던 확실한 사업 기회가 추가로 생겼다고 볼 수 있으며, 크게 3가지 정도의 사업유형이 있다고 생각된다. 첫 번째, 데이터를 확보하는 것이 어렵긴 하겠지만, 만약 데이터를 확보할 수 있다면 특정 산업용 언어모델을 만들어 API 서비스를 제공할 수 있다. 대표적인 사례가 법률, 의료, 금융 그리고 제조일 것이다. 두 번째는 보안이 매우 철저한 고객에게는, 고객의 네트워크 환경 안에 버티컬 언어모델을 만드는 구축사업을 수행할 수 있다. 마지막 세 번째는 생태계 비즈니스이다. 예를 들어 의료산업의 경우 병원, 제약, 전자의무기록(EMR), 영상시스템(PACS) 등 다양한 분야가 있는데, 이러한 다양한 분야를 모두 경험한 업체는 존재하지 않기 때문에 상호 협력을 통해서 비즈니스를 만들어 가는 방법이다. 첫 번째는 IT기업이 직접 서비스를 개발하여 API 형식으로 비즈니스를 만드는 경우라면, 두 번째는 고객의 요구사항에 맞게 시스템을 구축하는 것이고, 마지막은 관련 기업들과 협력하여 시장의 파이를 키우는 방법이다.

③ 검색증강생성^{RAG}을 통한 연결고리

검색증강생성^{RAG} 이라는 단어가 오히려 더 어려운 단어로 느껴질 만큼, RAG라는 단어는 이제 매우 일반적으로 사용되는 단어라고 할 수 있다. 우선, RAG는 모델이 답변을 생성하기 전, 데이터베이스 또는 파일 등을 검색한 후 추출된 문장, 데이터를 언어모델에 던져서 문장을 매끄럽게 만들어 질문자에게 답변하는 아키텍처 구조를 갖는다. 당연한 이야기겠지만, 이는 범용 언어모델이 가지는 근본적 한계를 극복하기 위해 설계되었고, 최신성, 정확성, 보안성 측면의 단점을 보완하기 위한 기술이라고 할 수 있다. 참고로, 앞에서 살펴본 버티컬 언어모델과의 근본적인 차이점이 있는데, 그것은 RAG의 경우 파라미터 튜닝을 하지 않고, 여러 내부 데이터를 먼저 검색한 후 언어모델을 활용한다는 점이다.

RAG를 비즈니스 차원에서 살펴보면, 앞 사례와 마찬가지로 수요자(고객)와 공급자(IT기업)는 접근방식이 다르다. 수요자(고객) 입장에서는 RAG가 현재 단계에서는 인공지능 서비스를 회사업무에 적용하는 가장 현실적인 출발점이라고 할 수 있다. 내부 데이터를 연결해 빠르게 인공지능을 적용할 수 있고, 초기 투자대비 성과 또한 뚜렷하다. 다만, 장기적으로는 봤을 때 수요자(고객)의 전문성을 반영한 버티컬 언어모델로 전환하는 것도 고민해 볼 필요가 있다. 특히 규제가 심한 의료나 금융 분야에서는 단순 검색으로는 서비스의 한계가 있으며, 반드시 모델 수준에서의 정밀화된 인공지능 서비스가 필요하다. 왜냐하면, RAG를 적용하는 경우, 대상이 되는 문서나 데이터베이스에 한정된 지식을 제공하는, 말 그대로 상대적으로 단편적인 지식만 제공해 줄 수 있기 때문이다. 따라서 해당 산업 고유의 언어, 규제, 법규, 데이터 패턴 및 도메인의 폭넓은 정보 등을 이해하고 그에 맞는 통합적 해답을 제시해 주기 위해서는 버티컬 언어모델로의 전환이 필요하다. 물론, 그만큼 데이터 준비, 학습비용, GPU자원 그리고 유지보수 부담이 크다는 단점도 있다. 어쨌든 고객 입장에서는 "RAG로 빠르게 도입 → 버티컬 언어모델로 전환"이라는 단계적 전략을 취하는 것이 합리적이라 생각된다.

반대로 공급자(IT기업) 입장에서 RAG는 고객 확보를 위한 저변 확대용 솔루션으로 활용해야 한다. 고객이 인공지능 사업을 지속적으로 확대시키기 위해, 상대적으로 빠른 성과를 보일 수 있는 RAG를 구축한 후, 버티컬 언어모델로 사업을 확대할 수 있도록 영업활동을 해야 하며, 이를 통해 지속적인 수익구조를 만들어야 한다. 고객의 입장에서는 검증되지 않은 기술에 처음부터 대규모로 예산을 집행할 이유가 없기 때문에, 최대한 적은 비용을 들여 그 결과물을 검증한 후, 차근차근 범위를 확대하고 싶어 할 것이다.

결국 RAG와 버티컬 언어모델은 대체재가 아니라 상호보완적 전략이다. RAG는 빠른 성과와 최신성 확보를 가능케 하고, 버티컬 언어모델은 장기적 경쟁우위를 보장하게 된다.

④ 소형 언어모델^{sLLM}을 활용한 효율성 강화

경량화 언어모델sLLM은 보통 수십억 파라미터의 비교적 작은 언어모델을 말한다. 이는 크게 두 가지 목적에서 주목을 받고 있다. 첫째, 핸드폰이나 별도의 디바이스에 설치하여 활용하는 온디바이스/엣지 방식으로, 이는 상대적으로 적은 연산을 해당 장치에서 처리하게 함으로써 주 처리장치의 연산 부하를 줄여주고, 또한 네트워크 연결이 어려운 환경에서도 유용하게 인공지능 서비스를 활용할 수 있게 해준다. 두 번째는, 기업 내부 업무에 맞춘 통제 가능한 성능을 제공할 수 있다. 예컨대 얼마 전 마이크로소프트의 Phi-3/3.5 계열(3.8B 파라미터급)의 모델이, 휴대폰에서도 동작 가능한 크기이면서 벤치마크에서 상위 등급 모델에 준하는 성능을 보였다는 기술 보고서를 공개하였다. 이는 "작지만 잘 학습된(small yet well-trained)" 모델이 특정 업무에 있어서는 비용 대비 충분한 성능을 보여줄 수 있음을 말해준다.

그럼, 소형 언어모델sLLM과 파인튜닝의 차이는 무엇일까? 기본적으로 소형 언어모델sLLM은 모델의 스케일(크기) 자체를 줄이거나, 처음부터 작게 만든 모델을 말하지만, 파인튜닝은 기존의 범용 언어모델의 크기는 그대로 둔 상태에서, 전체가 아니라 일부 파라미터만 재학습하여 만든 모델을 의미한다. 즉, 소형 언어모델 sLLM은 상대적으로 적은 비용으로 작게 만든 언어모델을, 파인튜닝은 상대적으로 적은 비용을 들여 기본 범용 모델의 파라미터를 조정한 모델이다. 다만, 소형 언어모델sLLM이 상대적으로 적은 비용을 들인다는 표현은 하였지만, 범용 모델과 비교하여 적게 비용이 들었다는 것이지, 원래 예산이 적게 들어간다는 의미는 아니다.

이제 비즈니스 측면에서는 고민해 보자. 소형 언어모델sLLM의 비즈니스 핵심은 "어디에 배치할 것인가?", "어떻게 차별화할 수 있는가?" 그리고 "얼마나 비용이 효율적인가?"에 맞게 전략적 사업기회를 만들어야 한다. 따라서 기업은 크게 세 가지 측면에서 고민을 해야 한다. 먼저, 내부 업무효율화와 보안이 필요할 때 적용해야 한다. 대기업이나 금융·의료·제조와 같이 민감한 데이터를 다루는 조직은, 외부 API에 의존하기보다 자체 소형 모델을 구축하는 것이 유리하다. 예를 들어 삼성전자가 'Gauss' 모델을 만들어 사내 이메일·코드 리뷰·문서 요약 등에 적용한 사례처럼 말이다. 두 번째는 차별화된 고객 경험을 제공하고자 할 때 적용해야 한다. 범용 언어모델은 누구나 쓸 수 있으므로, 고객 경험에서 차별화하기 어렵다. 반면 소형 언어모델sLLM은 특정 언어, 특정 문화, 특정 산업 용어에 맞게 학습시켜 정밀하게 고객요구에 대응할 수 있다. 예컨대 인도의 Sarvam AI는 글로벌 빅테크가 제공하지 못하는 현지화된 고객 경험을 제공하여, 특정 세그먼트에서의 포지셔닝을 만들어냈다. 마지막 세 번째가 가장 중요한 요소인데 바로 비용 효율과 온디바이스 전략이다. 클라우드 기반의 범용모델을 개발하는 것은 비용과 지연Latency의 부담이 매우 크다. 반면에 소형 언어모델sLLM은 온디바이스 및 엣지 디바이스 환경에 올려, 지연 없이 상대적으로 적은 비용으로 인공지능 서비스를 제공할 수 있다. 이는 스마트폰, 자동차, IoT 기기처럼 실시간 응답이 중요한 영역에서 경쟁우위를 제공할 수 있다.

언어모델을 활용한 비즈니스 접근 전략의 핵심

언어모델 비즈니스의 현실적인 전략을 살펴보면, 우리는 세 가지 방향을 동시에 고려해야 한다. 우선 단기간에 효과를 거두고 싶을 때는 RAG를 활용하거나 또는 PEFT기법을 적용한 튜닝 방식으로 사업을 진행하는 것이 적절하며, 이는 비용과 시간을 크게 줄여주는 장점이 있다. 특히 기존 모델의 일부만 조정하는 튜닝을 적용하는 경우, 여기에 더하여 RAG를 결합하면 최신 데이터까지 활용할 수 있어 빠른 투자효과를 기대할 수 있다. 물론, RAG를 먼저 적용해도 일부 좋은 성과를 기대할 수 있다.

반면에, 특정 산업이나 기업 고유의 업무에 적합한 언어모델을 내재화하고자 할 때는 자체적인 소형 언어모델sLLM을 구축하는 것이 유용하다. 7~8B급의 작은 모델이라도 제대로 학습시키면 도메인 일관성이 높아지고, 온디바이스 배치까지 가능해져 운영비 절감과 개인정보 보호 측면에서도 상당히 유리하다. 이 경우에도 상황에 따라서 일부 영역에 대해 파인튜닝을 적용하여 특정 부서나 특정 서비스에 맞게 변형을 신속히 만들어낼 수 있다.

마지막으로, 의료·금융·법률처럼 규제가 강한 산업에서는 보다 장기적으로 한층 더 복합적인 접근이 요구된다. 앞에서 설명한 바와 같이, RAG와 소형 언어모델sLLM은 상대적으로 단편적인 정보만 제공해 줄 수 있기 때문에, 산업 특유의 고유의 언어, 규제, 법규 그리고 도메인의 폭넓은 정보 등을 이해하기 위해서는 버티컬 언어모델을 적용하는 것이 적절하다고 생각한다. 또한 산업 전체를 바라보는 상황이니, 관련 기업, 조직 등을 연결한 생태계도 적극적으로 고려해 볼만하다고 본다.

결국 단기성과, 도메인 일관성 그리고 폭넓은 대응이라는 세 가지 축을 어떻게 배합하느냐가 기업의 인공지능 전략을 좌우하는 핵심이라고 할 수 있다.

시장 생존전략, 결국! 오로지! 생태계

언어모델 비즈니스에서 IT기업의 궁극적인 경쟁력 확보와 생존을 위해서 가장 필요한 것은 무엇일까? 필자의 생각으로는 오직 하나, 바로 '생태계 구축'이라 확신한다. 사업을 단편적으로 생각해 봤을 때, 뛰어난 모델 혹은 서비스가 시장을 단번에 휘어잡을 수는 있다. 하지만 이러한 것은 단기적으로는 시장의 주목을 받았을 뿐, 일정 시간이 지나면 고객들은 언제 그랬냐는 듯 금방 관심을 떨어뜨린다. 이를 극복하기 위해서는 새로운 또는 파생된 모델 혹은 서비스를 계속해서 내놓아야 한다. 그럼, 이러한 새롭거나 파생된 상품을 어떻게 시장에 끊임없이 내놓을 수 있을까? 불가능하다. 어느 대단한 기업도 혼자서 트렌드에 맞는 모든 새로운 상품을 시장에 끊임없이 내놓기는 사실상 불가능하다. 따라서, 끊임없이 변화하는 시장에서 영구히 존속 발전할 수 있는 비즈니스를 만들기 위해서는, 나와 한배를 같이 탈 수 있는 아군을 최대한 많이 만들어 놔야 한다. 이것이 바로 "생태계"이며, 시장에서 장기간 생존할 수 있는 유일한 방법이라 필자는 확신한다.

그럼, 생태계는 어떻게 만들 수 있을까? 크게 두 가지 유형이 있으며, 빅테크 기업의 사례와 국내 기업의 생태계 방법에 대해 하나씩 살펴보자.

첫 번째는, 폐쇄형 생태계이다. 폐쇄형 생태계는 언어모델을 플랫폼 소유자가 강하게 통제하는 구조다. 핵심 장점은 일관된 품질과 안전성, 그리고 기업의 사회적 요건(규제, 보안 등의 대응)에 맞춰 관리가 용이하다. 대표적인 언어모델로는 우리가 너무나 잘 알고 있는 오픈AI와 엔트로픽이다. 오픈AI는 2024년 GPT 스토어를 열고 빌더 보상 모델(맞춤형 GPT를 올린 빌더개발자에게 사용량트래픽·활성도 등에 따라 금전적 보상을 지급하는 제도)을 공지하였지만, 오픈 초기에는 소수의 파일럿으로만 제한하였다. 그 이유는 스토어 초기 단계에서 GPT의 품질을 고려하여 개방 속도를 조절하려는 목적이었다. 하지만 빌더들은 수익 분배가 투명하지 않다는 불평을 지속적으로 하였는데, 이는 보상모델이 완전치 않다는 것을 보여주기도 하지만, 반대로 생각해 보면, 이슈가 발생되었다는 것은 그만큼 유통 측면에서는 발전하고 있음을 보여준다고 할 수 있다. 앤트로픽은 클로드 3~4 세대에서 단순 텍스트를 생성하는 것 이상으로, 외부 API를 호출(Tool-Use)하여 결과를 받아볼 수 있도록 하였다. 예를 들어, 날씨를 물어본다면 학습된 데이터 기반으로 대답하기보다는 날씨 API를 호출하여 실시간 날씨 데이터를 가져와서 대답하도록 구성하는 것을 말한다. 즉, "닫힌 코어 + 관리된 확장" 구조로 생태계를 만들어 가는 것이다.

이러한 폐쇄형 생태계에서의 핵심은, 내가 파운데이션 모델을 만들고 그것을 판매할 협력사, 서비스로 만들 협력사, 연계할 협력사 등을 발굴하여 그들과 함께 시장의 파이를 키우며 비즈니스를 만들어 가는 방식이라고 할 수 있다.

두 번째는 개방형 생태계이다. 개방형 생태계는 언어모델을 시장에 오픈하여 누구나 활용할 수 있도록 공개한 구조다. 대표적 사례는 메타의 라마, 프랑스의 미스트랄, 아랍에미리트의 팔콘 등으로, 연구자와 기업이 자유롭게 활용할 수 있도록 배포하고 있다. Hugging Face(미국 스타트업 기업) 플랫폼은 이러한 모델들을 모아 오픈소스 생태계의 허브 역할을 하며, 현재 수만 개 이상의 모델, 라이브러리 및 데이터셋 등이 공유되고 있다.

개방형 생태계의 강점은 당연하겠지만, 비용 절감과 커스터마이즈 가능성이다. 예를 들어, 퍼플랙서티는 오픈소스 모델을 기반으로 자사 검색 서비스를 최적화하였고, 일본 사이버 에이전트는 OpenCALM 모델을 커스터마이징하여 자국 시장에 특화된 서비스를 만들었다. VentureBeat(기술 전문 온라인 미디어, 2024)에 따르면, 전 세계 기업의 약 65%가 오픈소스 언어모델을 활용하거나 도입 검토 중이라고 답했으며, 이는 기업들이 폐쇄형 API서비스 의존에서 벗어나 자체 생태계 구축을 선호한다는 점을 보여준다.

이러한 개방형 생태계에서의 핵심은, 말 그대로 공개이다. 하지만, 착각하지 말아야 할 것은 "모델을 공짜로 푼다"와 "비즈니스를 공짜로 한다"가 동일한 개념이 아니라는 것이다. 오픈형 생태계에서의 기업들은 겉보기에는 모든 것을 개방하는 듯하지만, 실제로는 매우 정교한 수익 구조를 갖고 있다. 이들은 모델은 공개하되(파라미터와 소스코드), 그 모델을 활용하기 위한 서비스, 인프라, 엔터프라이즈 지원은 유료로 운영한다. 이는 단순한 사업전략이 아니라, 시장의 현실을 반영한 영업전략이라고 할 수 있다. 왜냐하면, 대부분의 기업은 대규모 언어모델을 직접 운영할 인프라나 전문 인력을 갖추고 있지 않기 때문이다. 따라서 모델을 아무리 무료로 제공한다고 해도, 실제 서비스에 적용하기 위해서는 결국 안정적인 클라우드 환경과 기술 지원이 포함된 유료 서비스를 선택할 수밖에 없는 것이다.

이런 이유로 오픈형 생태계의 기업들은 '모델을 파는' 대신 '모델이 작동하는 환경'을 파는 것이다. 라마나 미스트랄 같은 기업은 모델을 자유롭게 사용할 수 있도록 개방함으로써 자기를 중심으로 한 생태계를 만들고, 이후 이를 기반으로 클라우드 API, 고성능 상용 버전, 기업 맞춤형 컨설팅 및 지원 서비스 등을 통해 수익을 창출한다. 결국 오픈형 생태계의 진정한 상품은 모델 그 자체가 아니라, 그 모델을 쉽고 안정적으로 사용할 수 있는 접근성과 신뢰성을 파는 것이다.

개방형 생태계 수익모델

구분	설명
클라우드 API 과금	모델을 직접 운영하지 않고, 클라우드 상의 API를 호출하여 사용하는 방식. 사용량(토큰 수, 호출 횟수)에 따라 과금.
엔터프라이즈 지원 및 관리형 서비스	기업 고객에게 모델 최적화, 보안검증, 사내 데이터 연결(RAG) 등을 제공. 커스터마이징 및 유지보수 포함.
프리미엄 버전 및 고성능 모델 판매	공개된 모델보다 더 큰 파라미터, 더 높은 정밀도의 상용 버전을 유료로 판매.
파트너십 및 데이터 협약	대기업이나 정부기관과 협력하여 맞춤형 AI 프로젝트 수행. 모델 튜닝, 데이터 구축 등 서비스형 계약.
생태계 수수료 및 마켓플레이스	모델 기반 애플리케이션이나 에이전트 마켓을 운영하며, 빌더 수익 일부를 수수료로 확보.

국내 언어모델 관련 생태계 방향성

그렇다면, 우리나라의 기업들은 어떻게 생태계를 만들 수 있을까? 우선 대기업이 생태계를 위한 비즈니스 환경을 만들어야 한다. 이것은 중소기업을 위한 사회적 공헌 개념이 아니라, 오로지 대기업 자기 자신을 위한 전략이라고 할 수 있다. 우리나라 대기업들은 저마다 품질 좋은 언어모델을 만들고 있다고 스스로 이야기를 한다. 하지만, 글로벌 빅테크 기업에 비하면 그 품질은 비교 수준이 되지 않는다. 그도 그럴 것이, 투자금액 자체가 비교가 되지 않는데, 어떻게 품질이 좋겠는가 말이다. 비교하려는 노력 자체가 무의미하다.

어쨌든 이렇게 많은 비용을 들여 어렵게 만든 언어모델을 어떠한 방식으로 시장에 판매하고 있을까? 일반적으로 우리나라 대기업들은 자신들이 엄청난 투자를 했기 때문에, 그동안의 투자비가 아까워서 그들의 제품을 공개하기보다는 스스로 고객에게 판매하기를 원한다. 인력도 부족하여 제대로 대응을 못 하면서 말이다. 그러니 당연히 시장 점유율이 오르지 않고, 투자비조차 회수하지 못하는 경우가 대부분이다. 즉, 돈 벌기 위한 생태계를 만들지 않고, 자신이 끌어안고 혼자 열심히 일만 하고 있는 격이다.

필자 개인적인 생각으로는, 이러한 비즈니스 전략은 마치 18세기 산업혁명 시대의 비즈니스 구조와 매우 유사하다고 본다.

"나는 누구보다 제품을 잘 만드니, 돈 많이 받고 나 혼자 팔아야지"라고 하는 격이다. 그렇게 3~4년 지나 시장에 새로운 제품 트렌드가 생기면서, 이전에 그렇게 어렵게 만들었던 제품은 투자금 회수 없이 조용히 폐기가 된다. 필자는 이러한 패턴을 "비즈니스를 자아실현으로 생각한다"라고 말한다. 당장 내일 어떠한 혁신적인 신기술이 나올지 아무도 모르는 급변하는 IT시장에서, 내가 만든 제품을 끌어안고 있던들 무엇이 좋아지겠는가 말이다.

따라서 시장에서 살아남기 위해서는, 즉 시쳇말로 돈을 벌기 위해서는 중소기업과 연결된 생태계를 반드시 마련해야 한다. 소스를 오픈해서 중소기업이 일정 라이선스를 지불하면서 자유롭게 활용할 수 있도록 해야 한다. 아니면 화이트 라벨링을 허용하여 중소기업이 자신의 제품으로 판매하도록 해야 한다. 다시 말해서, 나의 제품을 리셀링할 협력사, 기술 기반으로 새롭게 구축할 협력사, 다른 제품과 결합하여 판매할 협력사 등을 만들어서, 시장에 진입해야 한다. 즉, 시스템이 스스로 돌아가도록 만들어야 생존할 수 있다. 이것이 바로 생태계이다.

에필로그

본 도서는 인공지능 기술 그 자체를 설명하거나, 혹은 어떻게 활용해야 하는지에 대한 리터러시^{Literacy}에서 출발하지 않았다. 인공지능이 비즈니스와 조직, 그리고 인간의 의사결정 방식에 어떤 변화를 만들어내고 있는지를 중심으로, 정보화를 거쳐 AI전환^{AIX}으로 이어지는 흐름을 구조적으로 정리하고자 하였다.

우선, PART I에서는 B2B와 B2C 그리고 로봇산업에서의 AI 비즈니스 트렌드에 대해 살펴보고, 이러한 트렌드 속에서 우리가 생존할 수 있는 방향에 대해 고민해 보았다. 인공지능이 더 이상 개별 기술이나 실험적 도구가 아닌, 비즈니스 전반의 구조와 경쟁방식을 재편하는 중요한 변수로 자리 잡았음을 확인하였다. 핵심은 바로 '비용절감'과 '생산성 향상'을 달성하기 위해 인공지능을 어떻게 활용하는가일 것이다. PART I에서는 AI 비즈니스 트렌드의 본질이 기술의 진보가 아니라 기업 운영방식과 가치 창출 구조의 재정의에 있음을 제시하고자 하였다.

PART II에서는 기업 차원에서 어떠한 AI 비즈니스 전략을 활용하여 경영혁신을 이루고자 하는지 확인하였다. 핵심 트렌드는 바로 '소버린 AI'와 '버티컬 AI'일 것이다. 기술 패권 속에서 데이터 주권과 산업 특수성을 유지하기 위해, 하나의 범용 모델로는 한계를 극복할 수 없게 되었고, 이에 따라 기업들은 자국 데이터와 자체 인프라를 기반으로 한 소버린 AI를 구축하고, 또한 특정 산업과 업무에 최적화된 버티컬 AI를 전략적으로 개발하고 있다. AI 추진전략의 핵심이 '가장 뛰어난 범용적 모델을 확보하는 것'이 아니라, 무엇에 특화되어 있는지, 그리고 어떻게 현장에 적용할 수 있는지에 대한 전략적 선택을 고민해야 한다는 것을 제시하고자 하였다.

PART Ⅲ에서는 기술과 비즈니스, 나아가 사회발전 관점에서 살펴보았다. 인류의 비즈니스 역사와 사회 구조를 변화시킨 가장 큰 원인은 바로 '기술 발전'이라고 할 수 있다. 증기기관, 전기, 컴퓨터, 인터넷에 이르기까지 기술은 언제나 인간의 노동방식과 가치창출 방식을 근본적으로 바꾸어 왔고, 이러한 변화의 순간마다 기존의 비즈니스 질서는 해체되고 새로운 방식과 프로세스가 등장했다. 현재 우리가 마주한 인공지능 역시 그 연장선상에 있으며, 단순한 생산성 향상을 넘어 인간의 사고와 판단 그리고 실행 영역까지 영향을 미치는 또 하나의 중대한 싱귤래리티로 작동하고 있다. 지금의 AI 전환이 일시적인 트렌드가 아니라, 인간의 삶과 비즈니스 전반을 다시 설계하게 만드는 역사적 분기점임을 제시하고자 하였다.

본 도서를 통해 필자가 말하고 싶은 것은 하나다. 우리는 앞으로 다가올 미래를 정확히 예측할 수 없다. 하지만 변화의 방향을 이해하고, 그 변화 속에서 스스로의 위치를 다시 정의할 수는 있다고 생각한다. 싱귤래리티는 어느 날 갑자기 우리 앞에 불쑥 나타나는 사건이 아니라, 현재 진행 중인 하나의 과정이다. 본 도서가 독자에게 확신 하나를 남긴다면, 그것은 AI의 시대에 가장 중요한 경쟁력은 기술 그 자체가 아니라, 시대적 흐름을 이해하고 변화에 적응하며, 우리의 삶과 비즈니스를 다시 설계할 수 있는 방향으로 고민하자는 것이다. 싱귤래리티 이후의 세계는 준비된 이들에게 위기가 아닌 기회로 다가올 것이다.

싱귤래리티

초판 1쇄 인쇄 2026년 4월 10일
초판 1쇄 발행 2026년 4월 15일

지은이 현영근
발행인 전익균

이사 정정오, 윤종옥, 김기충
기획 조양제, 김영진
편집 김혜선, 전민서, 백서연
디자인 페이지제로
관리 이지현, 김영진
마케팅 (주)새빛컴즈
유통 새빛북스

펴낸곳 도서출판 새빛
전화 (02) 2203-1996, (031) 427-4399 팩스 (050) 4328-4393
출판문의 및 원고투고 이메일 svcoms@naver.com
등록번호 제215-92-61832호 등록일자 2010. 7. 12

값 22,000원
ISBN 979-11-94885-36-8 03320